翻译研究论丛

翻译项目管理
实操、案例与研究

主编 岳　峰
编委 徐　彬　林世宋　陈　颖
　　　王绍祥　曾水波

Management of Translational Projects: Operations, CASES & STUDIES

图书在版编目（CIP）数据

翻译项目管理：实操、案例与研究/岳峰主编. —北京：北京大学出版社，2019.5
（翻译研究论丛）

ISBN 978-7-301-29993-7

Ⅰ.①翻… Ⅱ.①岳… Ⅲ.①翻译—研究 Ⅳ.①H059

中国版本图书馆 CIP 数据核字（2019）第 238628 号

书　　　名	翻译项目管理：实操、案例与研究 FANYI XIANGMU GUANLI: SHICAO、ANLI YU YANJIU
著作责任者	岳　峰　主编
责 任 编 辑	初艳红
标 准 书 号	ISBN 978-7-301-29993-7
出 版 发 行	北京大学出版社
地　　　址	北京市海淀区成府路 205 号　100871
网　　　址	http://www.pup.cn　　新浪微博：@北京大学出版社
电 子 邮 箱	编辑部 pupwaiwen@pup.com　　总编室 zpup@pup.cn
电　　　话	邮购部 010-62752015　发行部 010-62750672　编辑部 010-62759634
印 刷 者	北京虎彩文化传播有限公司
经 销 者	新华书店
	720 毫米×1020 毫米　16 开本　19 印张　340 千字 2019 年 5 月第 1 版　2025 年 7 月第 4 次印刷
定　　　价	68.00 元

未经许可，不得以任何方式复制或抄袭本书之部分或全部内容。
版权所有，侵权必究
举报电话：010-62752024　电子邮箱：fd@pup.cn
图书如有印装质量问题，请与出版部联系，电话：010-62756370

前 言

本书以政策定位内容。2010年以来，国务院与教育部紧锣密鼓地在全国高校引导校企合作和产学研教学改革，发布了五份文件：《国家中长期教育改革和发展规划纲要》（2010—2020年）、《教育部关于全面提高高等教育质量的若干意见》（2012）、《教育部 国家发展改革委 财政部关于引导部分地方普通本科高校向应用型转变的指导意见》（2015）、《国务院关于加快发展现代职业教育的决定》（2014）与《国务院办公厅关于深化高等学校创新创业教育改革的实施意见》（2015）。文件的精神，落实到翻译教育与外语教育的实处，就是教学内容与市场，即翻译职场的对接问题，其中核心问题就是大多数学校的翻译与外语的本科、硕士课程因为师资、教材与观念等原因而缺席的翻译项目管理内容。本书就是应对这种情况而开展的研究，以此适应企业国际化、交流本地化的形势及"一带一路"建设的需要。

本书以市场为导向，以速度为核心。中国有句老话："十年磨一剑"，但是严酷的战争警告人们：剑还没磨好，对方导弹可能已经发射过来了。严复有"一名之立，旬月踟蹰"的佳话，其实因为词典不好，那个时代术语尚未发展起来。在当今社会，想要生存下来，速度是一大保障。但是现在译员面对的经常是一个晚上翻译五万字的任务。时代在变化，翻译技术在变化，标准在变化，但翻译教学并没有本质变化；从全球范围来看，高校的翻译教学滞后于翻译市场运作。传统的字、词、语篇的译法不够了，应该着眼于市场需求，摆脱经院的羁绊。当译者被要求一个晚上翻译五万字的时候，别无选择，只能依靠团队，需要翻译项目管理的能力，从而组织一个团队来共同完成翻译。团队有分工，有协作，有人管术语，有人管校对，而且需要辅助软件以提高速度。单打独斗，用传统方式翻译的人，在职场上则难成大器。

本书包括上、中、下三篇。其中上篇是翻译项目管理的基础研究，从本地化要求到软件应用、团队协作及管理，包括笔译与口译的项目管理。中篇是翻译项目管理的案例分享，供借鉴与效仿，不仅有技术案例，还有教学案例以及调查案例，甚至包括译员的抱怨调查，以促进项目管理的进一步发展。其中第七章是教学案例，包括福建师范大学进行在线翻译实习、校企合作进行科研的经验，与山东师范大学学习排版与翻译系统的产学研结合的经验。第八章是日语翻译管理案例，包括重复率案例与流程案例，展示如何管理日语翻译质量。第九章是调查案例，包括对翻译团队常见问题的调查与对目前国内翻译市场的流程探究。第十章阐述出版翻译中的项目管理，是CAT在复杂版面书籍翻译中的应用案例。下篇则是关于翻译项目管理作为MTI教学组成部分的学术讨论。

　　本书的主要观点包括：1. 翻译包括很多内容和形式，口笔译只是基础之一。项目管理、行业标准化、计算机辅助翻译软件都需要掌握，才能满足语言服务或者GILT产业的需要。在培养翻译能力的基础上，开设翻译技术课程体系，提升学生翻译职业化的能力，才能实现与语言服务市场的无缝对接。2. 翻译职业素养包括组织能力、团队合作能力、学习能力以及计算机运用能力等。在课堂教学的同时让学生从事真实的翻译项目，可以达到这一目的。项目无论大小，都能提高学生的各方面能力，包括协调人际关系，体会到配合的重要性，懂得团队合作的意义。3. 必须切实开展校企合作与产学研结合来促进高校翻译教育的改革。只有通过这种方式，翻译教学才会以市场的实际需要为导向，才有师资开展翻译技术等职业技能教学，才能有诸多的案例来辅助教学，而不是纸上谈兵，才有大量模拟和实际项目供学生操作演练。翻译项目管理来自实践，服务实践，最终促进高校、企业与社会共赢。

　　本书的研究方法如下：1. 项目引导：根据项目管理涉及的方方面面来设计内容，从本地化标准到团队协作、软件使用、术语建设、质量监控与后期管理。2. 问题驱动：本书以当代翻译教育不适应市场的种种问题驱动阐述与论证的层层深入，提出翻译知识结构狭隘，经济、法律与工程翻译教育薄弱，师资技能与教材内容滞后等普遍问题，力图通过解决这些问题来深度变革翻译教育，以适应国际语言服务的需求。3. 理论联系实际：基于国内外语言服务的调查数据，考虑企业国际化与全面本地化的真实需求并结合翻译教育的实际情况来讨论翻译教学的变革举措。4. 跨学科方法：单学科的方法显然不足以承担本课题，因此援用了多学科的方法，除了翻译学的基础外，还有计算机专业的软件应用及管理专业的流程管理方法。5. 案例辅助理论：案例可以吸引学生的注意力，从而提高教学效率。本书通过一定数量的案例来操作演练，尤其是在计算机辅助翻译的教学方面，让学生真实经历翻译实践的各个阶段，从而真正掌握CAT的全部流程。真实案例的教学效果远远优于传统的流程和理论概念讲解方式，也优于模拟案例。6. 校企合作。翻译教育的改革著作需要编者在该领域的实践、体会和领悟。如果编者自己没有从事某个领域的翻译实践，勉为其难去写，效果肯定不好。高校老师基础好，但是使用计算机辅助软件的经验少；而企业的一线翻译经验则丰富得多。高校老师与企业人士各有优势，可以互补，分工协作。翻译教师可以帮助学生夯实基本功，企业翻译则从业务、职业素养方面强化学生的职场训练。很长一段时间以来，高校教师与企业翻译鲜有往来，互有不服，而二者强强联合、优势互补，就可以合作出很好的翻译教育改革著作，从而推动翻译教育的变革。

关于本书的学术创新与学术价值：1. 本书可能是第一本纯外语背景的教师可以完全看懂的翻译项目管理著作，有别于工科学者写的、外语教师囿于计算机知识局限而无法真正深入学习的同类书。2. 本书大量使用真实案例。比如在讲解计算机辅助翻译软件与桌面排版系统的时候，大量使用了山东师范大学外国语学院的实际案例，因为该校教师们对CAT在翻译流程管理、质量控制、效率提升方面的效能拥有第一手的经验和较为深切的体会。3. 本书有助于本地化走进校园。目前中国翻译协会本地化服务委员会正在推进本地化校园行活动，走进课堂，与大学翻译师生交流，通过讲座、座谈、研讨的形式，介绍本地化服务，介绍语言服务行业，探讨校企合作、课程设计与教学、学生实习与就业翻译市场、翻译职业发展等话题。本书可以为这些活动热身或总结，从而有利于开展产学研结合或校企合作活动。4. 本书使翻译项目管理与翻译教育接轨，从而使翻译教育完整化。

本书供翻译研究者，尤其是翻译项目管理的研究与学习者使用，同样可供相关专业的研究生与本科生及翻译职场有需要的人士使用。本书是学术著作，同时也可以作为翻译教材使用，而且属于市场稀缺的教材。

本书为集体创作的结晶。其中，福建师范大学岳峰教授设计与审校全书，组织团队，并编写第七章第一节与第九章第二节。广东外语外贸大学博士生、福州译国译民集团董事长林世宋是全书编写的顾问，组织了企业人员参与，并参编第七章第一节。山东师范大学徐彬教授编写第七章第二节与第十章。闽江大学讲师陈颖编写第一章。福建师范大学王绍祥副教授编写第六章。澳大利亚狮盾传媒集团翻译总监黄杨勋编写第四章，参编第九章第二节。福州译国译民集团译审曾水波编写第三章第三节，参编第七章第一节。福建技术师范学院张晓伟老师撰写了第十一章至第十四章。福州外语外贸学院副教授吴淑招编写第八章，参编第一章第二节。福州译国译民集团总经理雷良琼编写第二章第一节、第二节。闽江大学讲师黄春梅编写第五章第一节，江春奋与陈丹霞编写第二节。福州译国译民集团谢亮亮编写第三章第一节、第二节，曾宪海编写第二章第三节。福州住电装有限公司乐静蕾编写第九章第一节。各位作者对自己所编写的内容分别负全责。

本书为著作型教材，是校企合作的成果，为本科与研究生通用教材，适用于翻译项目管理、计算机辅助翻译等语言服务实践教学与研究。

岳　峰
2018年1月23日

目 录

上篇 基础

第一章 本地化翻译的基本准则与具体要求 / 3
 第一节 传统翻译与本地化翻译的异同 / 3
 第二节 国内外本地化翻译的规范及标准 / 6
 第三节 本地化翻译的基本原则 / 10
 第四节 本地化翻译的具体要求 / 13
 第五节 本地化翻译的案例评析 / 22

第二章 计算机辅助翻译软件 / 27
 第一节 计算机辅助翻译的核心定义 / 27
 第二节 基于SDL Trados的翻译技术介绍 / 29
 第三节 计算机辅助翻译的其他相关软件 / 63

第三章 译员管理与团队协作 / 69
 第一节 专职译员的管理 / 69
 第二节 兼职译员的管理 / 76
 第三节 团队协作 / 79

第四章 翻译项目的质量监控 / 83
 第一节 "三化"视角下的翻译与翻译质量评估 / 83
 第二节 产业视角下的翻译质量管理 / 86
 第三节 翻译流程 / 94
 第四节 PTRA翻译项目质量保证流程与体系 / 102

第五章　后期管理与语言资产管理 / 133
　　第一节　后期管理 / 133
　　第二节　语言资产管理 / 156

第六章　口译项目管理 / 171
　　第一节　口译项目启动与计划阶段 / 172
　　第二节　口译项目执行与监控阶段 / 181
　　第三节　口译项目收尾阶段 / 186

中篇　案例

第七章　教学案例 / 191
　　第一节　福建师范大学经验：在线实习、流程训练与科研对接 / 191
　　第二节　山东师范大学经验：高校翻译项目管理教学情况 / 205

第八章　日语翻译管理案例 / 218
　　第一节　重复率案例：从局部到全文的日语翻译 / 218
　　第二节　流程案例：日语翻译质量管理 / 222

第九章　调查案例 / 228
　　第一节　调查案例：翻译公司常见问题 / 228
　　第二节　调查案例：目前国内翻译市场的流程探究 / 233

第十章　出版翻译中的项目管理——CAT在复杂版面书籍翻译中的应用案例 / 244
　　第一节　项目介绍 / 244
　　第二节　翻译流程及实施 / 246
　　第三节　翻译问题总结 / 250

下篇　研究

第十一章　文案的考察 / 262
  第一节　研究背景 / 262
  第二节　状况与观点 / 264

第十二章　国内外MTI高校教学模式 / 266
  第一节　国内外高校翻译硕士培养方案对比 / 266
  第二节　国内外高校翻译硕士课程对比 / 268

第十三章　翻译项目管理知识及翻译行业需求 / 272
  第一节　翻译行业调查 / 272
  第二节　翻译项目管理知识概要 / 274
  第三节　缺乏翻译项目管理课程知识所带来的后果 / 277

第十四章　调整MTI教学与翻译行业供需关系的方案 / 280
  第一节　翻译项目管理课程与MTI翻译实践教学 / 280
  第二节　MTI高校与企业的合作教学 / 282
  第三节　MTI教学调整设计方案 / 284
  第四节　结语 / 286

参考文献 / 288

上篇 基础

上論
出美

第一章

本地化翻译的基本准则与具体要求

第一节 传统翻译与本地化翻译的异同

1. 翻译的定义

翻译的定义很多,但其中很多囿于对翻译活动的传统认识,忽略了现代翻译活动中的新形势以及新的翻译因素的作用。例如,《中国台湾翻译产业现况调查研究总结分析报告》将翻译定义为"在人类互动过程中,将口语或文字在不变更原文意思之前提下,由一种自然语言转换成另一种自然语言之活动及过程"(朱宪超,韩子满,2006:5)。这一定义将翻译局限于"人类互动过程",忽略了翻译过程中的人机互动及机器与机器的互动。

许钧在《翻译概论》中归纳、分析、比较了古今中外各名家、学者、流派对翻译的描述和定义之后,提出"翻译是以符号转换为手段、意义再生为任务的一项跨文化的交际活动"(许钧,2009:41)。基于许钧对翻译的定义,我们可以得出以下几个推论:其一,翻译是一种符号(包括语言符号)的转换,因此,如果转换过程出现了问题(例如译者的理解或表达遇到了阻碍),翻译活动就无法继续和无法达成结果;其二,翻译的过程是一种互动的过程,随着科学技术的发展,这个过程不仅是人类自身的互动,也是人类与机器、机器与机器的互动(例如计算机辅助翻译软件与机器翻译引擎协同工作);其三,翻译的目的在于意义的再生,从这个角度上看,翻译质量的好坏不在于译文是否不变更原文的形式或意思,而在于是否传达了原文的意义或价值(如再现了原文的功能目的);其四,翻译是一种交际活动,这不仅意味着原文与译文的交际、源语言文化与目标语言的交际、原作者与译者的交际,也意味着译者与客户的交际。这个定义涵盖了翻译的方式、过程、目的(或用途、功能)及参与者,也为如何认识翻译提供了理论依据。

2. 本地化翻译与传统翻译的相同之处

中国的翻译，据史料记载有三千多年的历史。它随着世界的变化与更迭，在宗教传播、工业革命、启蒙运动等浪潮的影响下，不断地发展和演变，历经了众所周知的数个阶段，包括汉隋唐宋的佛教经典的翻译、明清时期的西方自然科学的翻译、鸦片战争至五四运动后的文学翻译及改革开放以来的大量翻译实践。随着科技的进步，特别是计算机技术和互联网技术的日趋成熟，翻译也从人工翻译阶段过渡到机器翻译阶段，进而发展到了计算机辅助翻译时代，并日益繁荣起来。现如今，在21世纪经济全球化的背景下，各类物质文化和精神文化产品国际化的需求日渐增长，而计算机辅助翻译技术也在不断地完善，本地化翻译也就应运而生。本地化翻译，可以说是传统翻译在新时代背景下及技术支持下演变出来的产物，其归根结底还是语言的翻译，本质上还是要完成从源语言到目标语言的翻译。因此，本地化翻译在一定程度上仍秉承着传统翻译所遵守的翻译标准，这是本地化翻译与传统翻译的相同之处。

中国的翻译标准，最初可追溯到彦琮大师的翻译"八备"和马建忠在《拟设翻译书院议》一文中提出的"善译"。在近代、现代，也有诸多翻译大家提出的翻译理论和标准，如茅盾的"意境说"、傅雷的"重神似不重形论"、钱钟书的"化境论"、焦菊隐的"整体论"、许渊冲的"新译论"等等。但严复最早在《天演论·译例言》中提出的"信、达、雅"的翻译标准一直被不少人奉为圭臬。这一翻译标准，与英国翻译家泰特勒的"三原则"非常相近。中国翻译家和学者对这三字进行了解读，认为译文要忠实准确、通顺流畅、保持原文风格。这一标准也因为其普适性，在中国翻译界被公认为翻译的标准，影响深远。

3. 本地化翻译与传统翻译的差异

虽然本地化翻译是传统翻译在新时代下进化来的产物，但二者之间还是存在着显著的差异。许多学者比较了传统翻译与本地化翻译在客户、市场、处理流程、报价方式、从业人员的素质等方面的不同。而从翻译活动本身出发，二者的差异则主要体现在以下四个方面：内涵、翻译对象、技术依赖程度及质量标准的不同。

3.1 内涵的不同

传统翻译，基本上就是指语言的翻译。而在本地化翻译中，语言翻译只是其中一个重要部分。根据中国翻译协会2011年发布的《本地化业务基本术语》中的定义，本地化是将一个产品按特定国家/地区或语言市场的需要进行加工，使之满足特定市场上的用户对语言和文化特殊要求的生产活动。也就是说，本地化翻译至少要从语言和文化两个层面去实现产品在目标语言市场中的适用性。本地化的译文必须要能适应目标语市场的文化传统、法律规定、宗教信仰、风俗习惯和社会背景等因素。例如，对游戏进行本地化的过程中，除了对语言文字进行翻译，还要考虑目标语市场所在的地区对人物形象设定的喜好、对暴力及色情成分的容忍度和相关规定。又如，在印度，牛被当作神灵受到崇拜，而在泰国，大象是神圣的动物。在本地化翻译中，就应尽量避免任何可能亵渎到这些信仰的内容，或对其进行适当的调整，以适应当地的宗教文化。

3.2 翻译对象的不同

传统的翻译，往往是应文化交流需求而进行的活动。文化交流以语言文字为载体，因此传统翻译一般局限于文字作品的翻译。如不少中国人对美国苹果公司的联合创始人史蒂夫·乔布斯感兴趣，出版商因此组织了一批人士对其人物传记及其相关的著作进行翻译并出版。国际友人对中国的名胜古迹感兴趣，国内便对一些景点的旅游宣传册、风景介绍词等进行了英译，以便更多外国人能够在欣赏美景的同时了解中国。而本地化翻译，往往是应国际客户的要求，帮助其产品适应并进入目标语言市场。本地化翻译的对象往往就是某一产品，其形式不局限于单纯的文字，而是更加的多元化，包括软件、网站、多媒体、游戏、APP以及产品相关的文档（课件、用户手册、帮助文件）等等。本地化翻译涉及的行业也因此较传统翻译来得更多，包含教育、媒体、电商、医药、通讯、科技等各个领域。

3.3 技术依赖程度的不同

传统翻译，往往更多地依赖于人力，得益于技术的地方或许就是网络词典和互联网搜索引擎的使用，这些使译员在查阅词语及资料时来得更加便捷。相比传统翻译，本地化翻译对计算机技术的依赖程度很高。由于本地化翻译的对象往往不是单纯的文本，翻译之前很可能需要运用文本处理技术，如光学字符识别和文字处理等软件，对源文字先进行提取和处理。在完成语言文字的翻译之后，还可能需要运用排版工具软件对译文的呈现形式进行调整。再者，本地化翻译作为全球化的一部分，还应使产品能符合全球化的其他环节，这就需要本地化翻译在使用计算机辅助翻译软件的基础上生成翻译记忆库、术语库等内容，方便该产品今后的其他全球化、本地化进程。

3.4 质量标准的不同

本地化翻译相比传统翻译，由一系列更为复杂的任务组成，翻译质量的外延也因此发生了改变。传统翻译的要求是忠实准确、通顺流畅、保持原文风格，而本地化翻译除了保证翻译的准确、流畅之外，还要考虑诸多因素，完成大量的工作，包括术语、文风、格式、技术、宗教、法规、政治和文化等各个层面的适应和调整。本地化翻译质量的优劣，不再是单纯地从语言角度去评判，而是要看该产品投入本地化之后的市场反馈如何。而且，本地化翻译的质量，还受客户特定要求的约束。质量好坏在一定程度上取决于客户的期望与评价。客户越满意，本地化翻译的质量就越好。

另外，本地化翻译的质量标准，有一点明显不同于传统翻译：其质量标准不再是存乎翻译界的理论学术探讨，而是有了明确的规定。除了世界各国相继发布的翻译行业语言服务的质量标准之外，许多翻译协会、行业协会也出台了本地化翻译的指导性文件，而不少本地化翻译公司也制定了各自的《本地化文风指南》。这些文件对本地化翻译所应遵循的准则、具体要求、注意事项等进行了详细的规定，使得本地化翻译活动有章可循，质量优劣的评判有据可依，更进一步推动了该行业的深入发展。

第二节　国内外本地化翻译的规范及标准

本地化翻译是全球化的产物，是实现产品本地化、进而推动产品国际化的必不可少的环节。国际化，简单来讲，就是指推广产品去适应不同国际市场，可以看作是产品在不同国家和地区进行本地化活动的总和。在具体的本地化进程中，要处理语言和文化的障碍就需要通过本地化翻译来实现，而弄清楚各国家和地区的本地化翻译标准也就显得尤为重要。本小节将介绍在我国从事本地化翻译所应知悉的规范性文件，并列举其他国家的相关文件，以供参考。

1. 中国本地化翻译的规范及标准

1.1 翻译服务国家标准

中国的本地化翻译的国家标准主要有两份参考文件，分别是：《翻译服务规范》（GB/T19363.1—2008）和《翻译服务译文质量要求》（GB/T19682—2005）。

《翻译服务规范》共有两个部分：笔译和口译。在中国从事本地化翻译主要要遵守第一部分的内容。《翻译服务规范　第1部分：笔译》，即中华人民共和国国家标准GB/T 19363.1—2003，于2003年11月27日发布，是我国制定的第一个翻译行业的国家标准。该标准对"翻译服务"进行了明确的定义，并对翻译服务的各方面提出明确的规范性标准，规定了翻译服务方的责任及义务。该标准的修订版在2008年7月16日发布，2008年12月1日起实施，标准号为GB/T 19363.1—2008。

《翻译服务译文质量要求》，即中华人民共和国国家标准GB/T 19682—2005，于2005年3月24日发布，于2005年9月1日起实施。该标准对译文质量的要求做出了详细的规定。根据该文件，译文质量的基本要求是忠实原文，术语统一，行文通顺。该文件还列举了译文在数字表达、专用名词、计量单位、符号、缩写词、译文编排及其他方面所应遵循的质量要求，并规定了译文质量的评定标准和检测方法。

1.2 翻译服务的行业标准

在中国，全国翻译服务企业协作网（中国翻译协会翻译服务委员会前身）在2001年11月开始相继制定并颁布了不同行业的翻译服务质量标准（详见下表）。这些行业性翻译质量标准反映出各专业领域的专业特点，从专业的角度对翻译质量要求做出了详细的诠释，对确保专业翻译的质量水准起到重要的作用。

TSS-101 经贸法律类译文质量标准
TSS-102 工程技术类译文质量标准
TSS-103 IT网络类译文质量标准
TSS-104 军械军工类译文质量标准
TSS-105 医学医药类译文质量标准
TSS-201 编辑质量标准
TSS-202 电子文本规格
TSS-203 纸质文本规格
TSS-204 印刷件质量标准
TSS-302 现场口译服务质量标准

1.3 本地化翻译的相关规范

中国翻译协会（Translators Association of China, TAC）成立于1982年，一直以来积极致力于行业的指导和管理，努力推动行业有序健康的发展。该协会不仅推动中国翻译行业规范的制定与实施，还制定了《本地化业务基本术语》《本地化服务报价规范》《本地化服务供应商选择规范》等规范。读者可在其官方网站上对这几份文件进行下载查阅（http://www.tac-online.org.cn）。

2. 其他国家的本地化翻译规范及标准

世界各国也有各自的翻译规范及标准，有关翻译协会或本地化翻译相关组织的网站上也会提供相关信息，下面以列表的形式简单罗列，读者可根据自己的兴趣和实际需要加以了解。

2.1 各国翻译标准指南

国家	文件	发布单位	发布时间
国际	《翻译项目——通用指南》(Translation Projects—General guidance ISO/TS11669)	国际标准化组织 (International Organization for Standardization, ISO)	2012
	《翻译服务质量标准》(ISO 17100 Quality Standard: Translation Services—Requirements for translation services)		2015
	《翻译质量衡量标准》(SAE J2450 Translation Quality Metric)	国际汽车工程师协会 (Society of Automotive Engineers International)	2005
	《LISA 质量保证模型》(LISA QA Model)	本地化行业标准协会 (The Localization Industry Standards Association, LISA)	
	动态翻译质量框架 (Dynamic Quality Framework, DQF)	翻译自动化用户协会 (Automated User Association, TAUS)	
美国	《翻译质量保证标准指南》(Standard Guide for Quality Assurance in Translation ASTM F2575-6)	美国材料与试验协会 (American Society for Testing and Materials, ASTM)	2006 年
	《口译服务标准指南》(Standard Guide for Language Interpretation Service ASTM F2089-01)		
	《社会科学文本翻译指南》(Guideline for the Translation of Social Science Texts)	美国学术协会理事会 (American Council of Learned Societies, ACLS)	2006
加拿大	《加拿大翻译服务标准》(Canadian Standard for Translation Services CAN CGSB 131.10 - 2008)	加拿大语言工业协会 (Language Industry Association)	2008
欧洲	《BS EN15038 欧洲质量标准》(European Quality Standard for Translation Service Providers EN15038:2006 Standard)	欧洲标准化委员会 (European Committee for Standardization)	2006

2.2 国外翻译行业协会和相关机构

机构名称	网址
国际翻译家联盟 International Federation of Translators, FIT	http://www.fit-ift.org
全球化与本地化协会 The Globalization and Localization Association, GALA	http://www.gala-global.org
翻译自动化用户协会 Translation Automation User Society, TAUS	http://www.translationautomation.com
国际术语联盟 International Information Centre for Terminology, Infoterm	http://www.infoterm.info
跨部门圆桌委员会 Interagency Language Roundtable, ILR	http://www.govtilr.org
美国语言专家协会 The American Association of Language Specialists, TAALS	http://www.taals.net
美国翻译协会 American Translators Association, ATA	http://www.atanet.org
加拿大翻译工作者协会 Canadian Translators, Terminologists and Interpreters Council, CTTIC	http://www.cttic.org
欧洲文学翻译协会联盟 European Council of Literary Translators' Associations, CEATL	http://www.ceatl.org
澳大利亚翻译者协会 The Australian Institute of Interpreters and Translators Inc, AUSIT	http://www.ausit.org

综观各个国家和地区的本地化翻译质量标准和规范，参考学术界对本地化翻译标准的讨论，结合多个本地化翻译公司制定的《本地化翻译文风》，笔者在第三、四节将谈谈做好本地化翻译的五大原则及要落到实处严格把关的五个层面，希望为如何做好本地化翻译提供一个参考。

第三节 本地化翻译的基本原则

做好本地化翻译,要遵循准确性、一致性、连贯性、规范性及敏感性这五大原则,从而尽可能地提高翻译成品的质量,以达到客户的要求,实现产品的本地化。

1. 准确性

准确性,即用目标语言完整、正确地表达原文的信息,这是本地化翻译的首要原则。要做到准确性,就要避免出现以下几种错误:

其一,语义差错,特别是核心语义差错。根据中国国家标准化管理委员会颁布的《翻译服务译文质量要求》(GB/T 19682—2005)中,语义差错是指由于译员对原文理解的错误,而导致译文表述的错误。核心的语义差错,即关键信息的错误,可能会直接影响到本地化产品的用户对产品的正确使用,甚至可能会造成严重后果。

其二,翻译的技术性错误。本地化翻译的译员应具备优秀的语言能力,并熟练掌握翻译技巧,从而避免错译、漏译、增译、未译及其他翻译错误。译员的语言表述还需准确,避免语法错误、句法错误,避免含糊或容易引起歧义的表述。在这些翻译的技术性错误中,漏译的问题在本地化翻译中应多加留意,因为有些需要本地化的产品的文本信息可能会隐藏或淹没于非文本信息之中。而不少软件的本地化翻译,需要译员对翻译的文本信息和应该保留的英文指令加以甄别,这时就很容易出现漏译,甚至错译。

其三,低级错误。本地化翻译往往与产品相挂钩,涉及经济活动和经济利益。如果出现错误,甚至是细微的错误,也可能会在产品本地化后影响当地用户对产品的观感和体验,带来经济损失。因此在做本地化翻译时,译员要认真、仔细,尽可能地避免低级错误,包括英文译文中不能出现大小写及拼写错误;中文译文中不应该出现错别字、异形字及其他误用情况。本地化翻译中,如果公司或产品的名称出现错字或拼写错误的情况,将被视为严重错误。以苹果公司为例,其推出的系列产品都有特定的名称,例如,电脑产品Mac在拼写上首字母需大写;而可移动设备iPhone,iPad,iPod的首字母"i"却必须是小写。在本地化翻译中,如果出现"MAC"或"Iphone"等拼写就都是错误的,会影响产品的本地化。

其四,支持信息处理不当。在本地化翻译中,文本信息的呈现形式可能是多种多样的，如脚注、附件、表格、清单、报表、图标等，这些都应该完整地反映在译文中。除了翻译文本信息外，还要注意非文本信息的处理。如果有些产品附有支持信息，那么对这些信息也要进行正确的处理。如对英文产品进行中文的本地化翻译时，产品的技术支持信息要改为国内的支持信息，同时译员还应与客户确认最新的支持信息，以确保信息的正确性。

2. 一致性

本地化翻译往往由一个团队、若干名译员共同合作完成。由于作业任务往往被分割为几个部分，而不同译员对内容的处理难免存在差异，因此本地化翻译尤其要重视一致性问题。做好一致性，要从以下几个方面入手：

其一，内容的一致性，即译文与原文在内容上的一致性。译文应当忠实于原文，在非必要的情况下不要出现漏译或增译的情况。

其二，词汇及术语的一致性。主要做到以下三个方面：首先，词汇及术语的翻译应与项目专用的词汇表、术语表相一致；其次，产品内所用到的词汇及词组在相同情况下译法要保持一致；再者，产品内相互引用的内容，如章节、页码、编号等，也要保持一致。词汇及术语一致，有助于用户理解相关概念，从而更好地了解产品。不一致的用语会让用户无法弄懂相应的描述和操作。比如，计算机或手机产品的本地化翻译中，"share"可译成"共享"或"分享"，photo可译成"照片"或"相片"，关键是在同一产品中译法要保持一致。值得注意的是，即使是同一领域的本地化翻译项目，项目不同，翻译时所使用的词汇表、术语表也可能不同。项目专用的词汇表、术语表，可能由客户提供，也可能是本地化翻译公司在开展翻译工作之前自行整理或指定的翻译记忆库和术语库。而对于那些同时参与不同本地化翻译项目的译员，要特别注意避免混淆。翻译过程中，项目专用的词汇表、术语表有可能会进行更改。项目更新的时候，也要处理好已译内容与更新内容的一致性问题。

其三，文风的一致性。主要做到以下两点：首先，在未经特殊说明的情况下，译文与原文的写作文风应当保持一致；其次，译文要避免出现上下文在语言风格上的不统一。本地化翻译的对象往往都不是文学文本，而是语言平实、表意明晰的科学文本。如果说传统翻译中对文学作品的翻译给译者留有一定的创作空间，那么在本地化翻译中译者如果进行二次创作，让译文烙上鲜明的个人风格则一定是不可取的。

其四，在未加特殊说明的情况下，译文和原文在各项格式上应保持一致。如中文译文在字号上应和英文原文保持一致；图表要有序地排列，与原文相对应。

3. 连贯性

保证译文的连贯性，要注意三个方面：译文要通顺连贯；不同语言并存的情况下，表意要保持连贯性；文本与非文本并存的情况下，二者有序、连贯地配合。

本地化翻译中，往往有不少内容是晦涩难懂的。译文如果仅是保证词汇和语法的正确性是远远不够的，逐字翻译的译文可能会在内容上让人无法理解。将内容从源语言转化成目标语言时要遵从目标语言的表达习惯，以确保语意的通顺及连贯。当翻译中要保留源语言时，要注意安排源语言在译文中的位置，以及是否有必要附上译文注释，使语意连贯。在文本与非文本相互交织的情况下，还要注意被分离的文本之间的连贯性，及文本与非文本信息之间的相互配合。

4. 规范性

本地化翻译，不仅仅是完成语言翻译的工作，还要注意语言文字中所涉及的格式内容的规范性，以及实际操作中技术上的规范性。

4.1 格式的规范性

不同的语言，甚至是同门语言在不同国家和地区使用，格式的规范也往往不同。这包括语言输入时全角和半角、标点符号的使用、数字编号、计量单位、日期时间、公式和等式等。例如，中英文的标点符号体系就有不同，有些标点符号中文有而英文没有，如顿号、书名号、间隔号；有些标点符号英文有而中文没有，如撇号、连字符；有的标点符号中英文都有，但是格式规范不同，如中文的句号是空心圈（。），英文的句号是实点（.）；中文的省略号是居于行中的六个点（……），英文的省略号是位于行底的三个点（...）。再以英国英语和美国英语为例，虽然都是英语，但二者也有格式规范上的差异，如时间的表示，美国英语多用冒号分隔小时与分钟（12:30），而英国英语多用句号（12.30）作分隔。因此，在做本地化翻译时，译员应查阅相关文件，以确保这些非文字的信息也能符合当地的规范，准确地呈现在本地化产品中。

4.2 技术的规范性

本地化翻译，在某种程度上可以看作是为产品的信息建立起源语言与目标语言之间的对应关系，这种对应关系可以缩小至词汇及术语上的一一对应关系。这些对应关系，如果通过规范的计算机技术保存下来，就可以进行维护和更新。

一旦产品有更新或改进，就算产品的生产公司换了合作的本地化翻译公司，也可以自行提供最新的术语库、词汇表，让本地化翻译工作更高效、顺利地进行。而本地化翻译公司，就算接手一个新的项目，也可以凭借客户提供的或自己所积累的词汇表、术语库，更加轻松地完成任务。本地化翻译往往又是产品国际化的一个重要环节。产品国际化的进程中，一个产品往往要在多个国家和地区同时推行本地化。那么，产品的同一信息，便可通过本地化翻译生成各个语言版本。这时候同一内容的不同语言版本之间也能建立起对应关系，这对于多语言服务商来说是件好事。综上所述，本地化翻译，要注意技术的规范性，如使用符合断句标准的计算机辅助翻译软件，注意记忆库、术语库等相关文件的格式，等等。技术的规范性，本身也有利于本地化翻译行业的发展。

5. 敏感性

本地化翻译除了有迹可循的内容需要注意，还要考虑诸多可能影响产品的功能及本地化效果的因素，包括政治、文化、法规、宗教等社会背景因素。本地化翻译译员应该对目标语言市场与源语言市场在这些方面的差异抱有敏感性，从而对翻译作出一些必要的调整。本地化翻译中政治、文化、宗教的差异其实不难关注到，但本地化翻译中可能会涉及的法律问题，却不一定能引起译员的注意。如中国在2015年9月1日起开始施行新《中华人民共和国广告法》，其中规定禁用"最大""第一"等极限用语，否则将面临罚款等处罚。而拥有百余年历史的美国固特异轮胎橡胶公司的宣传语是"The best tires in the world have Goodyear written all over them." 如果本地化翻译译员没有注意到这一法律规定的话，就很容易在处理这句广告词的时候犯下错误。总而言之，译员在做翻译之前要充分做好前期准备，通过与顾客沟通、查阅资料、咨询当地人等方法，尽可能地将推进本地化产品的目标市场中一些隐性因素都加以考虑，才能保证顺利、出色地完成本地化翻译任务。

第四节　本地化翻译的具体要求

要做好本地化翻译，除了在大方向上把握五大原则，还要落到实处，考虑方方面面的细节。下面，我们主要以国内最常见的中英文转换的本地化翻译为例，谈谈本地化翻译五个层面的具体要求[①]。

1. 语言层面

把握语言的质量，要注意和避免拼写、词汇、语法及内容上可能出现的问题。

1.1 拼写

语言中文字的书写或单词的拼写，除了要注意避免一些低级错误，还要注意同种语言不同书写体系的情况。如中文有简体字与繁体字之分，英语有美式英语和英式英语之分。虽然不同体系之间还是有可辨识性，但在同一产品中应采用统一的书写或拼写体系，避免混用。

1.2 词汇

词汇的翻译要遵从项目专用的词汇表。某些词在提供的词汇表中有一种以上的翻译时，则要选择与上下文最贴切的翻译。未在词汇表中列出的技术性词汇，应采用业界最通用的翻译。如在自动化行业中，"parking brake"翻译成"手刹"是不可取的，应该翻译成"驻车制动"。

除上述内容，本地化翻译中还要多加注意下列词汇相关的问题：

其一，有的词汇真实含义与字面意思相差甚远。例如，industrial action指的是罢工之类的手段，而不是工业行动；gray matter 指的是"大脑灰质"，而不是"灰色的东西"；dry goods指的是"纺织品"，而不是"干货"；sweet water 指的是"淡水"，而不是"糖水"；English disease 指的是"软骨病"，而不是"英国病"；white coal 可能表示的是一种煤，也可能指的是作动力来源、发电用的水。

其二，术语的翻译要符合目标语言的行业通用标准或习惯。如：中国的内地、香港和台湾，使用的都是同一种语言，但术语在表述上有所差异。有些术语港台地区的译法一样，而内地不同，像program和software，内地分别译为"程序"和"软件"，香港、台湾则译为"程式"和"软体"。有的术语译法差别很大，如byte，内地、香港、台湾的译法分别是"字节""数元组"和"拜"。翻译术语的时候，如果没有严格遵照本地的惯用译法，就可能造成歧义，或晦涩难懂。

其三，专用名词的翻译，应当遵从惯用译法。其中，人名、地名、机构、组织、作品的名称的翻译，一般使用惯用译名；无惯用译名的，可自行翻译，必要

---

① 本节参考吕乐和闫栗丽的《翻译项目管理》一书中所附录的《传神（中国）网络科技有限公司笔译译员工作规范》及译国译民翻译服务有限公司的《简体中文本地化文风指南》。

时附注原文；有特殊要求的则按双方约定来翻译。英文姓名如果没有约定俗成的译法，可保留不译；中文姓名采用标准汉语拼音译成外文，有约定俗成的译法除外。如，"孔子"一般译为"Confucius"，而较少用"Kongzi"。常见地名的翻译以中国地图出版社最新版的地图以及地名录为准。商标名应优先采用目标语言地区的注册名称。再者，职务、头衔、尊称的翻译要按惯用译法译出。中文译成外文时，最好要参照国家正式出版物，如人民教育出版社的《汉英口译词典》、世界图书出版社的各类口译词典等。例如，"中华人民共和国主席"应翻译成"President of the People's Republic of China"，而"全国人民代表大会常务委员会委员长"则应翻译成"Chairman of the Standing Committee of the National People's Congress"，这时候president与chairman就不可随意互换。其次，法律、法规、文件、著作、文献等的翻译，特别是国家、政府和国际组织发布的重要内容，应采用官方或既定译法，无既定译法的译出后应附注原文（原文为中文的，附注汉语拼音名称）。专用名词需要在译文中添加附注时，一般标注在专用名词第一次出现的地方，用括号附加内容加以表示。

其四，本地化翻译中出现新词的情况。没有约定俗成译法的词汇或目标语言中没有源语言中的某些词汇时，可以保留原文词汇不译，或与顾客讨论后进行翻译。新词还应被明确标示出来。一般来说，棘手的词汇翻译，应与客户沟通，以客户认可的翻译为准。

1.3 语法

本地化翻译，译文的语言质量要高，至少要保证译文语法的正确性。由于源语言与目标语言之间存在着差异性，翻译很容易会出现一些语法问题。如英语中动词有及物与非及物、延续性与非延续性之分，而中文里的动词则没有这个问题。如果法语中几乎所有的名词都有阴性与阳性之分，形容词、动词都要与之进行性、数的配合，而汉语、英语则都没有。另外，英语的句子较多地使用被动语态，而中文多用主动语态，如果一味地直译，不加变通，就会出现生硬的翻译腔。除去这些语言差异引起的语法问题，本地化翻译中常见的语法错误有：没有考虑词性而错误引用词汇表中提供的翻译方法，词汇搭配非约定俗成的，句子成分的排列顺序不对，等等。这些在本地化翻译中都要加以避免。

1.4 内容

翻译内容要保证准确无误，不能有错译、漏译、过译或出现歧义。特殊情况下需要对原文内容进行内容意义上的增删时，可加入必要的解释，但必须准确反映原文或原英文产品的功能，并且无技术性或概念性的错误。另外，内容的处理还要注意两个问题[①]：

其一，有些内容可保留不译。一般有以下几种情况：

（1）无惯用译法的外国人名一般不翻译。

（2）生僻地名可不翻译。

（3）文档中引用的英文书名，如果没有中文译本或本地化，则保留英文。

（4）商标、注册商标、服务标记不翻译。

（5）外国公司名一般不译。如有规定，也可在文档中第一次遇到时保留英文，后括中文，以后叙述中可只用中文名称。如Sony Corp.（Sony 公司）。

（6）产品名不译，如Windows, Windows 3.1 等。

（7）文件、路径及 URL 的名称一般不译，如http://www.google.com/, C:\Program Files (x86)\Google\Chrome\Application等。

（8）操作键不译，保留英文，如 Tab, Esc, Enter 等。

（9）所有命令行、参数、命令开关选项、程序代码、卷名、文件扩展名、目录、设备名和编程语言等不译。如Windows Server 2003 R2 Dics 2等。

（10）Product ID, CD key 以及 Certificate of Authenticity 如果在产品包装中只以英文出现，则文档中保留英文。如"Service Pack 1 for Visio 2003"应译为"Visio 2003的Service Pack 1"，"Service Pack 1 for Microsoft Office 2003 Multilingual User Interface Pack"应译为"Microsoft Office 2003多语言用户界面包的Service Pack 1"。

（11）文档中引用其他未本地化的产品或文档时，可以不译。

其二，语意相同、结构相似的内容，要注意保持一致和对称性。如翻译"Hold down Shift to select an adjacent range of items; hold down Ctrl to select multiple, non-adjacent items"这句话，"to select an adjacent range of items"与"to select multiple, non-adjacent items"的翻译要对称，译文可以是"按住Shift键可选择一组相邻项目；按住Ctrl键可选择多个不相邻项目"或"按住Shift键可选择一组相邻的项目；按住Ctrl键可选择多个不相邻的项目"。

2. 文风层面

文风，即语言文字的风格，是语言运用的综合反映。它能表达出作者的态度和主题的重要程度，并影响受众对所述内容的反应。文风的把握，具体来讲主要

[①] 参见译国译民翻译服务有限公司的《简体中文本地化文风指南》。

从以下几个方面入手：

其一，使用书面语。一般来说，本地化翻译的译文应采用书面语的表达方式，非特殊情况下一般不使用口语化的非正式表达。过于口语化的表达有可能会让用户觉得冒昧或过度亲密。如"Sorry, you lost this game."这句话，如果译成"抱歉，您输喽！"则显得不合适。正确的翻译应该是"不好意思，您输了！"

其二，注意词汇的色彩意义。词语，不仅仅具有理性意义和语法意义上，还具备色彩意义，包括感情色彩、形象色彩、风格色彩、民族色彩、时代色彩和阶级色彩（章炎，1983）。比如，英文中"propaganda"具有贬义，而中文对应的"宣传"却是个中性词汇；英文中"individualism"是个中性词，而中文对应的"个人主义"则带有贬义；英文中"dragon"多指凶猛残忍的有翼巨兽，而中文对应的"龙"则是神圣、高贵和吉祥的象征；英文的"San Francisco"过去曾有译法"三藩"或"圣弗兰西斯科"，前者是粤语母语者常用的谐音翻译，后者得益于其被西班牙统治的历史，现在一般译为"旧金山"。本地化翻译中，词语的翻译如果仅仅关注词语的本义，就无法传达出微妙的色彩意义，从而影响文风的表达，甚至还会对读者和用户造成一定的误导。

其三，译文与原文的写作文风应当保持一致。不同类型的文本材料，语言风格也会有所不同，比如技术文档的语言风格与家用电器用户指南的语言风格就不尽相同。本地化翻译，要忠实于作者的文风，对原文中作者的语气也应尽量如实反映，不应忽视。比如，有些技术文档会使用拟人化的手法，赋予无生命的物体以人的特征，使行文生动。在译文中，也应体现出拟人化的效果。有时，原文中可能会出现成语、俗语，甚至俚语。翻译的时候，如果可能，要尽量贴切地表达出原文的意思，保留原文的趣味性。例如，"Make it personal"翻译成"个性随处体现"就是一个不错的翻译。

其四，翻译风格应符合最终受众的语言习惯。译文质量评定的基本原则是以译文使用目的为基础，因此，本地化翻译的文风，应以最终受众的语言习惯为参考标准。比如，软件安装和运行中出现的指导信息及提示应简明易懂；联机帮助、手册应亲切友好；宣传材料、网页应注重语言修饰；光盘旁白应使用谈话性质的语句结构和用语，使听者在收听时易于理解；等等。

其五，有特殊规定的，按客户指定的风格来翻译。本地化翻译中，有些客户会提供一份书面标准，即《本地化风格指南》。客户提供的这份书面标准有的会明确指出文风方面的特定要求。如微软公司针对其旗下产品的本地化制定了一系列的文风指南①。即使同是微软的产品，文风的要求也不尽相同。如微软对Windows的中文本地化文风的规定②是：简洁明了；使用半正式的语体，不可过于严肃，也不可过于口语化；语气要友好，不可出现颐指气使或费心取悦的表达。对Windows Phone的中文本地化文风的规定③是：贴近日常，自然、准确、直接、简洁，将复杂的事情简单明了地解释清楚，让人读起来有愉悦感，同时保持专业性，避免过于口语化。比较这两者的规定会发现，Windows的本地化文风相比Windows Phone还是更为正式一些的。译者在实际工作中，要与客户进行沟通，在客户有明确要求的情况下，以客户的要求为准。

3. 格式层面

本地化翻译除了处理语言和文风，还需要确保格式的正确和统一，包括文字的呈现、符号及空格的使用、度量、货币单位及数值的表达等，从而使产品能够适应目标市场，符合客户的要求。下面，我们主要以中英文转换的本地化翻译需要注意的格式问题为例，来谈谈格式中要注意的问题。

3.1 文字的呈现

首先，注意文字输入的全角和半角格式。英文应使用半角输入，中文使用全角输入。保留不译的部分应保留各自的输入格式。英文输入时，还要注意保持单词的完整性，不应断开。如果一个长单词出现在一行的末尾，考虑到美观而要加以断开时，要根据音节进行分割，并以半角的连字符号接于前段之后。文件名、电子邮箱地址、网络地址、网络路径、产品名、公司名、商标以及注册商标均不应加以断开。

其次，注意字体和文字样式。译文的字体与字号，或和原文保持一致，或采用客户规定或公司规定的样式。文字的样式，如粗体、斜体、下划线等，译文须与原文保持一致。有时，为了让产品的文字符合目标语言的通用规范或者更加美观，要进行适当的修改，如阿拉伯语和希伯来语文字是从右向左排列的。

再者，如果文中有图片，要注意图文的格式。图形的说明文字要放在图形中的正确位置。图形应放置正确，且与正文中的说明相符。

---

① 2016年4月20日下载于微软的官网https://www.microsoft.com/Language/en-US/StyleGuides.aspx。

② Microsoft. *Simplified Chinese Style Guide* [DB/OL], 2016年4月20日下载于 https://www.microsoft.com/Language/en-US/StyleGuides.aspx。

③ Microsoft. *Windows Phone Style Guide For Simplified Chinese* [DB/OL], 2016年4月20日下载于 https://www.microsoft.com/Language/en-US/StyleGuides.aspx。

3.2 符号的使用

标点符号的使用，既要能正确地表达意思，又需符合目标语言的规范，避免误用、混用的问题。如，中英文的标点符号既有全角和半角输入的差异，也有功能和表现形式的差异。译员在做中英文本地化翻译之前，需仔细查阅，了解清楚。除标点符号外，其他的符号，包括数值相关的运算符号、小数点、百分号，及@、#、&、*、~ 等特殊符号均使用半角输入。原文中所有 High ANSI 的字（例如 ®、©、™ ）在手册中须维持原样。在联机帮助或软件中无法显示这些字时，应使用半角括号和半角字母代替（如 (R)、(C)、(TM)）。

3.3 空格的使用

不同的语言中，空格的使用也有所不同。例如，英文中单词与单词之间，大多数标点符号与其后的单词之间都需加空格，而中文里文字之间或文字与符号之间则是连续的，无须使用空格进行分隔。翻译的时候要注意遵循目标语言的惯例使用空格，还要注意两种不同文字类型的交界处空格应如何使用。下列是一些供参考的规范：

（1）在中文汉字和英文字符（包括英文字母和英文标点符号）之间要有一个半角空格。

（2）阿拉伯数字与英文字符之间、阿拉伯数字与中文文字之间要有一个半角空格。

（3）数学公式中，运算符与数字之间、算式与中文字符之间要加半角空格。

（4）若一行文字中出现图形，图形和前后文字之间应加入半角空格。

3.4 度量单位和货币单位的表达

目前国际上最流行的度量单位为公制和英制。除非特殊要求，一般来说度量单位和货币单位按照译文的通常惯例进行翻译或表达即可。从英文到中文的本地化翻译，单位可用英文表示，也可用中文表示，视项目的具体要求而定。例如，"250MB"可译为"250百万字节""250兆字节"，或直接保留不译。"USD 77.80"可译为"US$ 77.80"或"77.80 美元"。注意保证通篇的翻译一致。

3.5 数值的表达

数值，包括数字、日期、时间、电话号码、公式和等式及其他形式的数据，采用的格式因目标市场的不同而不同，要考虑用何种语言来表达。

首先，数字的表达要注意是使用阿拉伯数字还是中文数字。

使用阿拉伯数字的情况有：测量、统计数据，公历的年、月、日，带有%的数字、分数，运算公式，表示数量、金额等的值，单位是英文字母的数值，大于100

的数字。其中,大于100的数字,为了便于认读,多位数可分成三位一组书写,每组之间用半角逗号分开。如果只有四位,则不必用半角逗号分开。阿拉伯数字、小数点、百分号以及运算符号一般都会使用半角输入。

使用中文表达数字的情况有:农历的年、月、日以及年代数一律用中文数字;普通叙述中小于10的数字,一般用中文表示。而当数字是大于10的两位数字或大约的数目,既可用阿拉伯数字,也可用中文数字,注意在同一文档中须统一。

其次,时间的表达。一般来说日期按译文语言,通常采用公历,参照ISO标准表达,即年月日(YY/MM/DD),如1998年9月3日。时刻的表达,可保留原文格式(如 8:00 A.M.)或改写为中文格式(如上午 8:00),具体依各项目的要求而定。星期的表示,根据原文中是完整还是缩略的表达,进行相应的翻译,如:Monday对应"星期一",Mon对应"周一"。

4. 社会背景层面

本地化翻译,要考虑目标语言市场与源语言市场不尽相同的诸多社会背景因素,包括政治、文化、宗教、法律、历史等。译文要尽量做到以下几点:

首先,避免歧视。包括对性别、年龄、种族、职业、宗教信仰、政治信仰、政党、国籍、地区、贫富以及身体残疾者等的歧视。

其次,考虑地缘政治要求。对于有争论的国界、国家名称、国际或政治组织和领导人,或任何其他政治敏感问题,要在产品中,根据本地化市场的当地政府的期望内容进行必要的调整。例如,在中国的本地化项目中,"Hong Kong"应译为"中国香港特别行政区",同理的还有中国澳门、中国台湾的相关翻译;对于"Country"的翻译,如果列表中包含台湾,不应译为"国家或地区",而应该更准确地分别翻译,如某某国家及中国台湾地区。

再者,考虑各地的文化习俗。以苹果官网为例,其在美国的主页以"When you start with amazing products, you can create amazing things"进行宣传,但其中国官网并不是对这句话直接进行翻译,而是改为"这个春节,让家人过得新意满满"。苹果公司充分考虑了目标使用人群的文化背景和传统习俗,以春节为契机进行了翻译,值得借鉴。

此外,要注意出于法律方面的考虑,除非绝对必要,不要使用"最好""最强""唯一"等词。

5. 技术层面

随着全球化进程的加快，本地化翻译越来越依赖于计算机辅助翻译技术（CAT），可用的本地化翻译工具也越来越多。但如果这些工具间彼此数据不兼容，就会造成行业发展低效，成为一大瓶颈。本地化行业标准组织（LISA, Localization Industry Standards Association）因此成立了形式/内容再利用开放标准机构（OSCAR, Open Standards for Container/Content Allowing Re-use），致力于不断制定和推广本地化行业的标准。目前已经和正在制定的标准包括：翻译记忆交换标准、术语交换标准、文本分割标准、全球信息管理度量交换标准、术语交换链接标准。其中，后两大标准与翻译活动本身关联不大，在此不做介绍。

5.1 翻译记忆交换标准（TMX）

翻译记忆是用来辅助人工翻译的计算机数据。CAT工具在处理文本内容时，都按照一定的规则，把文本分解成一个个可以单独处理的单元。每个独立单元经过翻译后成为包含源语言和目标语言的一个"语言对"。这些"语言对"就形成了翻译记忆。而使用了翻译记忆库的翻译实践，系统将自动搜索数据库中相同或相似的内容，给出参考译文，译员就可以避免翻译重复的内容，只需专注于新内容的翻译。

翻译记忆交换标准（TMX, Translation Memory eXchange），是第一个确立的本地化标准。其1.0版本于1997年12月发布，最新的1.4b版本于2004年10月发布。遵守TMX标准，不同工具、不同本地化公司创建的翻译记忆文件就可以很方便地交换翻译记忆数据。

5.2 术语库交换标准（TBX）

术语库交换标准（TBX, Term-Base eXchange）的出现，是为了弥补数据"存储片段过大"的缺陷而制定的。通过TBX，用户可以很方便地在不同格式的术语库之间交换术语库数据。

5.3 断句规则交换标准（SRX）

"断句"（segmentation），指的是本地化翻译软件处理文本时对语句的拆分。如果断句规则不符合标准，则本地化后的"语言对"内容肯定不同，翻译记忆库与术语库的数据就无法在不同工具之间兼容和互换。2004年发布的断句规则交换标准（SRX, Segmentation Rule eXchange）解决了不同本地化语言工具因"断句"规则不统一、翻译记忆交换文件不方便处理的问题。

5.4 本地化交换文档格式标准（XLIFF）

除了上述三大技术标准之外，本地化翻译还应遵循结构化信息标准促进组织(OASIS, Organization for the Advancement of Structured Information Standards)在2002年开始发布的本地化交换文档格式标准(XLIFF, XML Localization Interchange File Format)。最新版本为2003年发布的XLIFF 1.1标准。采用XLIFF格式，内容就可在翻译进程中自由交换，而不受其原生文件格式的影响，也不受所使用的翻译记忆工具或本地化工具的影响。XLIFF标准使得软件本地化数据交换的格式趋向统一，使很多本地化译员从选择、学习和使用众多的定制工具的困境中解脱出来。

第五节　本地化翻译的案例评析

以准确性、一致性、连贯性、规范性及敏感性为准则，从五个层面出发，落到实处注重细节，是做好本地化翻译的关键。在本节中，笔者就一些本地化翻译案例进行简单的评析，由此来体会一下本地化翻译中可能出现的问题。

案例一：计算机程序中的各个软件的本地化翻译

例1

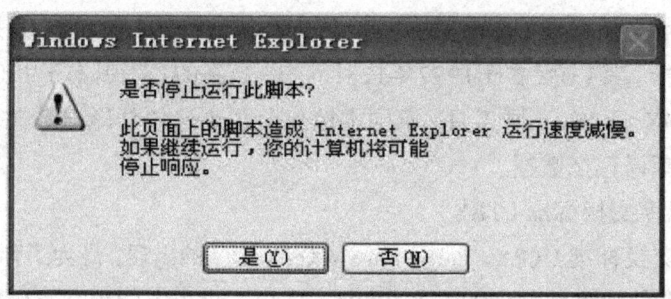

评析：语言文字的处理没有问题。但格式上，"停止响应"不应另起一行，而应该紧跟着前面的内容。

例2

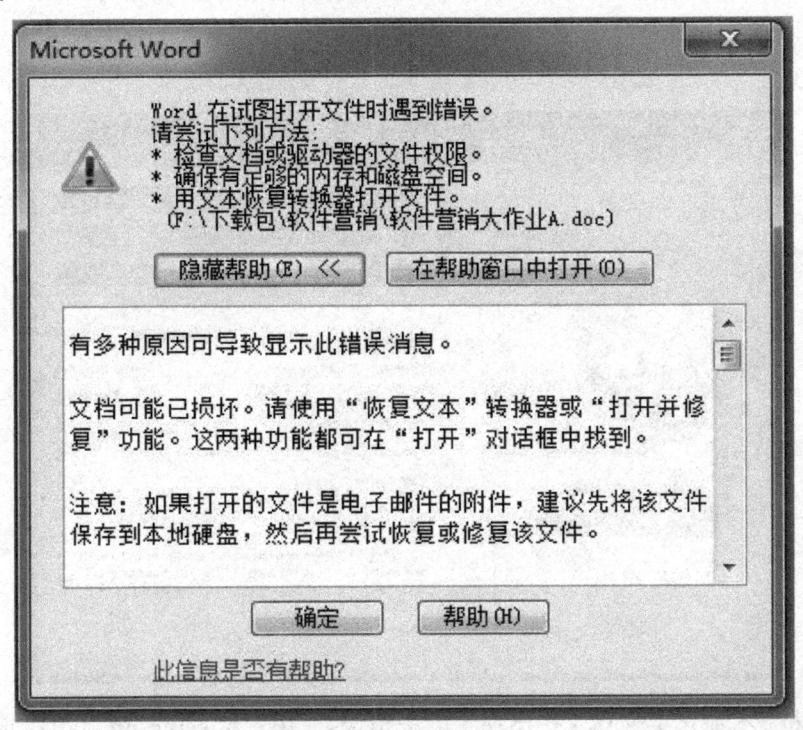

评析：语言文字的处理没有问题。但格式上，方法提示处的文字行间距明显偏小，对可读性有影响。

例3

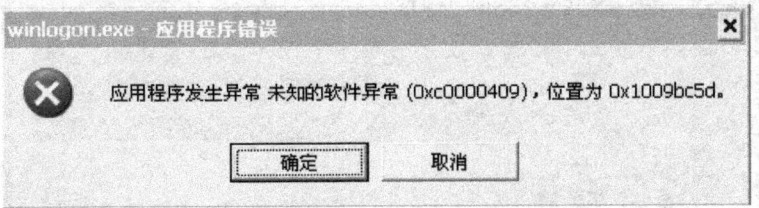

评析：翻译上出现了赘词，"异常"和"位置的软件异常"重复。

案例二：芬兰游戏公司Supercell所推出的策略类游戏"部落冲突"的本地化翻译

例1

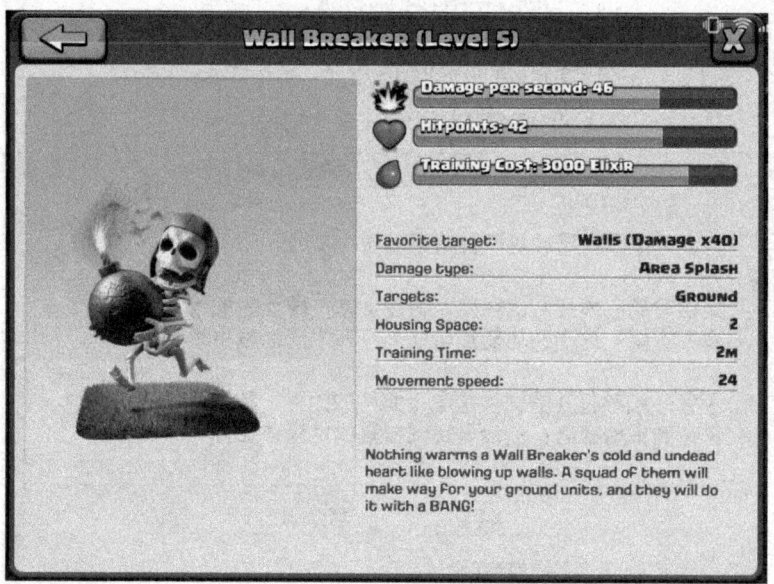

评析：本地化英文译文中出现了语法错误。"like blowing up walls"应改成非谓语动词短语，来补充说明句子前面的内容。

例2

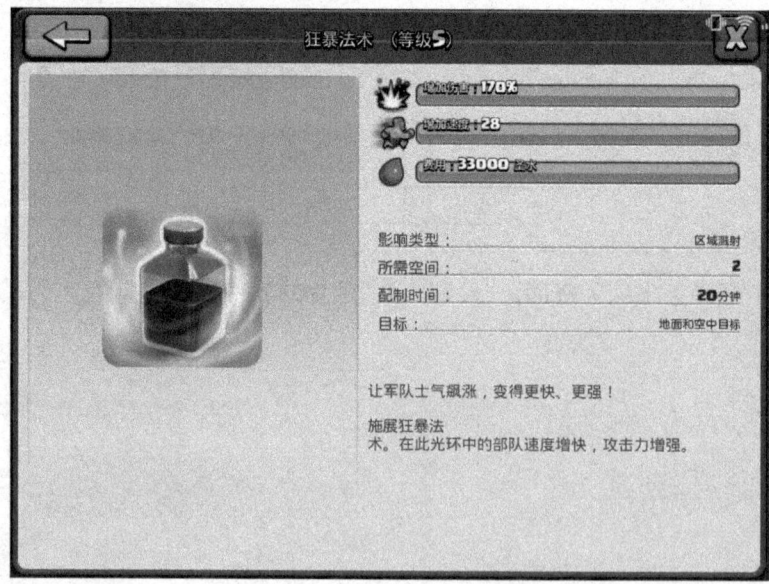

评析：本地化中文译文中，格式上有错误，"施展狂暴法术"不应该分截成两行。再者，第二句话的语意不连贯。

例3

评析：除了格式上断行的错误外，标点符号也出现了误用，并列成分"是骑士？是武士？还是机器人？"之间应该用表并列成分的顿号或逗号来分隔。

案例三：美国TED的讲座APP的本地化翻译

例1

评析：中文本地化后APP界面上视频的分类标签没有遵从一致性，字数不一、长短不齐，有的是普通词，有的是成语，且与英文APP的界面没有形成对应关系。

例2

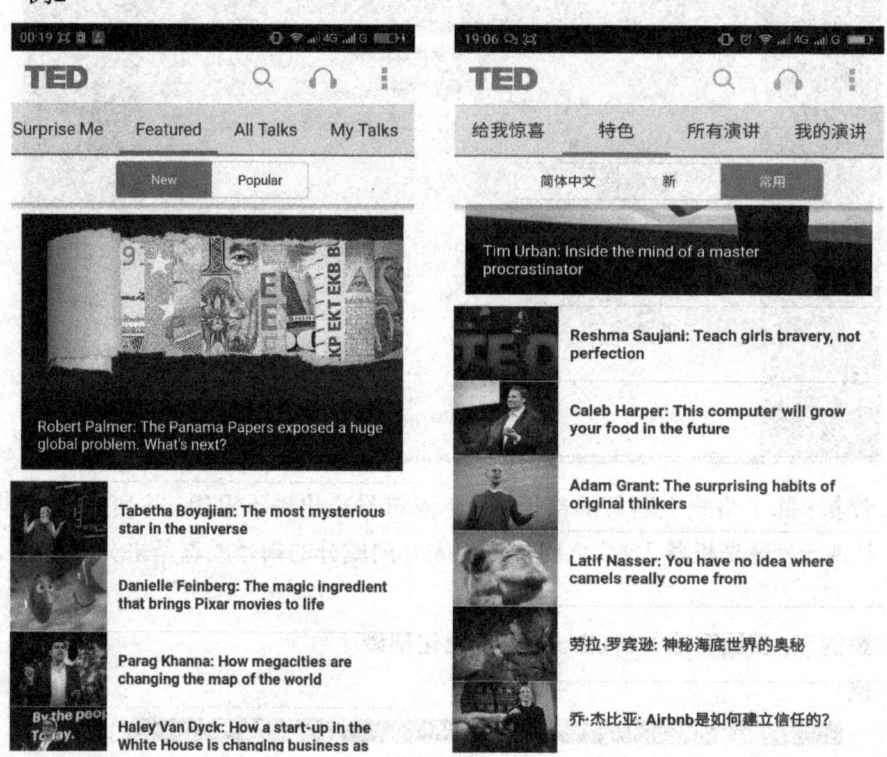

评析：featured并不是指"特色"的含义，而有特别专题、特别报道、特别推荐的意思。"特色"这个译法不够准确，没有做到忠实原文。

第二章

计算机辅助翻译软件

当今,在语言服务需求增长超出翻译从业人士的增长速度的趋势下,"科学技术是第一生产力"这样的至理名言再实用不过。翻译技术的运用程度无论是针对个人译员,还是翻译团队、翻译公司,都是一项核心竞争力。翻译技术指的是特定的可以辅助翻译过程和翻译研究的信息辅助技术。大体上包括语料库技术、互联网搜索引擎、特定的互联网信息服务、各类电子辞典及电子工具书,以及其他类型的电子辅助工具。

如今,译员在执行翻译项目的时候,会遇到不断增多的需求与难点,比如快速查词、使用参考文件、确保翻译的统一性等,这些问题依靠技术便可获得快速便捷的解决。而另一方面,译员在翻译中也在转变自己的思维方式,从完全依赖人工到逐步希望利用技术智能手段来解决问题,提升翻译质量,改善项目管理的能力。从最初级的电子词典到机器翻译,再到融合着翻译记忆库、术语库的计算机辅助翻译软件,以及译后编辑软件,技术在以各种形式不断融入翻译项目之中,也在逐步改变翻译项目中各个岗位人员的工作方式与思维习惯。

第一节 计算机辅助翻译的核心定义

翻译技术的发展是一个不断探索与研发的过程,但翻译技术的研发与运用始终围绕一些核心的概念进行。本小节就这些核心定义从技术角度进行解释,加强读者对翻译技术的了解。

1. CAT工具

我们把计算机辅助翻译(Computer Assisted Translation)工具简称为CAT工具。CAT工具是目前翻译行业最主流、最主要的翻译技术。CAT工具最早源于机器翻译,但与以往的机器翻译软件不同,它并不依赖于计算机的自动翻译,而是在人的参与下完成整个翻译过程。与机器翻译相比，使用CAT工具完成的翻译更加准确，不会出现字字对应的机械翻译，也不会出现句子内部或句子前后语义不通顺、不衔接的情况。与人工翻译相比，它使繁重的手工翻译变得自动化、流程化，大幅度提高了翻译效率，同时借助CAT工具中的一些质检功能，也更能保障翻译的质量。

目前翻译行业中常用的CAT工具多是一些基于计算机的软件，如Trados、雪人、MemoQ、Wordfast等。近年来，也出现了一款基于网络、无须安装即可使用的在线CAT工具——译马网[①]。但无论是哪种CAT工具，基本上都是基于后台专业的服务器，使用者经授权后或通过账号进入翻译平台，进行相关翻译操作。CAT工具各具特色，比如，Trados可同时打开多个翻译文件，方便份数较多的文件同时进行翻译与查询；雪人可自动生成段段对照格式的译文；MemoQ可以根据筛选条件，对文本进行筛选；译马网可以直接在浏览器上做翻译，数据存储在云端，用户不需要下载软件；等等。但各CAT工具翻译操作方法也有相同之处，对一款工具的熟练掌握即可有助于其他CAT工具的学习与使用。

2. 翻译记忆库

简而言之，翻译记忆库（Translation Memory，简称TM）是一个特定格式的语言存储空间，是个人或者翻译公司长期存储语言资产的有形形式。出于安全性考虑，翻译公司一般将TM存放在服务器上。实际项目过程中，将TM挂接于CAT工具中。译员在翻译过程中一方面可以查找TM中的历史翻译内容；另一方面，新的译文文本也将被实时更新于TM中。不同CAT工具对应的TM格式有所不同，但所能导入TM的文件必须是tmx格式的文件。要编辑和生成tmx文件，翻译公司一般会使用Heartsome TMX Editor软件，这是一款专门的tmx文件的编辑器。TM的更新、维护与管理也是翻译公司的一项重要工作和研究内容。

3. 术语库

术语库与翻译记忆库相似又有所不同。相似的是，术语库也是挂接在CAT工具所创建的项目下。译员可查看术语库中的术语，也可在翻译过程中添加术语，确保术语在所有翻译文本中的统一。但不同的是，翻译记忆库是针对文本的存储，一般以句子及段落为单位；而术语库则是针对特定词汇、专有名词等术语进

---

① 译马网官网：http://www.jeemaa.com。

行的存储，以词汇为单位。

第二节　基于 SDL Trados 的翻译技术介绍

翻译技术的研究与探索必然是基于实际翻译项目需求。目前市面上也有较多计算机辅助翻译（CAT）软件问世。但基于CAT的翻译项目流程具有相同的原理，即将翻译项目搭载在CAT软件上进行翻译，在翻译的过程中参考翻译记忆库以及术语库，且翻译的译文可以及时更新至翻译记忆库，实现语料的二次利用与协同翻译。CAT软件、翻译记忆库、术语库是三个主要概念。其中CAT软件是基础，翻译记忆库是核心技术，术语库是有效的辅助工具。本节将以SDL Trados Studio这款CAT软件为基础，简要介绍Trados的使用方法以及搭载在Trados上的翻译记忆库与术语库的使用。

1. SDL Trados Studio 基本介绍

SDL Trados Studio（简称为Trados）集翻译项目创建、文件翻译、审校、翻译记忆库管理等操作于一体。翻译编辑窗口以左右两栏形式同时呈现原文与译文，可对全文进行浏览，方便译员对全文进行理解。

翻译软件的更新换代速度一般比较快，自面世以来，Trados已经历了Traods 1.0—6.0、Trados 2006、Trado 2007、Trados 2009、Trados 2011、Trados 2014、Trados 2015以及Trados 2017等多个版本。Trados 2009与此前的各版本使用界面方面有本质区别，而2009后的各版本则较为相似。不同版本间的操作方式可能会有细微区别。本文以Trados 2017版为例进行介绍。

打开Trados，可以看到Trados的界面，窗口主要由欢迎（Welcome）、项目（Project）、文件（Files）、报告（Reports）、编辑器（Editor）、翻译记忆库（Translation Memories）这六个界面组成。不同界面具有不同的功能，在实际项目过程中，针对不同操作选中不同界面。

其一，欢迎（Welcome）界面。该界面可进行"新建项目""翻译单个文档""打开文件包"等操作，同时还可浏览Trados入门资料、最新新闻等。选择相应标题则可进行相应操作。具体界面如下图所示。

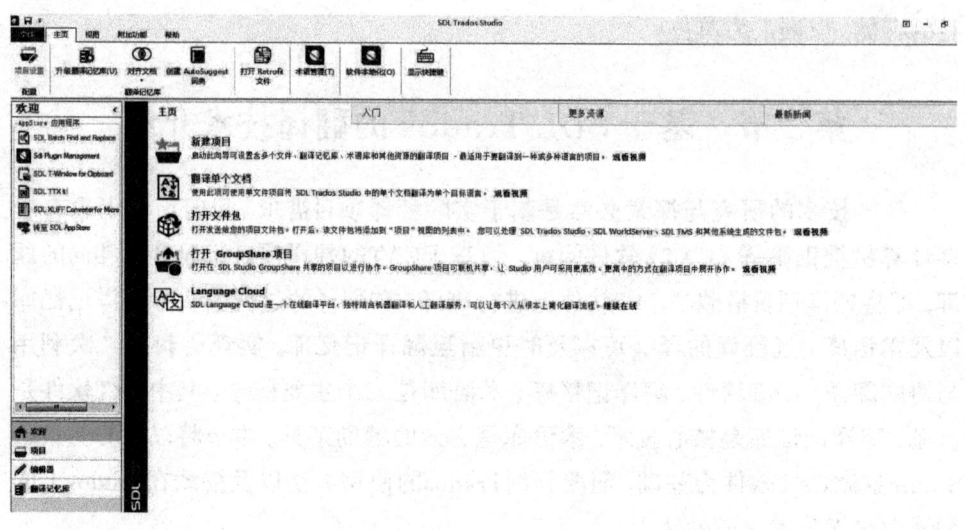

Trados 2017 的欢迎界面

其二，项目（Project）界面。该界面展示了当前Trados中所有正在进行或者已完成的项目，可通过点击工具栏上的"新建项目""打开项目""查看项目文件"等项目相关的按钮进行相应的操作。同时该界面还展示项目的详细情况，如项目路径、创建时间、统计信息等。因此，通过该界面即可对特定项目的具体情况有所了解，及时监控项目的情况。

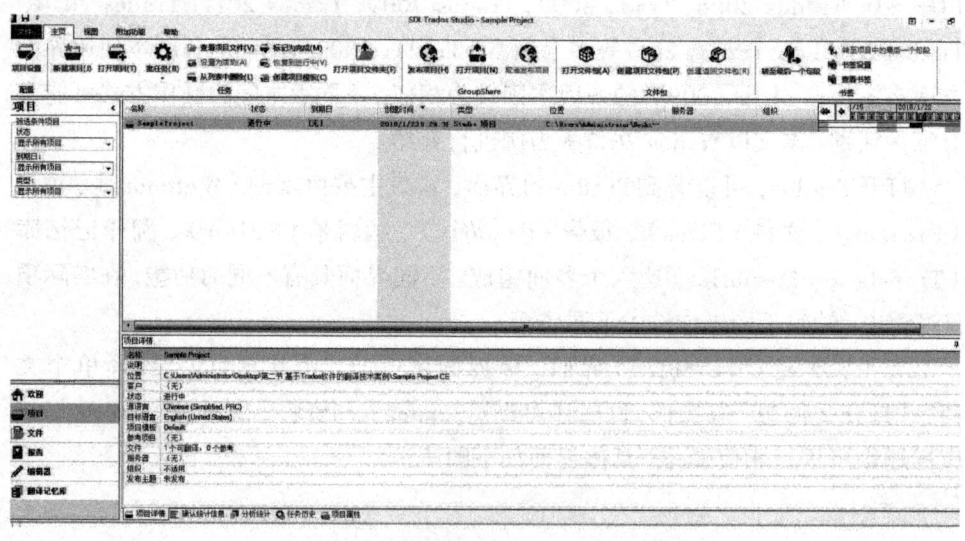

Trados 2017 的项目界面

其三，文件（Files）界面。该界面可进行所选中项目下文件相关的操作，如"浏览文件所在文件夹""添加文件""删除文件"等，且该界面展示文件具体翻译字数、翻译状态等详情。在此界面，双击文件可打开文件进行下一步编辑。

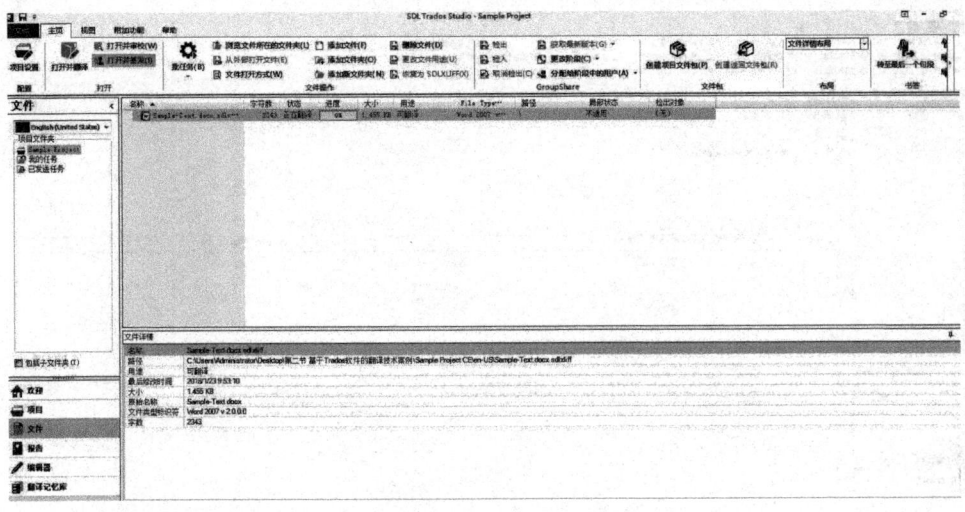

Trados 2017 的文件界面

其四，报告（Reports）界面。该界面是对文件重复率分析结果的展示，可展示单份文件的分析情况，也可以展示项目下所有文件的分析情况。

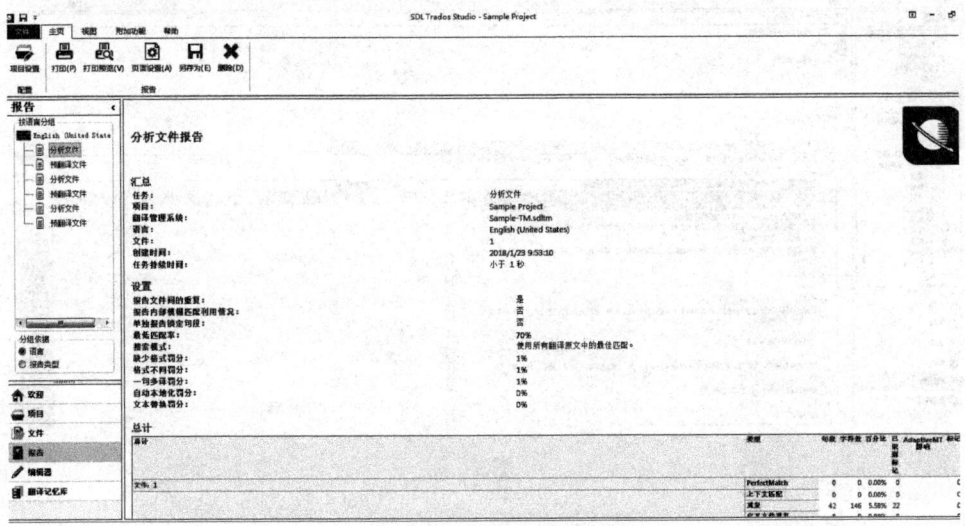

Trados 2017 的报告界面

其五，编辑器（Editor）界面，主要由导航栏、翻译记忆库显示区、术语库显示区、编辑区构成。点击该界面后，可对文件进行翻译与审阅等操作。项目文件未打开时，该界面如下述图一所示。项目文件打开后，该界面如下述图二所示。具体该界面的介绍见下文"使用Trados进行翻译"。

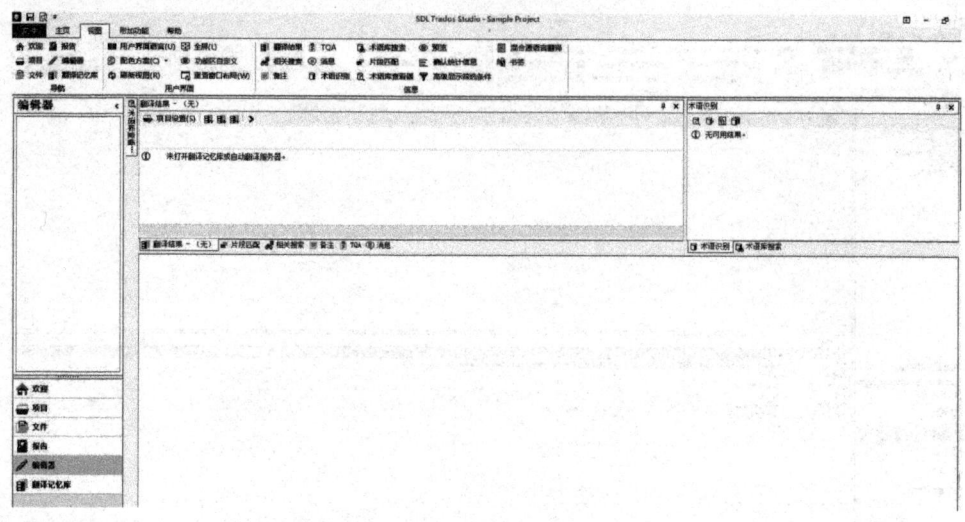

图一

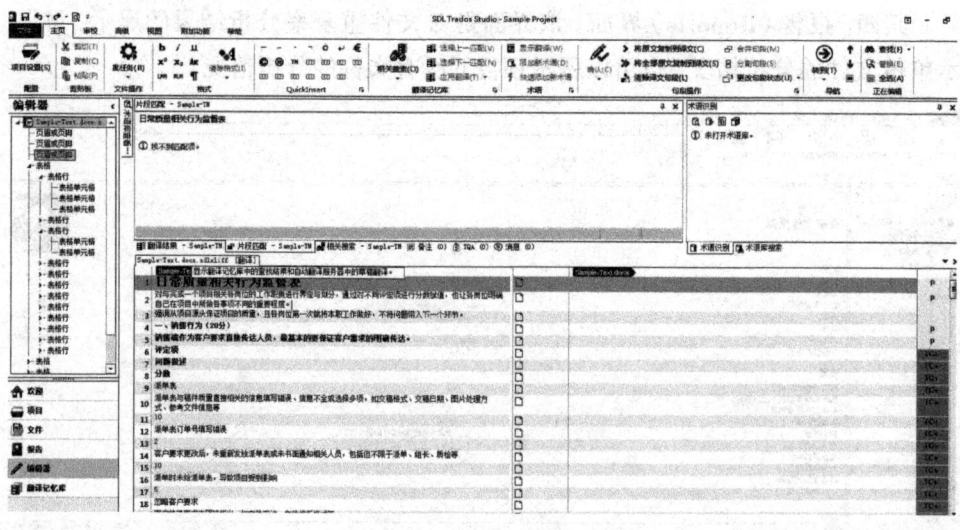

图二

其六，翻译记忆库（Translation Memories）界面。点击该界面，可进行翻译记忆库相关的操作，如打开翻译记忆库、创建翻译记忆库、记忆库内容导入导出等。

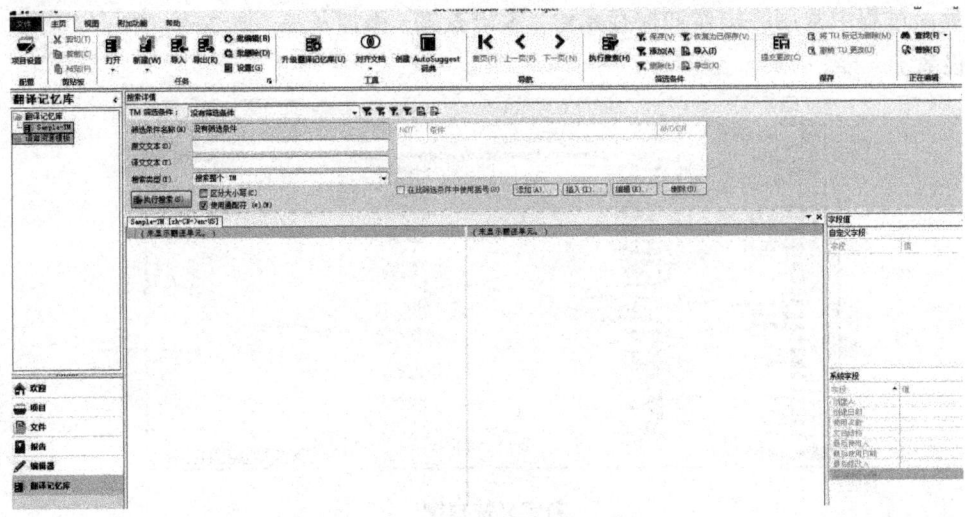

Trados 2017 的翻译记忆库界面

上述是Trados主要界面的展示。在Trados使用过程中，译员可以根据个人的习惯对Trados界面字体、快捷键等默认设置进行更改。

（1）编辑界面字体更改

依次选中"文件"—"选项"—"编辑器"—"字体更改"，勾选适应字体大小（如下图方法一），此时就可以更改字体的大小了。或直接在视图标签中进行修改，即在菜单栏依次选择"视图"—"更改字体大小"即可（如下图方法二）。

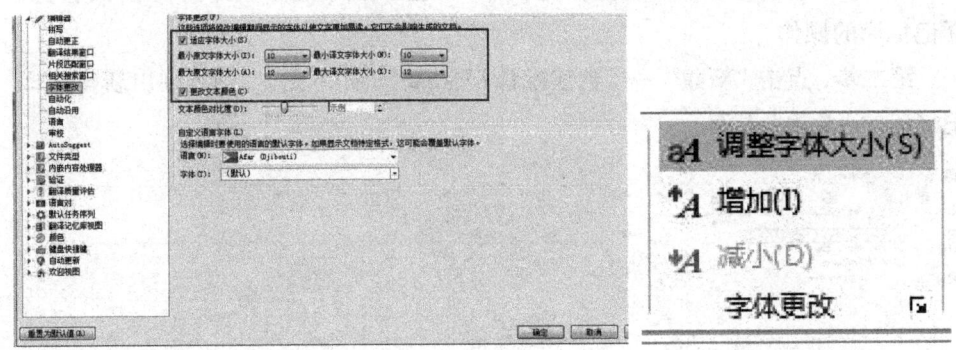

编辑界面字体更改方法一　　　　编辑界面字体更改方法二

（2）自定义快捷键

快捷键的合理设定和使用可以有效提升翻译效率。依次选中"文件"—"选项"—"键盘快捷键"（如下图），即可根据个人习惯设置不同操作的快捷键。翻译过程中常用的操作如保存术语、术语查询、添加备注、搜索等，都可以进行设置。

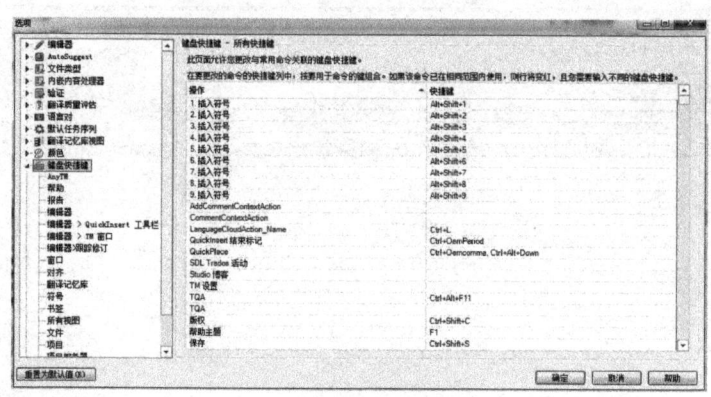

自定义快捷键

2. 创建翻译记忆库

翻译记忆库（TM）是CAT使用的基本要素与核心技术。翻译记忆库就犹如一个存储空间，每个项目都必须挂接相应的翻译记忆库，保证翻译的内容更新入库。创建翻译记忆库时，要注意源语言与目标语言的一一对应关系。下面，以创建名为"Sample-TM"的美式英语—简体中文的翻译记忆库为例，介绍翻译记忆库创建的基本步骤。

第一步，单击导航栏的"翻译记忆库"，显示翻译记忆库界面，进行相关翻译记忆库的操作。

第二步，点击"新建"—"新建翻译记忆库"（如下图），即可弹出新建翻译记忆库的"常规"界面。

新建翻译记忆库

第三步，在"常规"界面上按照如下步骤进行设置：

（1）在名称框中输入翻译记忆库的名称，此处为"Sample-TM"。翻译记忆库在命名时需注意记忆库的命名要符合公司或个人项目管理的既定规范，便于对翻译记忆库进行管理。如笔者所在的翻译公司记忆库的命名规则通常为：项目代号/项目名+语言对。

（2）位置框是用于选择所创建翻译记忆库需要保存的路径，可通过"浏览"按钮进行选择。选择后需注意记录记忆库存放的位置，避免出现记忆库混淆的情况。

（3）结合实际项目情况，选择所创建翻译记忆库的源语言与目标语言。翻译记忆库在使用的时候，需注意翻译记忆库的语言对需与实际翻译项目的语言对保持一致，否则在项目挂接翻译记忆库时会出现特定的错误提示，无法挂接翻译记忆库。

（4）"启用基于字符的相关搜索"如勾上，可提升搜索的精确度。

"常规"界面

如果是基于已有翻译记忆库创建新的翻译记忆库，可通过单击"创建自"框旁边的"浏览"按钮选择已有的翻译记忆库。由此创建的记忆库会复制所选择翻译记忆库的基本设置，起到事半功倍的效果。

第四步，单击"下一步"，此时将显示"字段和设置"界面。该界面可根据实际项目需求对每一具体的选项进行调整。

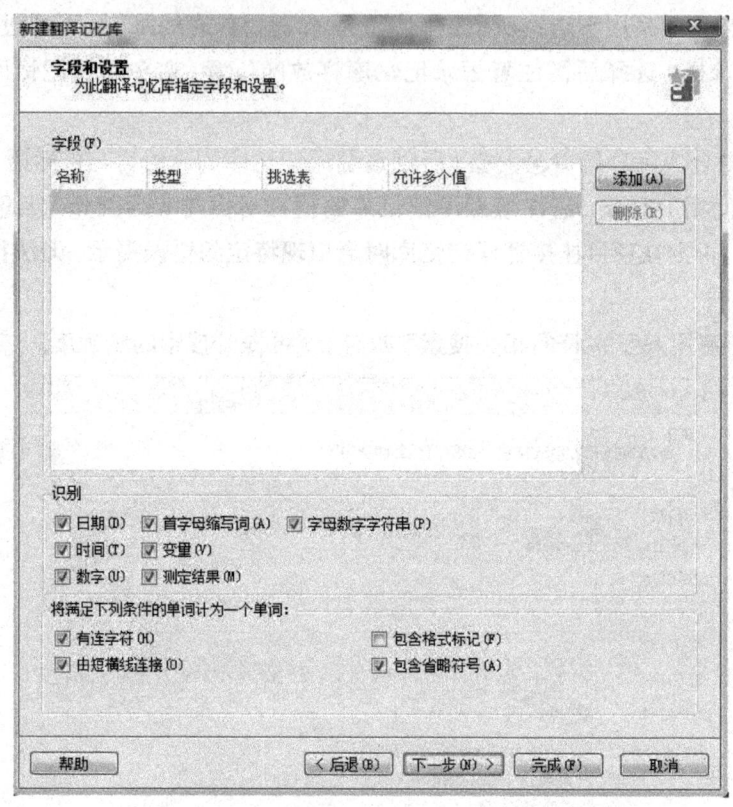

字段和设置界面

第五步，单击"下一步"，此时将显示"语言资源"界面。译员可以在此结合实际需求对资源列表的各项进行设置，创建或修改语言资源列表。选中对应的资源栏，点击加引号按钮，即可进行修改。常用的设置比如对断句规则的调整，根据具体项目判断是基于段落进行断句还是基于句子进行断句。

语言资源界面

通常情况下，在进行翻译记忆库创建时上述第四步以及第五步可不做更改与调整。如需调整，建议提前分析项目以及记忆库的特点，结合项目情况进行调整，保证这些设置调整后是有利于实际项目操作的。

第六步，单击"完成"即可创建翻译记忆库。此时将显示"正在创建"界面。当"正在创建"界面上项目的状态变为"完成"后，单击"关闭"以保存新建的翻译记忆库。Trados的翻译记忆库格式为".sdltm"。

3. 创建术语库（TB）

术语专业性与统一性是当前翻译项目质量评估的标准之一，尤其是针对具有行业特色、专业性强或者项目量较大的翻译项目。在Trados的翻译项目流程中，可以创建术语库并在Trados中挂接项目对应的术语库，以在翻译过程中同时参考术语库中的术语或添加术语至术语库中，保证术语的统一性以及专业性。

本小节所介绍的术语库使用由术语表制作、术语表转换、术语库创建与导入、术语库挂接四个方面构成。SDL Multiterm[①]是一款术语管理软件，用于项目术语的管理，以确保翻译项目中术语翻译的准确性和一致性。它是一款独立桌面工具，可用于创建术语数据库和术语表，与Trados配合使用，可以提高翻译质量和效率。下面，将以创建名为"TB-世界地名"的术语库为例，介绍术语库相关的操作。

3.1 术语表制作

基于Trados的术语库管理实际上是在Trados中查看术语库，从而代替在excel或者word术语表中逐一搜索查找的方式。术语表顾名思义是以表格形式呈现，因此至少是表格两列，对应源语言和目标语言，形成词汇——对应的关系。此外，可以根据项目需求，添加其他备注或者说明性的补充信息。在实际翻译项目中，术语可以是行业专业术语、专有名词以及项目中的高频词汇。用于创建术语库的术语表，一般在首行加上语言代码作为术语库创建的索引字段，如中文添加"Chinese"，英文添加"English"。该"世界地名"部分的术语表截图如下所示：

English	Chinese	English	Chinese
Angola	安哥拉	Australia	澳大利亚
Afghanistan	阿富汗	Austria	奥地利
Albania	阿尔巴尼亚	Azerbaijan	阿塞拜疆
Algeria	阿尔及利亚	Bahamas	巴哈马
Andorra	安道尔共和国	Bahrain	巴林
Anguilla	安圭拉岛	Bangladesh	孟加拉国
Antigua and Barbuda	安提瓜和巴布达	Barbados	巴巴多斯
Argentina	阿根廷	Belarus	白俄罗斯
Armenia	亚美尼亚	Belgium	比利时
Ascension	阿森松	Belize	伯利兹

3.2 术语表转换

SDL Multiterm创建术语库时需要导入格式为.xdt（术语库定义文件）及.xml（术语文件）的数据文件，因此在创建术语库之前，需对术语表进行格式转化，生成可导入SDL Multiterm所需的文件。SDL Multiterm Convert是SDL Multiterm自带的转换软件，可对多种文件的格式（如下述第三步图片所示）进行转换处

---

① SDL Multiterm中文官网：http://www.translationzone.com/cn/products/multiterm-desktop/。

理。其中最易于准备的是Excel格式文件。也因此，一般翻译公司会要求译员提交Excel格式的术语表，既方便术语表的制作，也便于今后文件的格式转换。按照如下操作步骤，对"世界地名"这份术语表进行格式转换。

第一步，打开SDL Multiterm Convert，界面如下图所示。

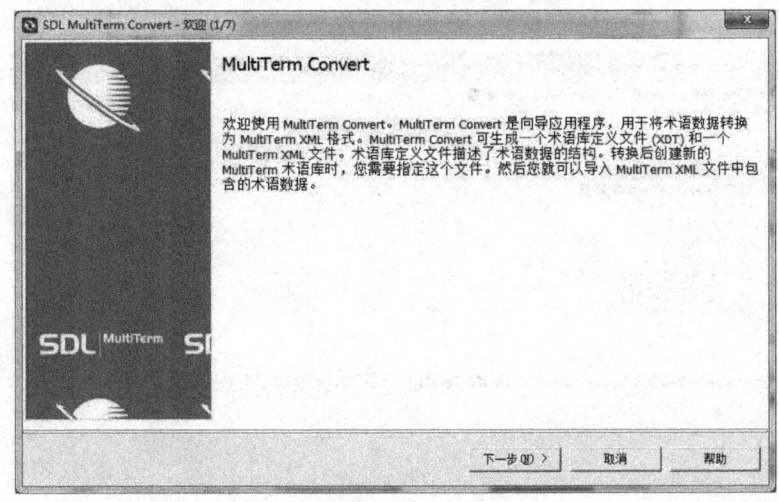

SDL Multiterm Convert 的欢迎界面

第二步，点击"下一步"，弹出"转换会话"对话框，选中"新建转换会话"。点击"另存为"进行浏览，选择此次转换后形成的*.xcd格式文件的保存路径。如希望将本次转换会话的过程保存，则可选中"保存转换会话"，后续如有相同类

转换会话

型的术语表需进行格式转换时,如同一行业的术语表或者同一客户的术语表,则可直接载入此次的转换过程,无须重新设置。完成后点击"下一步"。

第三步,弹出"转换选项"对话框。该对话框即选择待转换术语表的原始格式。如前文介绍,自行准备的术语表一般是Excel格式,因此在"转换选项"对话框中选择"Microsoft Excel"格式,并点击"下一步"。

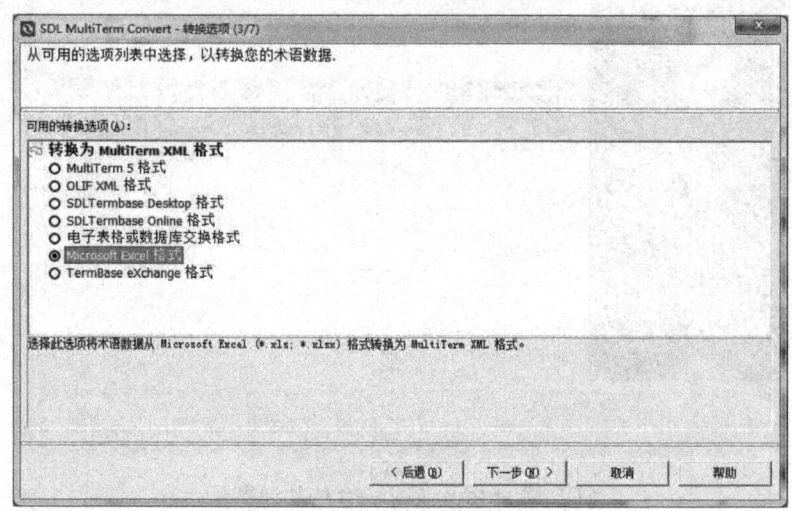

转换选项对话框

第四步,界面弹出"指定文件"对话框,在该界面导入需进行格式转换的具体术语表,通过"浏览"选择具体术语表。术语表选择完成后,软件会自动生成输出文件的名称和位置。转换时,也可以根据需要自行更改和设定输出文件的位置。输出后的文件即是我们用于术语库创建的文件,因此需记住输出文件的位置,避免后期术语库创建时耗费大量时间用于查找已转换完成的术语文件。且因输出的文件包含.xml、.xdt以及.log多个格式的文件,建议创建相应的文件夹用于保存所有输出的文件,比如在该例子中,在进行术语库创建前先新建"TB-世界地名"文件夹。笔者所在的翻译公司一般是将术语库以及术语库创建的过程文件统一存放在固定的服务器路径下。指定了输入文件和输出文件的位置之后,单击"下一步"。

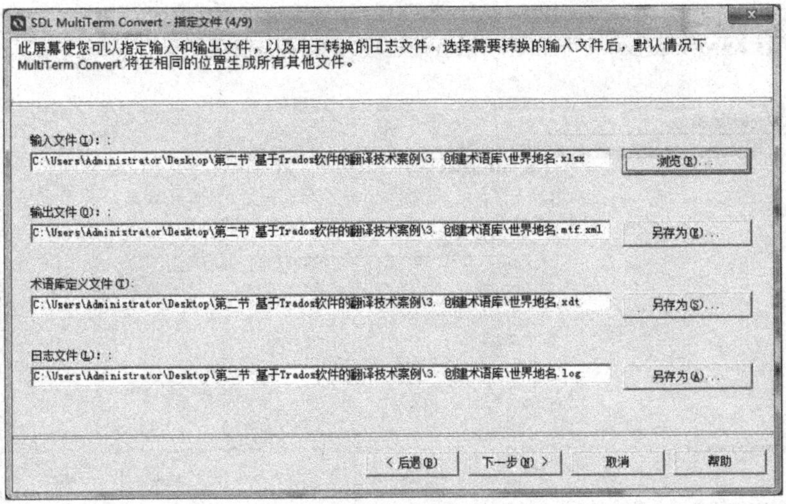

指定输入和输出文件

第五步，弹出"指定列标题"界面。在该界面，针对性的设置这些可用列标题的"语言字段"。Excel文件的首行文字会被列为"可用列标题字段"。以该世界地名术语库为例，可点击English，在语言字段下方列表框中选择English (United States)（如下述图一）；同理，点击Chinese，对应在语言字段下选择Chinese (Simplified)（如下述图二）。如所准备的术语库中补充其他的说明性信息，则需对这部分信息设置"说明性字段"。

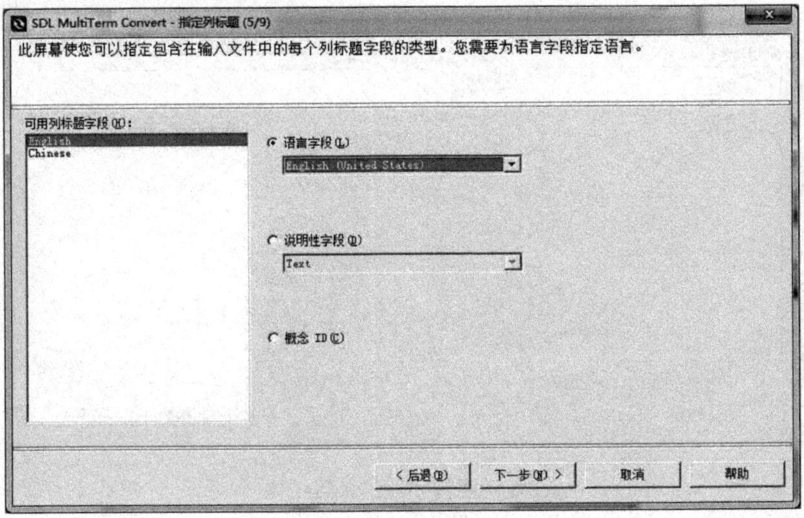

设置语言字段（图一）

设置语言字段（图二）

第六步，完成后，会弹出"创建条目结构"界面。该界面可对说明性字段进行设置，即分别将术语表中的说明性字段添加至条目结构中。如术语表没有说明性字段，如当前创建的世界地名的术语库，则可直接点击"下一步"，继续下一步操作。

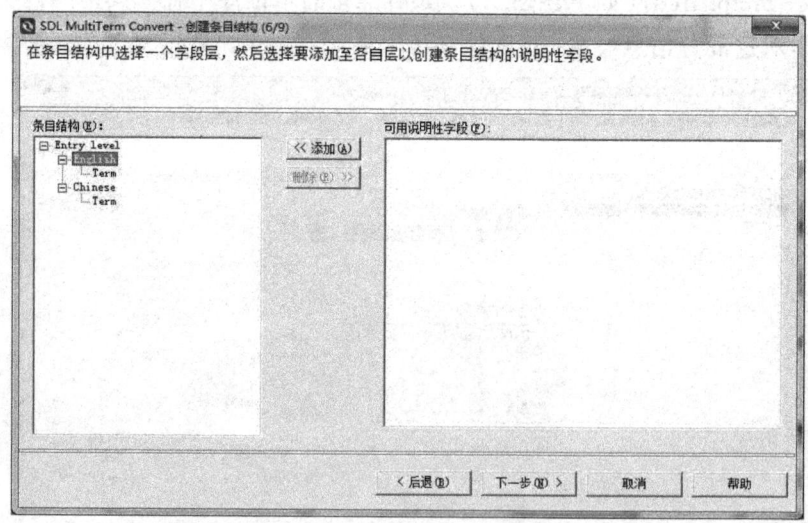

设置说明性字段的条目结构

第七步，弹出"转换汇总"对话框。该对话框会将此次所转化文件的格式以及路径信息统一呈现在该界面。

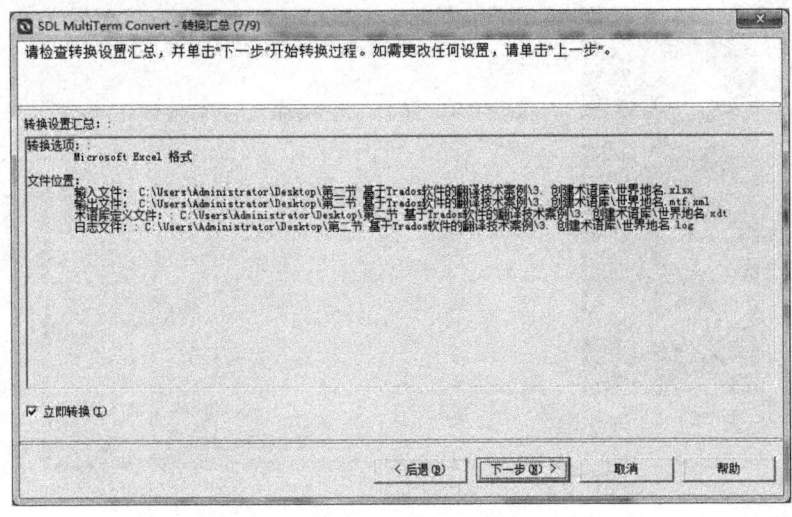

转换汇总

如确认无误，则点击"下一步"进行转换。如需要修改，则点击"上一步"（"后退"）至相应需修改的界面进行修改。

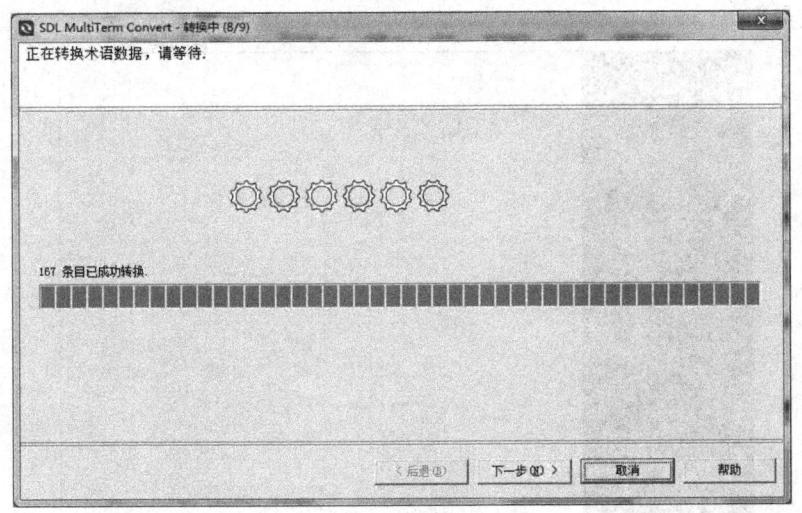

转换术语数据

转换完成后会弹出"转换已完成"界面（如下图所示），在该界面点击"完成"关闭对话框，即可完成术语文件转换。在输出文件目录中，就可以找到可导入SDL Multiterm创建术语库的*.xdt 文件和*.xml文件。

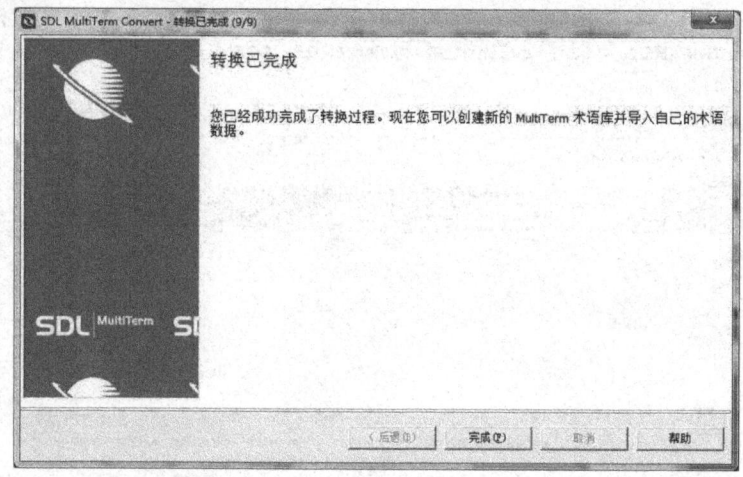

3.3 创建术语库与导入

第一步，打开SDL Multiterm，在菜单栏里通过依次点击"新建"—"创建术语库"则会弹出"保存新术语库"对话框，选择术语库保存的路径并对术语库进行命名。比如，将术语库命名为"TB-世界地名"并保存在某一路径。此处暂且存放在桌面。

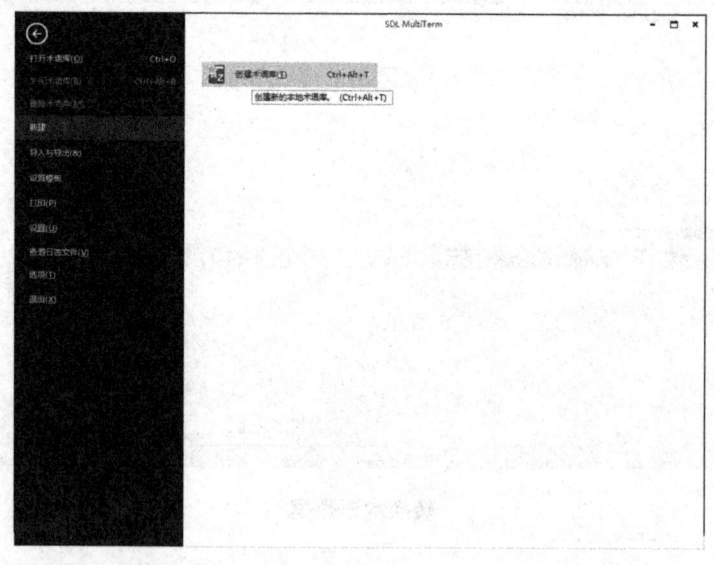

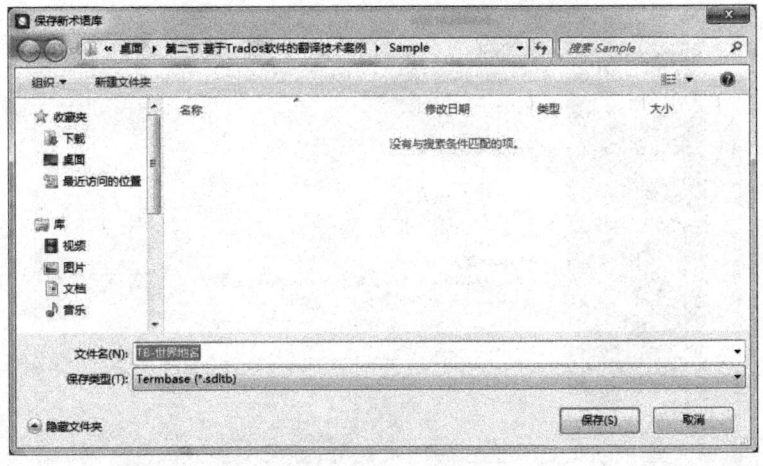

第二步，在弹出的术语库向导对话框中点击"下一步"。

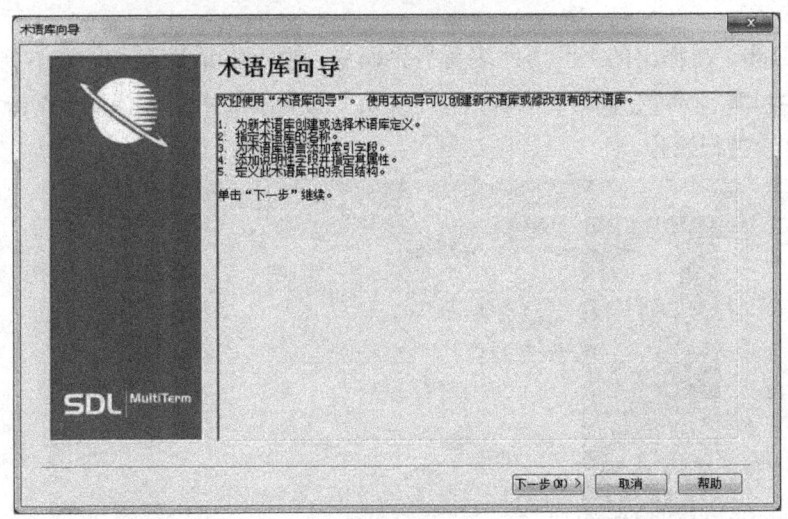

术语库向导

第三步，在"术语库定义界面"中，选中"载入现有术语库定义文件"，通过浏览查找此前输出的xdt文件，并选中（如图）。点击"下一步"。

载入现有术语库定义文件

第四步,在弹出的"术语库名称"界面中,输入术语库名称(如图),如输入"TB-世界地名"。同时,也可以在"说明"框中添加术语库说明。点击"下一步",继续进行操作。

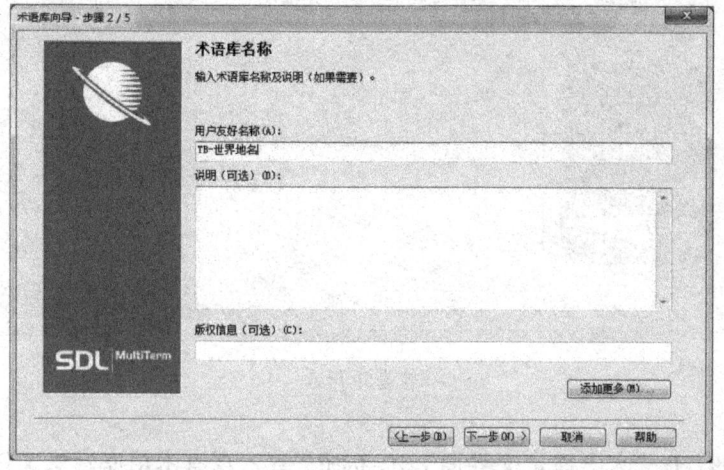

术语库名称

第五步,由于在文件转换的时候,所输出的.xdt文件已针对索引字段、说明性字段以及条目结构进行设置,则下一步弹出的"术语库向导—步骤3/5至术语库向导—步骤5/5"有关索引字段、说明性字段、条目结构的设置无须做任何修改,直接点击"下一步"直至弹出"向导已完成"界面。

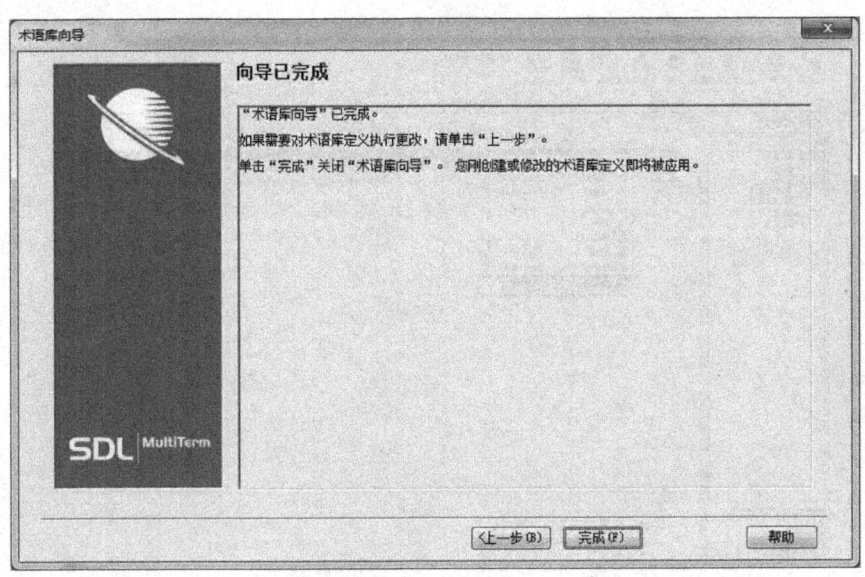

点击"完成",即可完成术语库创建,SDL Multiterm会自动打开这一术语库。但当前我们仅完成空术语库的创建,术语文件的内容还未真正地导入。如下图所示,术语库条目显示为0。

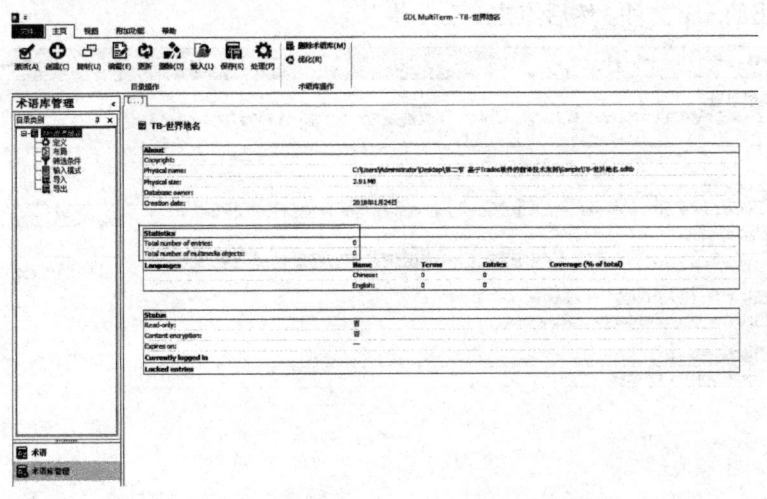

第六步,导入术语。点击左侧的导航栏"术语库管理"—"目录类别"下的"导入",然后点击右侧的"Default import definition",点击"处理"。

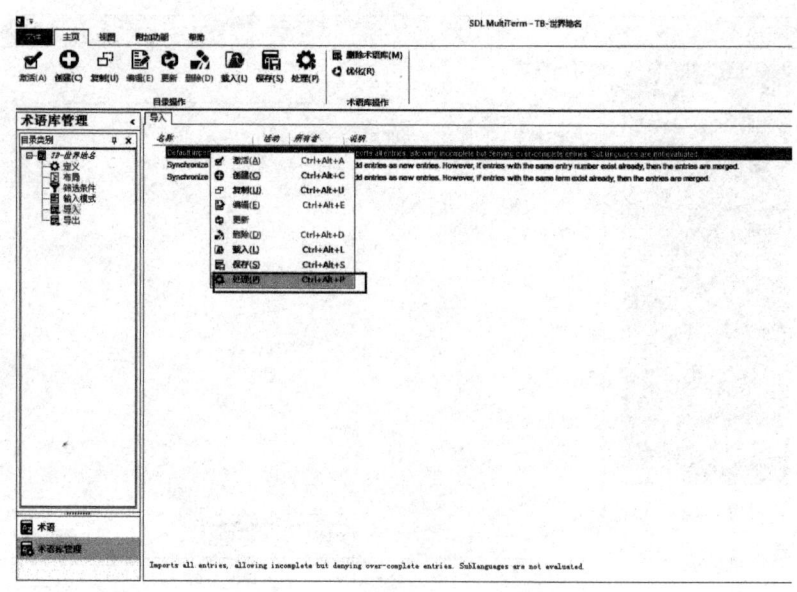

术语库目录

第七步,弹出"常规设置"界面。在"导入文件"这一栏通过"浏览"选择上述3.2输出的.xml文件。然后点击"下一步"。

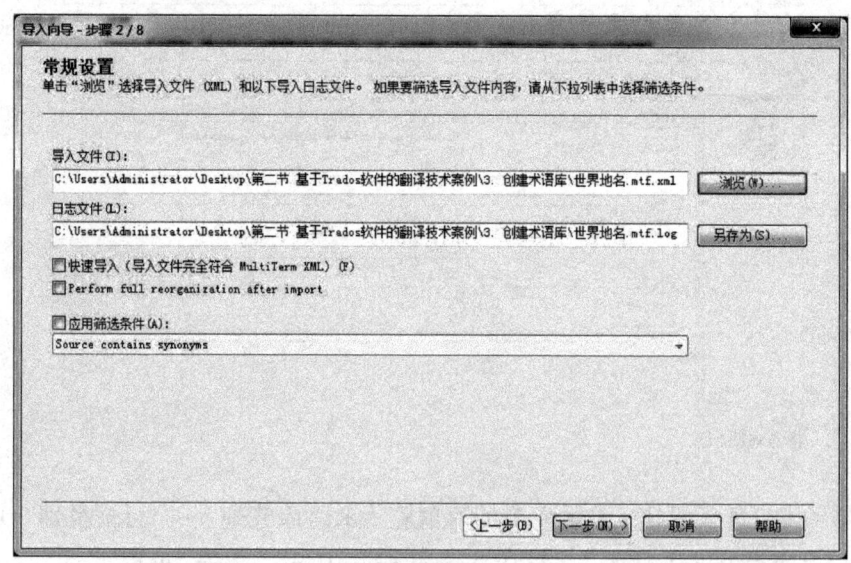

导入术语文件

第八步，弹出"验证设置"界面。在该对话框中生成排除文件。点击"另存为"新建一个排除文件（*.xcl），该文件的作用是在文件导入过程中如遇到无效文件（不完整条目或过完整条目），则可进行该界面所勾选的对应操作。点击"下一步"。

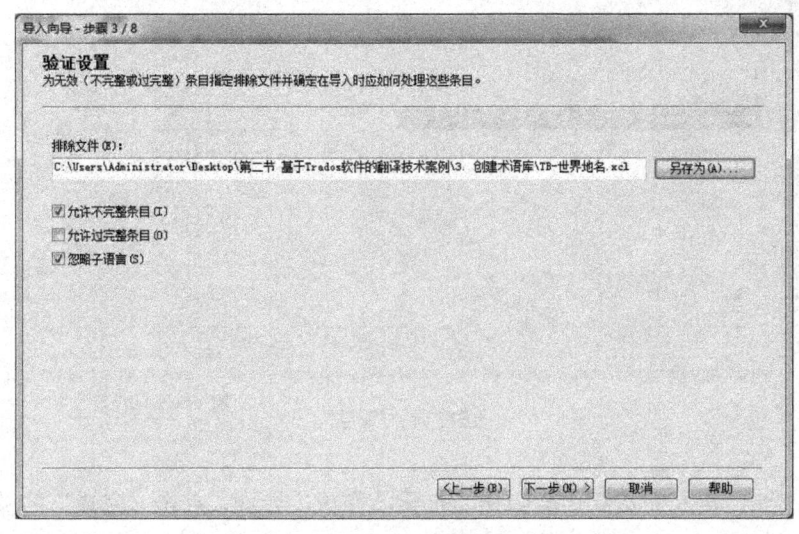

创建排除文件

第九步，弹出"导入定义汇总"界面。通过该界面查看导入定义的设置内容，确认无误后点击"下一步"。

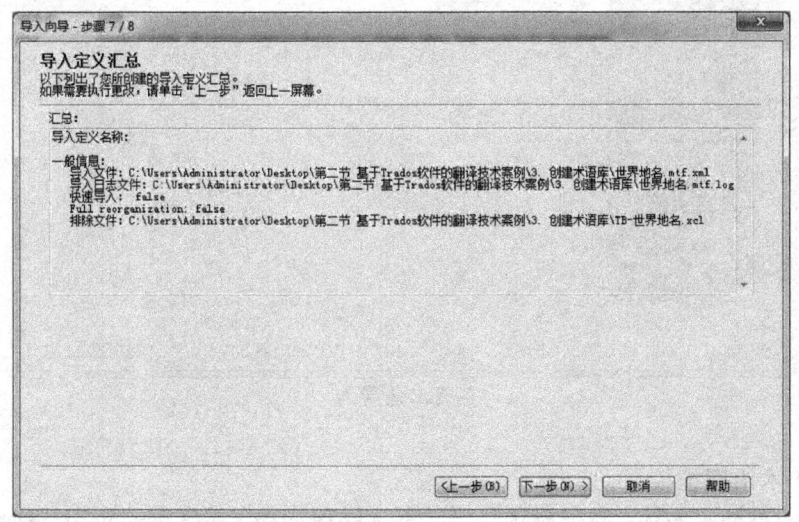

导入定义汇总

此时，则会对术语进行逐一导入。

正在导入条目

第十步，导入完成后，会弹出"向导已完成"界面。点击"完成"并关闭对话框。

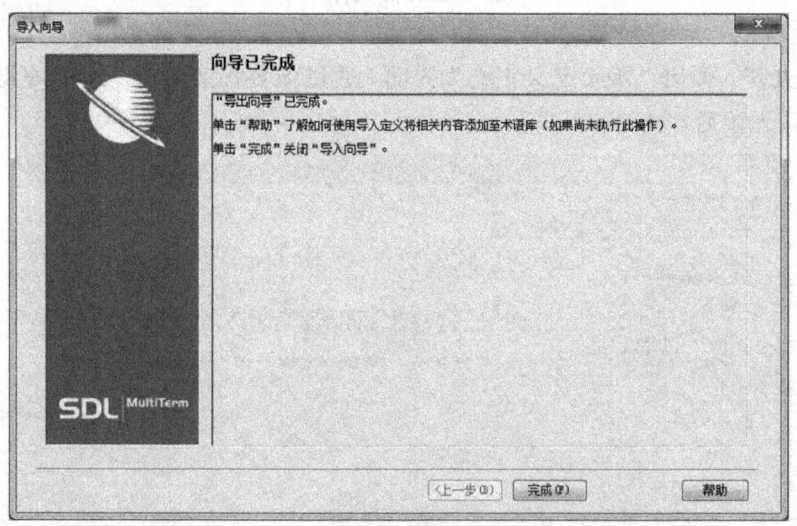

完成术语导入

3.4 术语库挂接

创建好的术语库，要挂接于Trados才可发挥作用。术语库在Trados翻译项目中的作用主要体现在两个方面，其一是方便译员在翻译过程中对术语进行管理，包括参考术语库中已有术语以及添加新术语，提高翻译效率和翻译质量；其二是在翻译完成之后，利用Trados自带的术语验证功能进行术语验证，通过机器辅助质检进一步验证术语的统一性以及准确性，排除未参考术语库的情况。挂接术语库的具体操作如下：

打开项目设置，依次点击"语言对"—"所有语言对"—"术语库"，即可弹出术语库添加界面（如下图所示）。

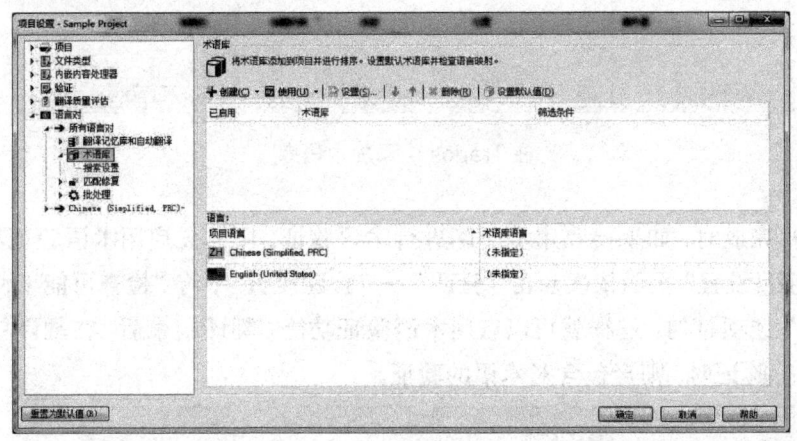

通过在右侧界面点击"使用"，选中要添加的术语库，点击"确定"后即将术语库挂接至Trados中。

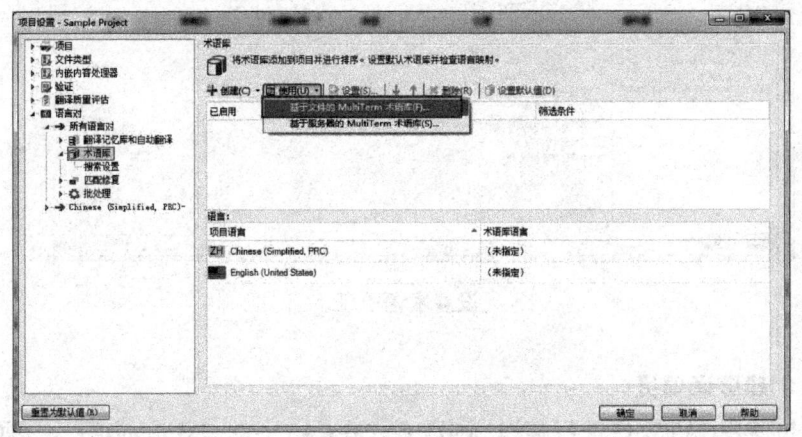

以挂接"TB-世界地名"术语库为例，术语库挂接成功后，会显示绿色打勾的状态。如下图所示：

在 Trados 中添加术语库

项目完成时，如果要利用术语库进行术语验证，则需先启用术语验证功能。通过"项目设置"页面依次点击"验证"—"验证设置"，将"检查可能未使用译文术语"选项打勾。这样就可以启用术语验证功能。翻译结束后，在翻译界面按F8键进行验证时，则会包含对术语的验证。

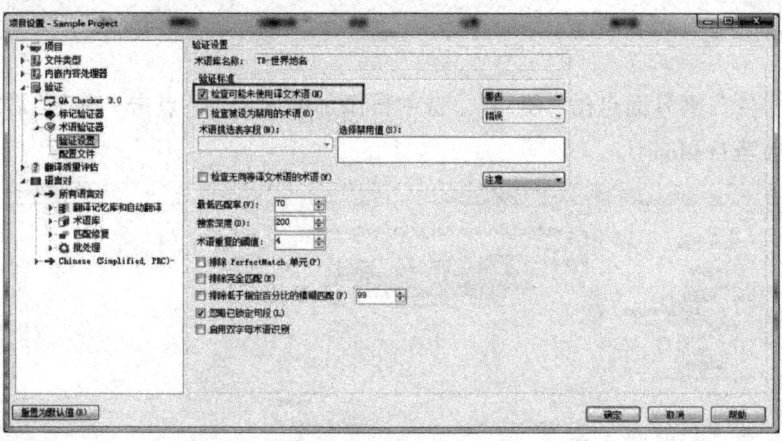

设置术语验证

4. 创建翻译项目

要想使用CAT软件进行翻译，则需要先在CAT中创建相应的项目。下面以创建"Sample Project CE"简体中文—美式英语的翻译项目为例，介绍创建翻译项目的基本步骤。

第一步，在欢迎界面下，选中"新建项目"或在项目界面下，点击"新建项目"按钮，进入"项目类型"界面。

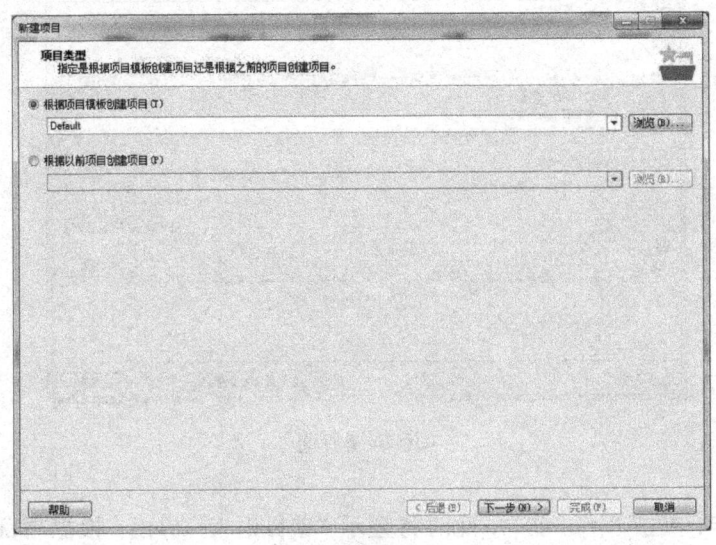

项目类型界面

第二步，单击"下一步"，在"项目详情"界面，按照如下操作进行：

（1）在名称框中输入项目名称"Sample Project CE"。通常情况下，为方便对项目进行管理，笔者所在的翻译公司针对项目的命名规则为：项目名/项目代号+语言对。

（2）通过"浏览"按钮，选择所创建项目保存的路径。该项目暂且保存在桌面上，但在日常工作中，建议创建专门的文件夹用于存放项目包，方便查找项目文件。

（3）勾选"允许对支持的文件类型进行源编辑"前的复选框可在Trados翻译界面下对原文内容进行修改。

（4）可根据项目实际情况，对"到期日"进行设置，通常情况下，"到期日"为项目截止日期。项目经理通过设置该时间，可提醒项目相关人员，注意项目进度的把握。项目到期时，该项目名会显示红色状态。

项目详情界面

第三步，单击"下一步"，此时将显示"项目语言"界面。根据项目情况，添加相应的源语言与目标语言。在该示例中，源语言为简体中文，目标语言为美式英语。

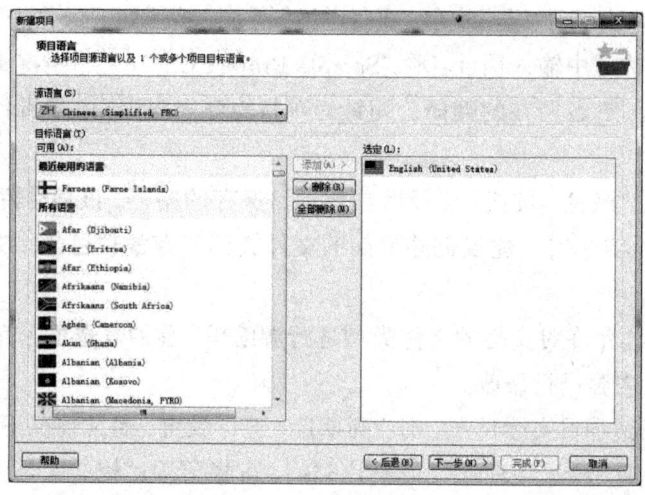

项目语言界面

第四步，单击"下一步"，此时将显示"项目文件"界面。通过"添加文件"选项选择需翻译文件或直接将文件拖入下图所示右下角的空白区域，即可成功添加该项目所翻译的文件。注意：Traods目前无法支持图片、PDF文件等不可编辑文字的文件格式的直接导入；在添加文件过程中因文件本身格式问题、Traods自身问题等会出现文件无法导入情况，需根据错误提示，进行相应解决。目前网上关于Trados各种无法导入的难题也都有解决方法，部分问题可参见本小节第6点"Trados常见问题及对策"中的内容。

项目文件界面

第五步，文件添加成功后，点击"下一步"，此时将显示"翻译记忆库和自动翻译"界面。若已有现成TM，则直接通过"添加"按钮选择已有的TM即可；否则，选择"创建"按钮，创建新的翻译记忆库。翻译记忆库创建方法可查看本小节第2点"创建翻译记忆库"。此处，我们添加"Sample-TM"记忆库。

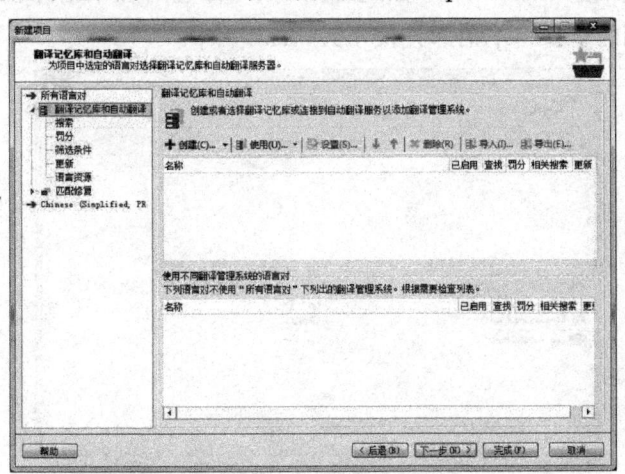

翻译记忆库和自动翻译界面

除了记忆库添加外，此处简要介绍下"罚分"的设置。"罚分"指从翻译文本和TM中文本的匹配分值中扣除的百分比，即罚分的设置影响翻译文本与TM中文本的匹配度。Trados可以根据多种条件设置罚分，罚分设置得越高，匹配越精确；罚分设置越低，则匹配越模糊。例如，翻译文本与翻译记忆库可能在文字内容是一样的，但在格式上是不同，这时如果点击"罚分"，将"缺少格式罚分（M）"以及"格式不同罚分（D）"的值设置为0，那么翻译文本中的各种格式就不会影响文本的预处理。

罚分的设置

第六步，点击"下一步"，进入"术语库"界面。此时，可通过"使用"按钮为该项目添加所需使用的术语库。如此时无术语库，也可在术语库创建完成后，按照上述3.4介绍的步骤将术语库挂接于Trados项目中。

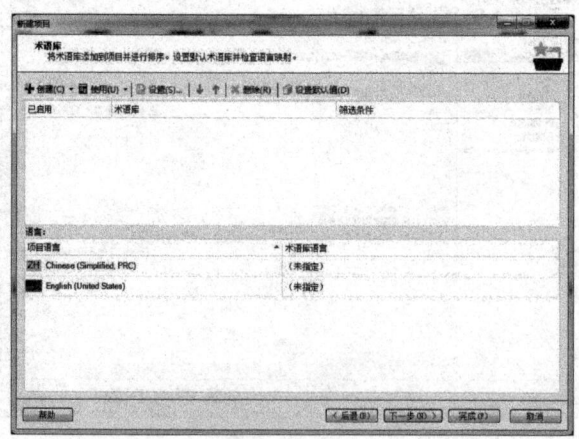

添加术语

第七步，点击"下一步"，进入"项目准备"界面。注意：任务序列的下拉框中包含不同选项，可根据该项目的实际用途，如翻译、分析、伪翻译等选择相应任务。项目创建时，默认选择"不使用项目TM准备"。

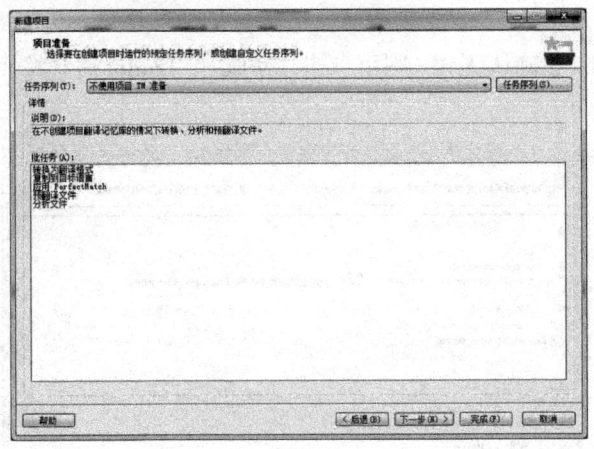

项目准备界面

第八步，点击"下一步"，此时将显示"批处理设置"界面。点击界面中的"预翻译文件"，对匹配率以及翻译覆盖模式进行设置。匹配率指的是需要翻译的文本与翻译记忆库的匹配程度。100%匹配，就是精确匹配，说明系统只会预翻译文本中与记忆库完全一致的内容；低于100%的匹配率，是不同程度的模糊匹配。通过设置"最低匹配率"，当项目创建完成，Trados则会自动将最低匹配率以上的译文预翻译出来，呈现在译文界面。这意味着就算翻译文本与翻译记忆库

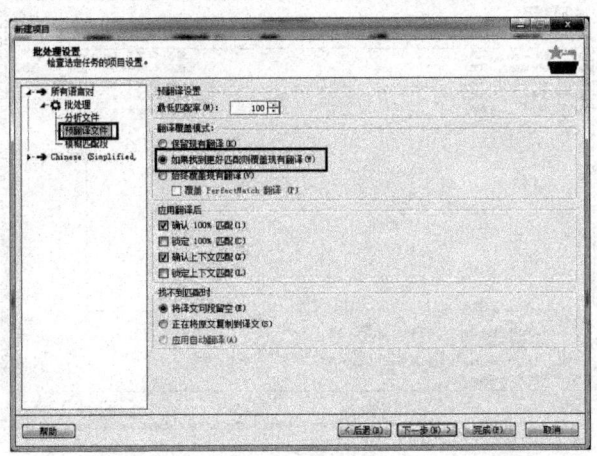

预翻译设置

中的文本有所差别，如个别词汇、序号等，Trados也会进行一定程度的预翻译处理。项目在分析文件、预翻译、生成目标翻译等不同阶段对匹配率与翻译覆盖模式的选择有所不同，根据实际需要进行设置。

第九步，点击"下一步"，就会进入"项目汇总"界面。该界面会显示目前所创建项目的详情。如确认无误，则可点击"完成"，Trados则会按照此前的设置进行项目创建。

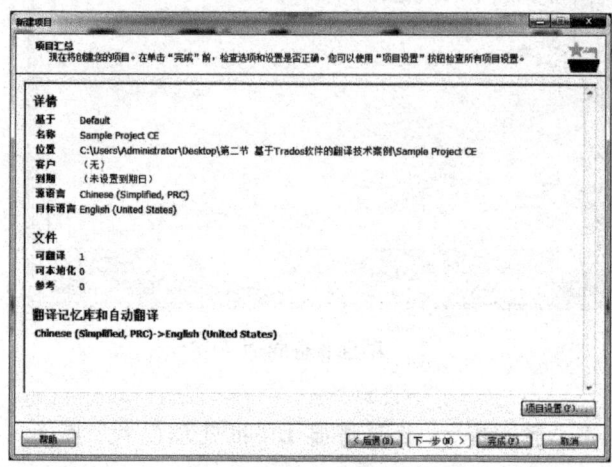

项目汇总界面

项目完成创建后，点击"关闭"，就完成了"Sample Project CE"项目的创建。

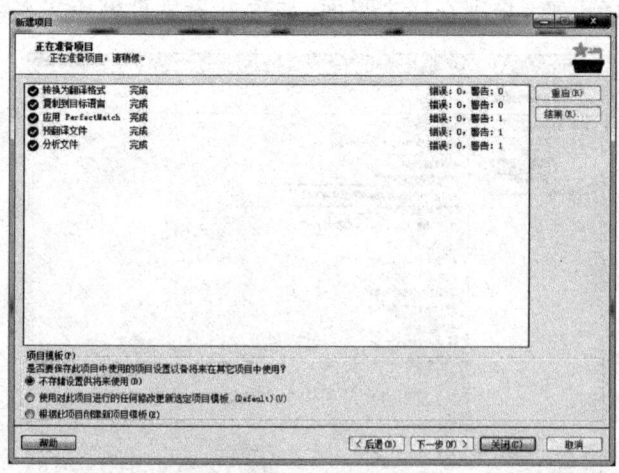

项目创建完成

项目创建完成后,选中导航栏的项目窗口时,会看到"Sample Project CE"项目已添加至列表中。

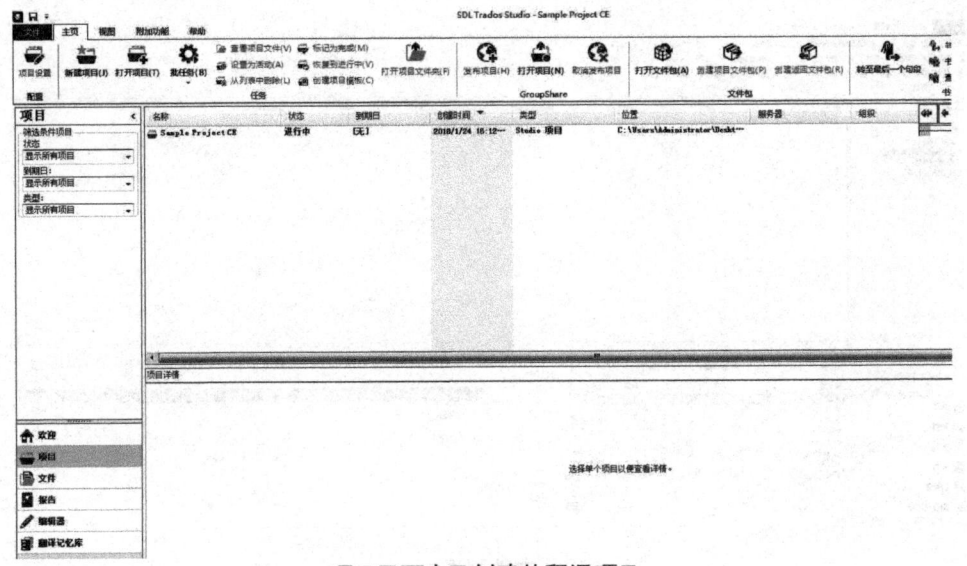

项目界面中已创建的翻译项目

Trados提供项目模板设置,译员可以将上述各步骤的具体操作保存至模板中。实际使用中,在第一步的"项目类型"界面,译员可以直接选择相应的模板,则无须再进行具体设置,只需点击"下一步"即可完成项目创建,提高项目创建的效率。

5. 使用Trados进行翻译

第一步,打开项目。

Trados 2017项目创建完成后,会生成项目包。项目包涵盖导入Trados的原文本、译文文本、分析报告以及项目图标。以"Sample Project CE"项目为例,其项目包内容如图所示,其中zh-CN为原文本文件夹,en-US为译文文本文件夹。

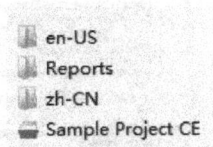

Sample Project CE 项目包

在实际翻译项目流程中,译员会收到项目经理派发的项目包或者项目路径。双击项目图标即可打开该项目。译员也可以将Trados界面切换至"项目"窗口,通过工具栏的"打开项目",输入相应的路径即可打开。

第二步,打开翻译文件。

选中要进行翻译的项目，选中导航栏上的文件，切换至文件视图。双击要翻译的文件，即可打开文件。翻译过程中所呈现的整个界面，如下图。

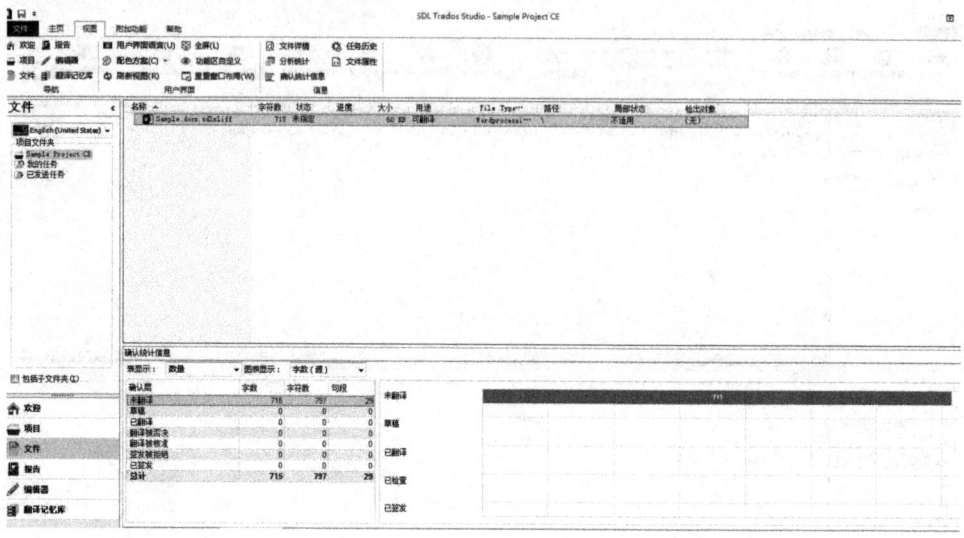

文件视图

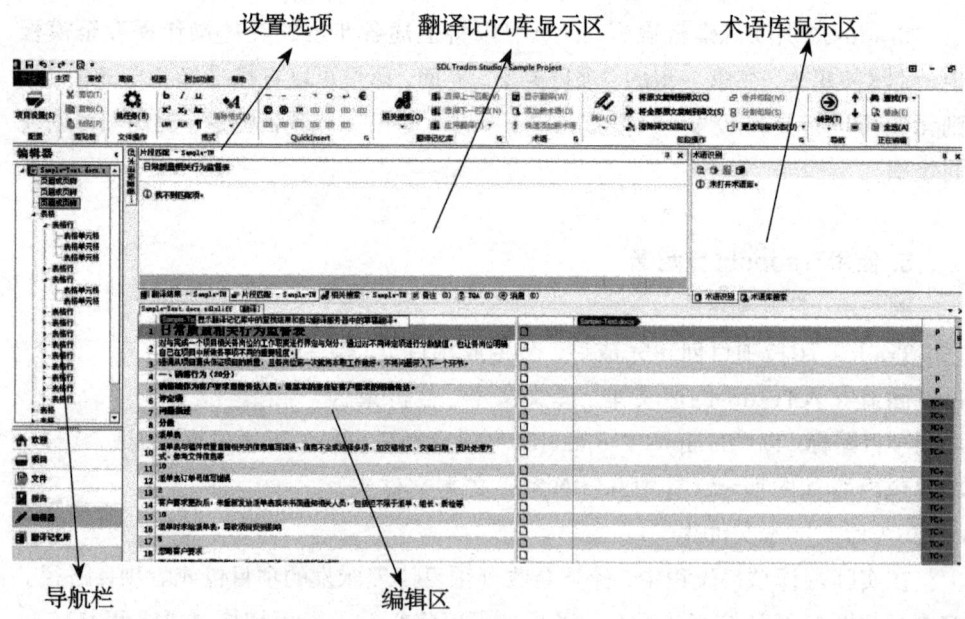

Trados 2017 的翻译界面

Trados的翻译界面可以分为6个区，分别是导航栏、设置选项、翻译记忆库显示区、术语库显示区、编辑区和状态栏。其具体功能如下：

（1）导航栏

用于不同文件的窗口切换。Trados 2017可在同一个窗口一次性打开多份文件进行编辑，也可以分别打开多份文件，切换至不同窗口进行编辑。

（2）设置选项

用于进行翻译过程中所需的，如译文加粗、斜体、标色、复制、粘贴等操作。

（3）翻译记忆库显示区

显示项目所用翻译记忆库的内容，相关人员可在此区域对记忆库内容进行搜索、编辑。同时，文件翻译过程中，所录入TM的译文也会在该区域显示。译员翻译时，可通过查看该区域是否有翻译后的译文来确认译文是否及时保存至记忆库。

（4）术语库显示区

显示项目所添加术语库的内容，译员在翻译过程中可在此区域对术语进行查看、识别、添加与修改。

（5）编辑区

编辑区从左至右由行数、原文句段、句段状态、译文句段、文件结构五部分构成。译文或者审校人员在译文句段进行翻译、校对等编辑操作，每完成一次编辑，需按住"Ctrl+Enter"键，以确保所编辑内容更新至相应TM中。一般CAT使用新手很容易遗漏该步骤，导致内容未及时入库。句段状态随着不同的操作进行变化，未进行任何操作时，句段状态栏显示"空白页"；译文未完成编辑或处于编辑状态下时，显示"铅笔"形状；完成翻译并输入TM等编辑操作后，显示"铅笔打勾"形状。

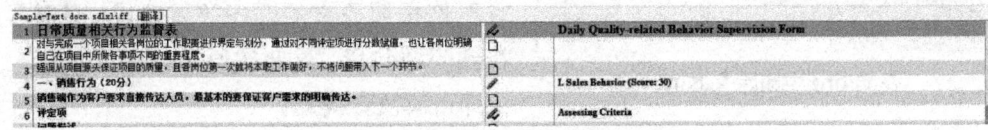

Trados 2017 翻译界面的编辑区

（6）文件状态栏

显示文件的具体完成情况。实际翻译项目中，需保证已翻译的句段为100%，才能确保文件所有句段均已完成翻译。

6. Trados常见问题及对策

Trados在使用过程中会因为文件本身格式、Trados自身原因、电脑配置等多方面原因，使得文件无法导入、导出。以下列举了实际工作中可能会遇到的一些常见问题以及相应的解决方法，供读者了解。

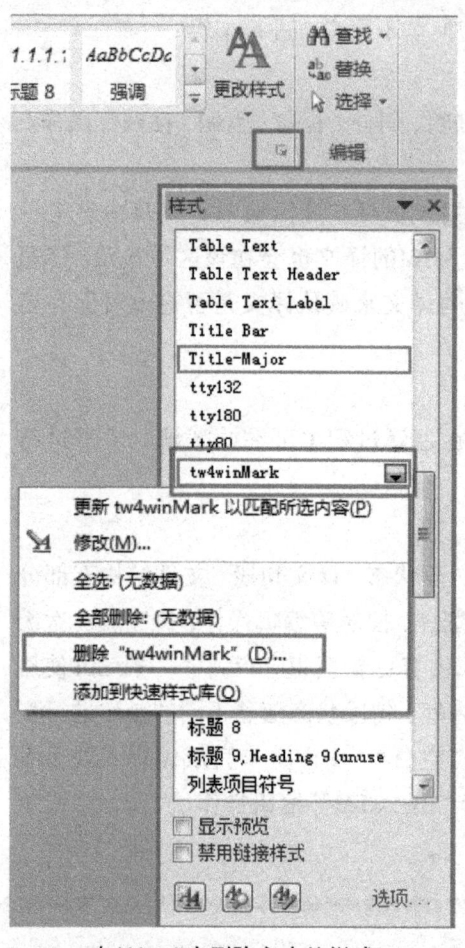

在 Word 中删除文本的样式

（1）问题一：文件无法导入，出现"此文件包含用于标记双语文档的'tw4winMark'样式"。

解决方法：该错误主要是因为文件经由Trados 2007或以前版本处理过，包含其特有双语样式。在Word中通过"样式"删除相关样式即可。如下图截图所示：

（2）问题二：导入错误，提示内容为："This Microsoft Word document cannot be opened because it has tracking changes turned on."

解决方法：文件中包含审校格式，返回原文，接受文件中的所有修订格式，并取消修订标记即可。

（3）问题三：文件导出后生成目标翻译时出现从某一句段开始，只有原文没有译文。

解决方法：主要是由于Trados标记没有严格按照原文的顺序放置造成，只需找到问题句段，重新按原文顺序插入标记即可解决该问题。

（4）问题四：文件处理过程中出现"cannot find central directory"的错误提示。

解决方法：一般是由于文件名过长或者文件有加密造成，针对性的修改文件名或者解除文件密码即可解决该问题。

（5）问题五：翻译过程中，按下ctrl+enter时，提示"Internal error when cleaning tags"。

解决方法：该错误主要是因为记忆库中原有单元带有标记，而要写入的译文行不带标记，造成清除标记时错误。因此，删除记忆库中单元，清除译文，将原文内容复制到译文栏，进行重新编辑即可解决该问题。

上述仅是列出在Trados实际使用过程中部分典型问题，目前网上也有很多针对trados问题的解决方案，因此在使用过程中，出现问题时，应积极寻求网络知识的帮助，解决问题。

第三节　计算机辅助翻译的其他相关软件

在本地化翻译中，CAT软件并不是译员唯一需要用到的软件。译者往往在使用CAT软件进行翻译的前后，都需要借助不同的软件进行一些必要的处理。

使用计算机辅助翻译软件，需要有一定的前期准备工作。译员在翻译工作正式开展前，往往需要先处理客户提供的文件材料，比如，将PDF文件、图片材料等转换成WORD文档。就算客户提供的是WORD文档，译员也需要对其进行一些必要的格式上或排版上的调整，因为有时候这些WORD文档也是客户运用软件进行格式转换之后得到的初步的转换稿。转换稿往往会导致文件翻译好后无法导出目标文件，或者生成的文件版式混乱等一系列无法预知的问题。在用CAT软件完成内容翻译之后，译者也需要将翻译稿从CAT软件中导出，然后根据客户的要求进行排版。有的客户还会要求最终提交原文、译文段段对照，或译文、原文段段对照的最终版本。本小节主要介绍计算机辅助翻译前后可能会用到的一些软件。

1. PDF文件的转换

在本地化翻译中，如果顾客提供的翻译原稿材料是PDF文件，译员需要先将PDF文件转换为WORD文件，这样才能方便下一步用CAT软件开始翻译工作。通常PDF文件可以分成"可复制"和"不可复制"两种类型。可复制的PDF文件处理起来较为简单，处理的原理主要是文件格式的转换；而不可复制的PDF文件，则需要运用具有"OCR"文本识别功能的软件来进行处理。

1.1 Adobe Acrobat Pro

如果是可复制的PDF文件，通过Adobe Acrobat Pro，译员可以直接将打开的PDF文件通过"另存为"的功能，转换成Word文件。当然，Adobe Acrobat Pro也具有OCR的功能，但是只能识别原本就比较清晰的PDF文件。原来成像模糊的

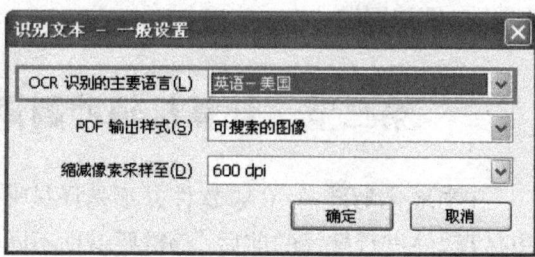

PDF文件，识别效果不佳。

1.2 ABBYY FineReader

ABBYY FineReader是一款识别功能较为强大的OCR软件。在翻译过程中，客户提供的PDF有时比较模糊，不是特别清晰，这时使用ABBYY FineReader来识别文本，转换效果会相对好一些。下面，以ABBYY FineReader 12为例，来了解OCR软件的使用及注意事项：

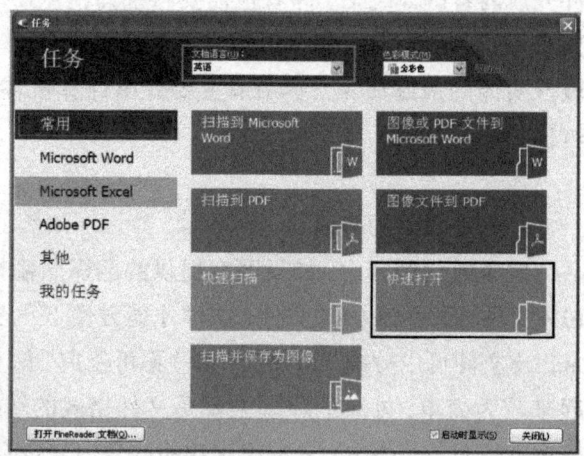

ABBYY 的任务对话框界面

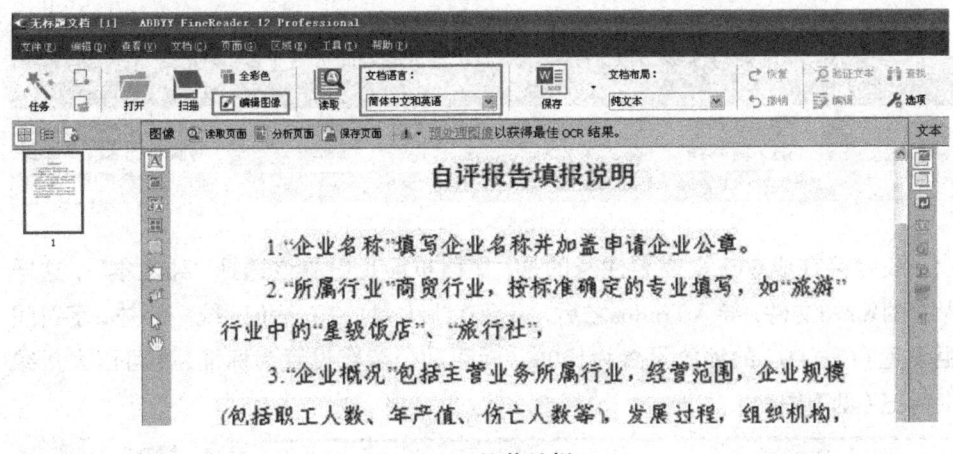

ABBYY 的菜单栏

点击"快速打开"来打开我们要OCR的文件,再点击"编辑图像"菜单对图片进行处理,里面有很多选项,通过下图中的两个步骤,即可使图像达到最大优化,以达到最好的转换效果。

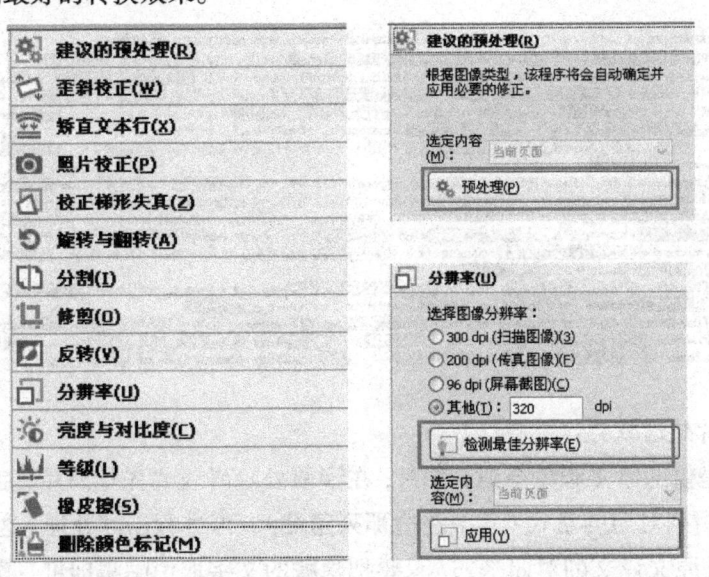

退出"图像编辑器",选择正确的识别语言,点击 来进行OCR识别。注意,不管是使用哪一种软件,OCR的识别语言选择都至关重要,如果选择错了,转换后将会出现乱码。

然后我们通过"验证文本"来更改识别错误或者是怀疑为识别错误的文字。

最后保存成Word，需要注意的是，文档布局我们应该选择"纯文本"，这样保存的Word文件，导入Trados之后，不会产生大量的Tag标记。统一字体，字符间距设置（Ctrl+D）的缩放设置为100%，间距和位置皆设置为标准，便可以大量减少标记（见下图）。

下图是"带格式文本"保存后的Word，导入Trados之后的效果，影响译员的工作效率。

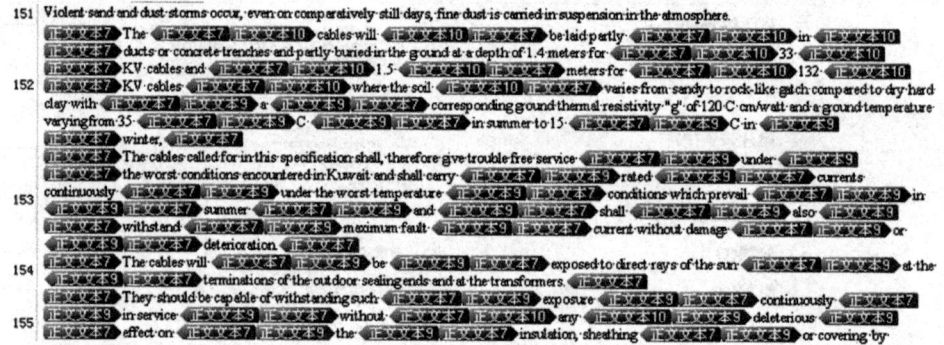

2. 图片处理软件

客户提供的原文难免会遇到图片，在译前处理时就要先把图片文字录进去，做成表格两列对照的格式（其中左边那列隐藏），再进行CAT处理，这样翻译好之后，就是原文译文的对照格式，只要把隐藏的文字取消隐藏即可，最后再利用PS和AI等制图软件进行制图，制图完成后导出较高像素的图片复制粘贴到Word文档中。

例如下图：

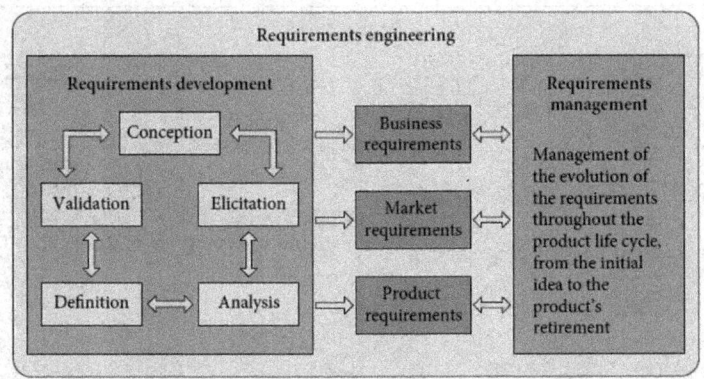

客户的原稿图片

翻译前把图片文字录进去，导入CAT软件之前：

Requirements engineering	Requirements engineering
Requirements development	Requirements development
Conception	Conception
Validation	Validation
Elicitation	Elicitation
Definition	Definition
Analysis	Analysis
Business requirements	Business requirements
Market requirements	Market requirements
Product requirements	Product requirements
Requirements management	Requirements management
Management of the evolution of the requirements throughout the product life cycle, from the initial idea to the product's retirement	Management of the evolution of the requirements throughout the product life cycle, from the initial idea to the product's retirement

（表格左列文字隐藏，待翻译完成导出后，最后再取消隐藏。虚线为隐藏标记）

翻译完成导出后，Word取消隐藏之后：

Requirements engineering	需求工程
Requirements development	需求开发
Conception	构思
Validation	验证
Elicitation	启发
Definition	定义
Analysis	分析
Business requirements	商业需求
Market requirements	市场需求
Product requirements	产品需求
Requirements management	需求管理
Management of the evolution of the requirements throughout the product life cycle, from the initial idea to the product's retirement	产品生命周期期间需求的变化管理，涵盖产品最初构思至退出的整个过程。

最后使用PS和AI等作图软件进行制图:

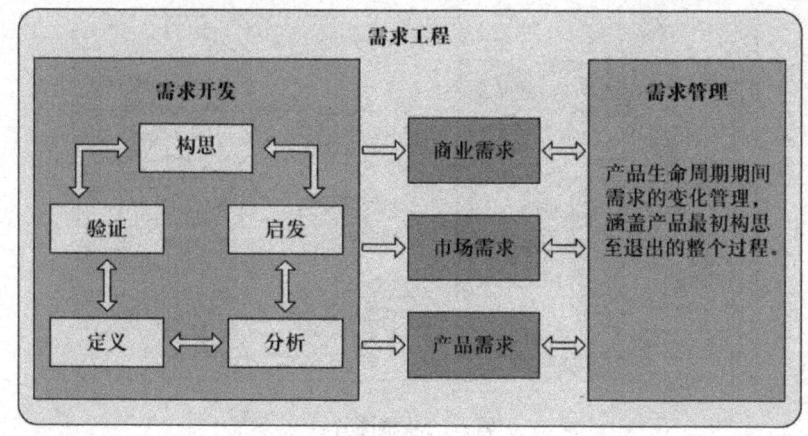

3. 排版软件

CAT软件,通常有其所支持的导入文件类型,如Word,PPT,Excel,Html等。翻译工作中较常见的是Microsoft Office系列,即:Word、Excel、PPT。在本地化排版中较常见的软件有:FrameMaker、PageMaker、InDesign、Illustrator、PhotoShop、QuarkXpress、CorelDraw等,其中FrameMaker、InDesign、QuarkXpress可以另存为Trados支持的格式(例如FrameMaker为mif后缀名的文件,InDesign为inx和idml后缀名的文件),直接导入Trados进行翻译,翻译完成后生成目标翻译,只要进行最后的终稿调整即可。

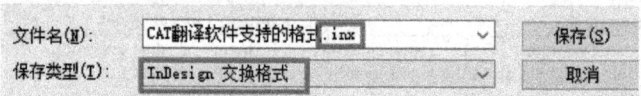

第三章 译员管理与团队协作

第一节 专职译员的管理

管理出绩效。在翻译团队工作过程中,管理的作用似乎比较抽象,看不见摸不着,也不好衡量管理绩效;但管理的作用是毋庸置疑的,而且非常重要。那为提高整体效益,翻译团队又该如何管理呢?笔者认为,翻译公司一般主要从培训、考核和分组管理三方面入手。

1. 培训

翻译公司与加工制造业以及其他服务业相比,最明显的区别就是其生产工具是译员,是有血有肉有生命的人。翻译公司要提高翻译效率和质量,就必须让所有译员的水平都一起得到提高。译员的能力,是翻译公司的核心竞争力。译员的培训工作,是翻译团队管理中一项重要的内容。

从译员的成长角度来看,译员的培训主要包括两大部分,即入职培训和在职培训。入职培训,可以让新人译员尽快掌握必备的工作技能和规范;在职培训,旨在让译员进一步提升自己的语言能力和翻译能力,变为更高层次的人才。

1.1 入职培训

笔者在实践中做过一项统计:从一个毫无工作经验的翻译菜鸟开始,到翻译基础入门,这段的培养时间大概需要整整一年;而能力和悟性较好的译员,可能也需要九个月。译员的培养是一个相当漫长与艰难的过程,不少公司也会面临译员承受不了魔鬼式训练而放弃的情况。如何尽快培养出一批能力优秀、实践规范的译员,是每个翻译公司面临的一大难题。下面,笔者将借鉴译国译民公司在新入职译员培训方面的经验,谈谈如何规划和实施译员的入职培训。

译国译民公司将入职培训分为流程类、技术类、管理类、职业化四个模块,各个模块有详细规划的培训内容。

其一，在流程培训模块，译员通过学习，熟悉公司的翻译流程、校对流程、整稿规范、文件存放和文件命名规范、字数统计规范、翻译量统计表填写规范、译员评级制度、绩效考核制度，及学会如何制订工作计划。

其二，在技术培训模块，新人译员主要需要掌握翻译常用工具和方法及最基本的电脑操作、排版技能等。学习的内容有：系列软件的使用（包括Trados, Xbench, Multiterm, Word, Excel, PPT等）、制图方法、查词技能、简单排版操作、常用快捷键的使用和电脑优化技巧。

其三，在管理类培训中，译员要学习翻译内部沟通制度、岗位职责、翻译部考勤制度、行政制度、公司内部晋升机制，并了解翻译行业的发展前景及译员的职业发展方向。

其四，对译员进行职业化培训，让从业新人具备商务礼仪、心态管理、团队精神、职业规划、职业素养、时间管理、自我管理等知识。

以上四个模块的培训，不仅需要经验丰富的老员工或主管作为培训专员，也需要有一定的文字资料。这样，培训工作才能在稳定化、规范化中不断积累经验、逐步完善。例如，译国译民公司在流程培训模块，就有一整套的规章制度作为材料，包括《翻译生产流程规范》《翻译与校对流程》《迷你校对流程》《译员常犯错误》《普通文件整稿规范》《整稿规范》《文件管理规范》《译员字数统计规范》《译员评级制度》等。这些成文的规章制度，将培训内容书面化，让培训做到有据可依、有章可循，也能更大程度地确保培训工作的效率和效果。当然，培训中也难免有一些不易书面化或者尚未书面化的内容，这时候就需要由老员工带新员工，亲身讲授和示范，手把手地教授。

1.2 在职培训

在翻译公司工作，除了要具备与流程、技术、管理、职业相关的知识和技能，作为一名译员最为重要的是翻译水平。翻译公司在最初的人才招募中，本身就会挑选翻译基本功过硬的译员加入公司。翻译基本功包括中文和英文语法的掌握情况、复杂句和语篇的理解能力、语感的优劣，以及翻译技巧的熟练使用情况等，这些与译员的业务能力有直接的相关性。当然，每个被公司招募进来的译员的翻译基本功都不可能是无懈可击的，都可能存在某些方面的短板。而翻译团队在运行的过程中，就会发现译员的问题。这时，就要及时地指出译员的不足，并在有条件的基础上集中具有相似问题的译员进行有针对性的培训。不过，仅仅指望依靠公司组织的培训就能提高译员的翻译能力，也是不可能的。有的基本功，如英文复杂句的理解、语感的培养，需要不断的阅读，尤其是高质量英文原著的阅读来实现。而公司所提供的培训，毕竟也只能涵盖一小部分的内容。有时候，受时间等现实条件的制约，公司也无法组织有针对性的集训。这时候，公司会通过为译员提供一定的方向性指导，营造自我学习和不断提升的公司氛围来促进译员业务能力的提升。管理层在日常工作中也应渗透译员培训，结合公司发展和译员的个人兴趣、发展方向、能力所长等，对译员进行有意识的引导，使译员拥有自己擅长的翻译领域及文件类型，如财经、法律、文宣、机械、工程等。

译国译民公司非常重视译员的个人学习和自我提升。为帮助译员更有效率、更有针对性地做好个人学习，译国译民公司根据实践经验，参考各方素材，罗列出一份译员必读书目。

译国译民公司　译员必读书目			
书名	作者	出版社	内容简介[①]
《译文与翻译：理论与实践》	Bell, R.T.	外语教学与研究出版社	这本书成为前人期盼的"有系统的引进"，系统全面地阐述翻译各方面的知识。
《英语搭配大辞典》	市川繁治郎 主编	外语教学与研究出版社	收录搭配38万余条，居同类辞书之首。例证实用；中文释义详尽；编排科学，使用方便；框式简洁，清晰标注搭配意义。适用于英语写作和翻译。
《汉译英实用技能训练》	孙海晨	外文出版社	本书把重点放在学习者的客观需求上，针对众多学习者英语表达能力差的特点，选择英语常用结构进行集中训练。通过给出多种译文，启发学习者的思路，引导他们充分发挥其现有的英语水平。本书还对翻译过程中的一些问题提供分析指导，具有很强的实用性和可操作性。
《英汉翻译综合教程》	王宏印	辽宁师范大学出版社	在坚持科学性、学术性、实用性的前提下，力求通过理论探讨、技法掌握、篇章习作、欣赏借鉴四条途径，使学生生动活泼、尽快更好地掌握英汉翻译的基本知识和技能，形成良好的翻译习惯和作风。
《翻译的技巧》	钱歌川	世界图书出版公司	使读者在牢固掌握英语语法和句型特点的基础上，游刃有余地学习翻译技巧。

---

① 注：内容简介摘自书籍本身。

续表

译国译民公司　译员必读书目			
书名	作者	出版社	内容简介
《职业翻译与翻译职业》	（法）葛岱克著；刘和平、文韫译	外语教学与研究出版社	具体内容：翻译市场的信息化、翻译业务的国际化与竞争、翻译业务外包、报酬等级、工作条件、生产目标、自动翻译、译者的地位、翻译过程的产业化、翻译工具、待译材料种类、专业化要求、翻译能力要求、翻译水平评估标准和认证等。
《高级英汉翻译理论与实践》	叶子南	清华大学出版社	本书将英汉翻译理论讲解与翻译实践指导结合起来，第一部分为理论技巧篇，综述翻译基本概念、技巧，对比语言文化，评介中西评论；第二部分为实践篇，节录政治、科技、文学、商业等领域的英文篇章作为练习，提供两种具有代表性的参考译文，并加上细致到位的批改点评。
《实用翻译教程》	冯庆华	上海外语教育出版社	该教材在实践篇里一改传统的部署，精心安排了新颖而又富有实效的多种译本比较、译者风格研究、比较文学与翻译、回译与翻译、计算机辅助翻译研究以及文体与翻译等翻译欣赏与实践的方法。
《汉英/英汉美文翻译与鉴赏》	刘士聪	译林出版社	本书汇集了富有"韵味"的汉、英散文34篇，并附有关于原文或译文的鉴赏或评价文字，是有志于提高英语修养者的必读书。
《英文合同》	葛亚军	天津科技翻译出版公司	本书由英文合同理论、实务、实例三部分构成，具有理论性、实务性、双语性和便利性特征。
《金融英语》	金融英语教材编写委员会	清华大学出版社	本教材共有4部分：商业银行、投资银行、金融衍生品和保险。共21个单元，包括实例阅读、对话、听力、模拟试题、术语解释、练习、案例分析。

续表

译国译民公司　译员必读书目			
书名	作者	出版社	内容简介
《医学英语术语速记》	姜瑾主编	中国医药科技出版社	该书不仅能让读者更熟练地掌握课文中的词根和构词方法，更可以根据词根和构词的规律学会举一反三，掌握快速记忆医学术语的方法，达到顺利阅读英文原著的目的。
《旅游英语的语言特点与翻译》	丁大刚主编	上海交通大学出版社	本书从旅游广告、手册、网站文本、标识语、导游词、景物描写及旅游指南的语言特点入手，探讨了英语旅游文本翻译的准则和方法，并通过大量实例加以说明。
《怎样阅读及翻译英文专利文献》	江镇华主编	知识产权出版社	书中提供了英文专利文献的各种实例，并附有参考译文，以便于自学。书中还提供了在阅读和翻译英文专利文献的过程中需要经常查阅的工具性资料。
《如何翻译英语法律文献》	周玲	对外经济贸易大学出版社	本书主要包括两个部分：第一部分概括介绍法律英语的特点、法律体系、法律的本质和功能、法律教育的起源和发展以及世界主要法律体系等等。第二部分主要针对一些常见的合同文本进行翻译练习，结合具体内容帮助学生提高翻译技巧。
《新编实用翻译教程》	陈小慰	经济科学出版社	书中将翻译理论与实践相结合，翻译策略与技巧兼备，个案分析与实例示范并举。个案和实例大多来自作者的翻译实践，分析和例解中既论翻译思想，也谈翻译经验。
《名作精译〈中国翻译〉英译汉选粹》	杨平主编	青岛出版社	精选了"翻译自学之友"栏目及其他书刊不同体裁和题材的文章共六十余篇，并将其大致分为散文篇、小说篇、时文篇等章节。
《中式英语之鉴》	（美）平卡姆编著	外语教学与研究出版社	十分系统地探讨了中式英语这一非常普遍的现象。作者积累了大量的典型中式英语实例，她根据这些例子把中式英语的具体表现科学地加以分门别类。

2. 考核

考核，也是团队管理的重要环节。基于设计合理的考核，根据考核结果，对表现良好的员工及时予以表扬与鼓励，对表现欠佳的员工予以严厉批评并提出有效的改进意见，甚至淘汰不合格人员。这样不仅有利于提高整个团队的战斗力，还能激发团队积极向上的拼劲。因此，制定出一套行之有效的绩效考核方法并认真执行是十分必要的。而翻译公司，由于其行业的特殊性，其考核的内容和标准也会不同于一般公司通用的考核方案。

以译国译民公司的考核方式为例，该公司对员工的考核主要采用计分和评级两种方法。在计分考核中，公司还对就职时间不同、经验层次不同的译员进行区别对待，不同的考核评分表有不同的涵括内容和侧重点。

译国译民公司新译员考核表			
被考核人：	考核人：	考核时间：	
考核内容	考核项	具体说明	评分
翻译速度	翻译速度（25分）	每小时翻译速度应在300字以上，日均翻译速度应在2000字以上。	
翻译质量	交稿时间（5分）	交稿是否及时、时间安排是否妥当。	
	格式排版（5分）	格式是否清楚。	
	低级错误（5分）	是否存在多个低级错误。	
	术语统一（5分）	术语是否统一。	
	翻译质量（35分）	组长应对所有实习生每份文件作出评估，在时间允许下，应做当面点评。质量方面表现优秀的可以予以加分。	
行为规范	积极主动（5分）	日常翻译方面是否积极参与讨论、领取任务、协助他人校对等。	
	流程规范（5分）	能够快速掌握并且严格遵守翻译规范以及流程要求。	
	悟性能力（5分）	是否好学，能否快速掌握所教工具以及方法等。	
	软件掌握（5分）	日常使用的翻译软件以及排版软件熟练度如何。	
		总分	

译国译民公司正式译员绩效考核表		
被考核人：	考核人：　　　　　　考核时间：	
考核项	具体要求	评分
翻译量（35分）	在所有正式译员中排名第一名为满分35分，随着名次下降，每次降2分。如第二名为33分，第三名为31分，依次类推。该项最低分数为10分。	
质量表现（40分）	1. 千字错误率＜0.05，则质检分为40分（即满分，优秀）； 2. 0.05≤错误率＜0.09，则质检分为32（即良好）； 3. 0.09≤错误率＜0.15，则质检分为24（即及格）； 4. 0.15≤错误率＜0.18，则质检分为20分； 5. 0.18≤错误率＜0.2，则质检分为16分。	
质量奖罚项（正负5分）	1. 奖励：试译通过加3分，未通过不加分；销售或者部门表扬每次加1—2分，受到客户表扬每次加3分。 2. 处罚：质量受到部门批评每次扣2分，受到客户批评每次扣3分，被客户退稿并认定有一定责任则每次扣5分。 3. 质量抽检，包括日常文件审校、试译稿等。	
培训成绩（15分）	1. 培训成绩是否合格（6分）； 2. 作业提交准时性（1分）； 3. 课堂表现（2分）； 4. 作业质量评价（6分）。	
组长评价（10分）	1. 团队协作与项目管理积极性，如术语讨论、注意事项提醒等（5分）； 2. 提出合理化或者改善建议（3分）； 3. 学习情况、质量改进情况等（2分）。	
总分		

　　除了以分数为考核评判工具，翻译公司还可以根据不同译员擅长的不同领域及不同的能力层次，对译员进行评级。对译员进行评级后，将极大地方便管理层对译员的管理。因为经过评级后，管理层可以很清晰地了解译员在各个领域的能力水平，在安排分配翻译工作时有的放矢，扬长避短，从而便于项目的质量控制。关于评级制度，国内并无一个统一的标准，而国内外各级翻译考试的证书因和行业实际有一点差距，也无法作为相应的参照。在这种情况下，不同公司有各自的尝试和规定，这些将在第四章的"PTRA翻译项目质量保证流程与体系"这一小节中作具体的讨论。

3. 分组管理

一般来说，如果译员人数达到10人以上，即可称之为翻译团队。而译员人数规模如果在20人以上，则应该要进行分组管理。比如，可以分成两组，每组10人；亦可分成三组，每组6—7人。每个翻译小组选出一名专业能力强、有领导才能的小组长进行派单与管理。各个小组擅长的领域可以有不同侧重点，小组之间既互相合作又互为竞争。在遇到大项目时，各个小组通力合作，共同完成，在每个月翻译数量和翻译质量上面可以进行良性竞争，激发团队斗志。同时，翻译工作，特别是笔译工作是相对枯燥的，所以管理层需要时不时以小组、整个翻译团队，或整个公司为单位，组织集体活动，作为繁忙工作之余的放松与调整。活动的形式可以多样，比如，以小组为单位进行知识竞赛、辩论赛、拉练等比赛。这类业余活动有助于增进团队成员之间的相互了解，增强团队凝聚力。

第二节 兼职译员的管理

兼职译员大体分为两种：一种是有一份主业，利用业余时间来做翻译；另一种是自由译者，所有的时间都用来接单翻译。如果把专职译员比作正规军的话，那兼职译员无疑是游击队。正规军往往训练有素，纪律严明，但占用的成本也比较高；游击队规模小，灵活性强，在项目需要的时候，能够及时召集参与翻译。但是，由于兼职译员的分散性，给翻译公司的管理造成难题。故而，对兼职译员的管理也需要技巧与方法。

1. 约束性条款

一家成熟的翻译公司会储备大量的兼职译员。面对庞大的兼职译员规模，如果不设立约束性条款，则很难做好翻译项目管理。条款主要应包括：

1.1 交稿时间约束

对于习惯性拖稿的译者来说，严格限制交稿时间是非常有必要的。译国译民公司曾经发生过一个极端案例，译员在项目经理规定的时间还未返稿，并不断找理由要求宽限点时间，结果使项目延迟了一天才交付，所幸项目有预留一天的缓冲时间。从翻译公司角度来，该项目管理是失败的，而这名译员是极其不守信用的。因此，在管理兼职译员的时候，需设置严格的交稿时间限制条款。比如延迟一个小时以内，则将扣除一定比例的费用；超过一个小时，则扣更高的费用。同时，也规定如果译者在当月或当季度均如约交稿，可以提供一定金额作为奖金。

1.2 交付质量保证

如果一名译员交付的文件仍需要后期大量的审校,则说明该译员是不合格的,应果断弃用。而对于一名合格的译员,也必须对交付译文的低级错误作出约束规定,因为低级错误是不可原谅的。因此,翻译公司需设置质量约束条款:如在千字/千单词译文中,出现3个或3个以上低级错误时,则将扣一定比例的费用。低级错误包括但不限于拼音、拼写、语法、数字、日期、金额、地名、人名等。同时,也规定如果译者在当月或当季度低级错误控制良好,将予以奖励。

1.3 翻译量保证

翻译公司一般都希望拥有稳定的兼职译员队伍,以便在需要的时候可以随时召集,但这只是理想情况,现实情况是兼职译员一般供职于多家翻译公司,他们接稿遵循的是"先来后到"的原则。这对翻译公司来说存在一定的风险和不确定性因素。因此,翻译公司可以与兼职译员谈定一个翻译量保证,即一个月可以保证提供一定字数的翻译量业务,增强译员对该公司的"黏性",同时也降低了翻译公司的成本和质量风险。

2. 质量评价

为了严格把控翻译质量,必须对兼职译员的每一份文件给出质量评分,继而建立质量评价体系。此举不仅有助于提升翻译公司的译文质量,也有助于译员自我质量的改善。在某种程度上,这是翻译公司在培养兼职译员的能力。如果兼职译员认为这种方式能够实现能力提升,也会更加乐于与翻译公司合作。

下表是译国译民翻译公司针对兼职译员的译文质量制定的一份质量评价标准和质量评分表。其中,质量评价标准是以扣分的形式,列出各个方面可能发生的错误及根据错误的严重程度制定扣分分数,这份文件称作《质量扣分表》。而《质量评分表》,则是指由公司的资深译员或项目组长对兼职译员的译文进行抽检并以质量评价标准为参照,以满分100为起始分值,酌情减分,最终得出兼职译员的考评分数。实际工作中,兼职译员其实可以将《质量扣分表》作为自己检查译文的依据,尽量避免其中列出的可能会犯的错误,特别是扣分分值特别高的几项严重错误,从而规范自己的译文。这样也有利于翻译项目的良好推进。

质量扣分表		
错误类型	具体错误	扣分
整体性错误	稿件错误太多，整体质量差，需返给译员重新修改。	10
	没有严格按派单表进行翻译。（例如，要求纯译文，却做成了段段对照；派单表上写了客户给出的固定搭配，译员未使用等。）以及译员未对照原文件整稿，致使译文出现漏译或其他与原件不符的问题。	10
基础性错误	整段漏译	5
	整句漏译	4
	单词或词组漏译，表格或图片中的内容漏译	2
	页眉、页脚漏译	2
	日期或金额错误	4
	数字错误	2
	英文译文中数字未加千位分隔符	1
	编号或者序号错误、页眉、页脚、目录、索引或者页码错误	2
	拼写错误或错别字（包括大小写问题和错误的多字、漏字）	2
	标点符号、单位、公式等错误	1
	乱码字或者应删除的源语言文字未删除（客户要求保留原文的情况除外）	2
	关键词翻译不准确或者某些明显错译（例如，性别、人名、地名翻译错误）以及常识性错误	3
	组织机构或公司名称翻译错误（指客户未提供参考，但网上可以查到的）	2
	低级语法错误	1
一致性错误	项目编号的使用不统一	2
	单位、度量衡不统一（例如，km 有时翻译成"千米"，有时翻译成"公里"；或是有时翻译出来了，有时没翻译。）	2
格式问题	译文字体不统一、字号不统一、未使用客户要求的字体，原文加粗的地方译文未加粗，原文标颜色的内容译文未标颜色，原文有图片，译文漏掉了图片等。	1
关键信息错误	未遵守客户特殊要求	10
	没有参考客户给出的文件或客户官网的重要信息	10
	未采用固定译法以及派单表提供专有词汇	10
文风错误	整体不符合文件用途和项目要求	10
术语统一错误	关键术语错译	5
	术语前后不统一	5

续表

质量扣分表		
错误类型	具体错误	扣分
中译英错误	动词语法错误（时态、语态、主谓一致、与介词和副词的搭配等）	2
	名词语法错误（冠词、单复数、与代词的一致性等）	2
	多个（4个以上）名词并列组成名词短语	1
	没有理解原文或理解错误，按字面直译，导致错译	5
	句子间缺少逻辑关联或出现逻辑关系错译	5
	句式选择存在问题，不符合英文表达习惯	3
英译中错误	长句完全按照英文的逻辑翻译，缺少断句，导致审校困难	5
	词语或句式选择欠斟酌，不符合中文搭配	3
	理解错误	5

质量评价表					
译员姓名	擅长领域	项目单号	抽检字数	质量评分	评语

3. 日常沟通与人文关怀

翻译公司和兼职译员之间的合作，绝不是冷冰冰的业务间的往来，双方可以有更深入的交流。如果双方合作顺畅，兼职译员转为专职译员的例子也十分常见。翻译公司的项目经理应保持与兼职译员的良性互动，了解译员擅长的领域、作息时间等，增进双方的互信与了解。比如，可以邀请兼职译员来公司参观、培训、聚餐或者参加集体活动等，以推动双方的进一步合作和发展。

第三节　团队协作

公司的管理将影响其未来发展。而翻译公司与加工制造业以及其他服务业相比，最明显的区别就是其生产工具是译员。因此，翻译公司对员工的管理，不应仅停留在一般的培训、考核等层面，还应该注重将译员微小的个人力量汇聚成团队的力量，打造具有强大竞争力和持久生命力的团队，去应对各方的机遇和挑战。

1. 公司外部的交流协作

翻译公司要打造一支有实力的翻译团队，首先要有实力过硬的翻译人才。但其实不少翻译公司都面临着高层次翻译人才紧缺，现有人才市场上的译员与公司所需要的人才不符的情况。那么这时，翻译公司就应多与高校及其他翻译公司进行交流协作，进行翻译人才的培养，募集适合的人才，建立起自己的翻译团队。

1.1 翻译公司与高校的合作

面对翻译人才不能满足翻译公司发展、翻译行业发展，乃至社会发展需求的状况，翻译公司可以与高校在人才培养上进行交流和协作。一方面，翻译公司可以借助理论知识丰富的高校教师对译员进行培训，通过再学习，使译员夯实语言基础、巩固相关知识，并以理论指导实践，进一步提升自己的翻译能力。另一方面，翻译公司也可以走近甚至走进高校。比如，派遣资深译员在高校承担一定的课时，将翻译实践相关的知识和经验教授予高校正在培养的未来译员。又或者可以参与高校翻译相关教材的编写，为高校的人才培养方案提供一定的建议和意见，为高校提供社会实践场所，等等。这样，公司就可以与高校进行校企合作，在人才培养上团结协作，培养出适应社会发展、符合行业需求的人才。这样，公司也可以直接招募到更合适的翻译人才，建立起自己的翻译团队。

1.2 翻译公司之间的合作

在中国，以翻译为唯一业务的公司出现至今还不到20年。翻译公司的发展历史都不长，不少翻译公司都是一步一步地积累经验，在摸索中求发展。其实，翻译产业这一朝阳产业充满着机遇与挑战，翻译公司之间完全可以进行相互合作，而不仅是相互竞争。比如，在国内，翻译公司一般都不大，翻译与审校人员数量也不多，有些公司甚至没有审校人员。在这种状况下，就要求公司采取各种灵活的方式，进行公司间的合作。译员层次不同、擅长的业务领域不同的翻译公司之间，可以进行人才的共享。在保证原公司的运营、项目能够及时完成的情况下，公司可以委派一些译员承担另一公司的某些翻译任务。公司之间，也可以进行某些资源的交流与共享，如就不同领域的翻译培训资料、翻译记忆库等进行交换。这种良性的协同合作，利于双边翻译团队的打造和提升，从而促进双方公司的发展，实现共赢。

2. 公司内部的团结协作

内部的团结协作，对于翻译公司来说，毋庸置疑是十分重要的。只有团结协作,译员才能够迅速融入集体、发挥其才华。公司内部的团结协作可以分为两大部分:一是公司内各部门之间的协作,主要就是翻译部(包括审校部,下同)与人事、销售、项目等部门的协作;二是翻译部的内部协作。

2.1 各部门间的协作

翻译部与人事、销售、项目等部门的协作,具体体现在人事部为翻译部招聘翻译、审校、排版、项目管理等方面的人才;销售部为公司寻找翻译业务;项目部负责寻找外部译员,为公司消化掉内部译员在规定时间内无法译完的文件。而人事、销售、服务、项目等部门的员工,一般也不是一入职就懂得如何做好自己的本职工作。甚至这些部门的老员工,也要在实际工作中,不断了解本职工作所需的翻译相关知识,积累相关经验;这些知识和经验,多数都需要从翻译部人员,尤其是翻译部主管、审校人员、排版人员处了解和学习。同理,为了更好地按照客户要求做翻译,更多地从客户角度思考问题,译员也需要从销售和服务员处了解和学习客户的想法,以对自身的译文有更加严格的要求,减少交稿后出现的问题点。以上所述的教与学,实质上就是各部门之间的协作。但在很多公司里,跨部门的相互学习并不多见,因为这就涉及被学习部门的知识和经验总结,而且是为其他部门而做总结。这种总结,尤其是书面总结,总体而言难度是比较大的。

2.2 翻译部的协作

翻译部的内部协作是翻译公司里最重要的协作。翻译部在接到翻译项目时,一般都需要进行翻译任务的分工,要么是由公司内部专职译员协作完成翻译任务,要么是由数个外部译员、兼职译员完成文件的翻译,抑或是内外部译员一起合作完成文件的翻译。不论是哪种翻译任务分工方式,完成的翻译稿都要交由公司内部人员完成审校、质检、排版等后续工作,最终由项目人员交稿。由此可见,翻译协作主要是多人合译的协作,以及翻译与审校的协作。

多人合译的协作,重点与难点在于实现翻译的"一致性",通常体现在词汇、术语、文风等的统一上。多人合译文件通常需要有一个有经验的译员协调统领工作,对翻译中出现的不同看法和疑难点给出统一的译法或妥当的处理办法。有经验的译员,通常应该具备以下能力:其一,知道哪些词或短语实际上只可能有一种译法,可以自然而然地予以统一;判定哪些词或短语可能出现不同译法,并主动提出统一的译法。其二,判断哪类句子需要统一句式,并说明应统一成哪种句式。其三,有较强的文字敏感性和较广的知识面,知道哪些词句隐含着疑难点。其四,掌握较多的网络搜索方法,知道如何解决疑难点,如确定疑难词的译法等。其五，对文件中具有共性的问题点，给出指导性的解决方法。如果是内外部译员合译，还要负责内外统一方面的沟通（可以是间接沟通方式）。对于能力相对偏差的内部译员，给予实时指导；对于外部译员，也通过书面方式给予及时的间接指导，可能出现的问题尽可能由译员自己解决，从源头解决问题点，以减少后期审校的工作量。

每项翻译任务，除了译者完成初步的翻译，还需要经过审校、质检、排版等一系列后续加工。翻译与审校的协作也是至关重要的。除了难度很低或对译文要求很低的文件只需经过简单的质检，确保无低级失误（如拼写、语法及人名、地名、组织机构名误译等）外，文件翻译完后，需要审校将译文对着原文再检查一遍，及时发现并解决错译、漏译等问题，才能交给客户。通常而言，审校人员必须比翻译人员更细心，双语文字敏感性更强，才能发现潜在的问题。而在翻译和审校中发现的典型疑难点、典型疑难类型文件的翻译，以及出现的各式各样的问题，经总结并书面化之后，是交流及培训的好材料。针对这些问题的讨论，及在此基础上所开展的培训，也可以被看作内部协作的一部分。通过审校对问题的及时发现和总结归纳，译员们可以学会在今后如何去解决相似疑难问题并避免一些错误。这样的团结协作，既促进译员个人能力的提升，也能提升公司的整体团队实力，从而让公司有更好的发展。

第四章

翻译项目的质量监控[①]

随着社会的进步和开放，人与人之间沟通的需求越来越迫切。翻译从原本象牙塔里的一门学问、一门艺术，逐渐转变为一项产品、一项服务。而全球化和信息化潮流也推进了翻译的商业化、产业化、工业化。现如今，一项翻译任务的完成，已经不能再简单地依赖单一或若干译员的埋头苦干，而往往需要一个团队，佐以科学的项目管理方法，才能高效率、高质量地完成翻译任务。本章探讨社会背景下翻译的转变，以"三化"视角对翻译进行重新认识。然后结合项目管理知识，探讨如何对翻译进行质量评估和监控。

第一节 "三化"视角下的翻译与翻译质量评估

在当今社会，翻译行业的相关资源开始集中和汇聚，逐渐将翻译推动成为一门产业。翻译产业在逐渐做大做强的过程中，其密集的知识、技术和人力资源，促使其逐渐具备工业化的生产和运营特征。翻译的商业化、产业化和工业化是大势所趋，也只有将翻译置于这"三化"视角之下，才有可能更好地把握翻译的时代发展脉搏，理清其流程特点，更好地把握翻译质量。

1. 翻译商业化

商业化，指的是"以提供商品为手段，以营利为主要目的的行为"[②]。显然，翻译行业是以翻译服务为商品，以为客户提供这一商品进行营利，已然符合商业化这一特点。具体来说，翻译活动的商业化还具备以下四个特点：

其一，翻译在商业活动中的参与越来越多，作用越来越大，社会和经济发展

[①] 本章由黄杨勋基于其硕士论文修改、扩充成文，原题目：翻译项目质量保证体系的构建[D]. 福州大学，2013。

[②] 2016年4月11日下载于百度百科：http://baike.baidu.com/view/631521.htm。

对翻译的需求也越来越大。

其二，翻译项目的量级越来越大、难度越来越高、时限越来越短和语种要求越来越多，传统单译者操作或多译者零散协作模式已无法适应需要。

其三，翻译活动受到商业活动与行为的影响也越来越大，如翻译模式、翻译价格、工具使用、标准规范越来越受到商业活动的直接影响。

其四，译者的翻译活动受到商业活动的影响越来越大，译者的经济收入、知识技能、伦理道德都受到商业活动的挑战，译者的市场意识和职业化特征越来越明显。

从以上特点也可以看出，社会商业化程度进一步提高，翻译的商业化程度也将进一步加深。翻译商业化之后，其质量评估和质量保证无法脱离商业活动的影响和商业环境的制约。例如，在翻译项目签订合同之后，翻译行为实际上已经成为一种契约行为，那么翻译质量的评估就必须在符合契约事项的基础上进行。

2. 翻译产业化

产业化，指的是"某种产业在市场经济条件下，以行业需求为导向，以实现效益为目标，依靠专业服务和质量管理，形成的系列化和品牌化的经营方式和组织形式"①。

核心层——以人为主
- 笔译
- 口译
- 手语翻译

外围层——人机结合
- 本地化
- 计算机辅助翻译
- 机器翻译

相关层——其他相关活动
- 翻译培训
- 图书翻译
- 影视作品翻译
- 翻译软件或翻译机器的研发、生产或销售
- 多语言语音技术相关产品的研发、生产或销售

翻译产业结构与构成

纵观翻译，在其市场化运作和商业化进一步加深之后，翻译相关的需求与资源持续集聚并达到了一定的规模程度，累积起了行业优势。同时，翻译行业内的分工更加专业和细化，并出现行业龙头，从而形成"系列化和品牌化的经营方式和组织形式"，最终形成了翻译的产业化。

朱宪超、韩子满将翻译产业界定为"为社会公众提供语言或文字翻译产品和服务的活动以及与这些

---

① 2015年6月27日下载于MBA智库：http://wiki.mbalib.com/wiki/%E4%BA%A7%E4%B8%9A%E5%8C%96。

活动有关联的活动的集合"[1]。他们还参照文化产业的结构，将翻译产业分为核心层、外围层和相关层，如下图所示。

而近年，全球化和信息技术的飞速发展又催生了"语言服务业"。语言服务业，涵盖所有从事多语言信息转换及关联服务的机构，其业务范围远远超出传统意义上的翻译行业。《中国语言服务业发展报告2012》[2]将语言服务业分为三个层次（详见下图）：其一，核心层（Core Level），即经营或业务的主要内容为提供语言间信息转换服务、技术开发、培训或咨询服务的企业或机构；其二，相关层（Related Level），包括经营或业务部分依赖于语言间信息转换服务的机构或企业；其三，支持层（Supporting Level），即为语言服务提供支持的政府目标、机构和企业。

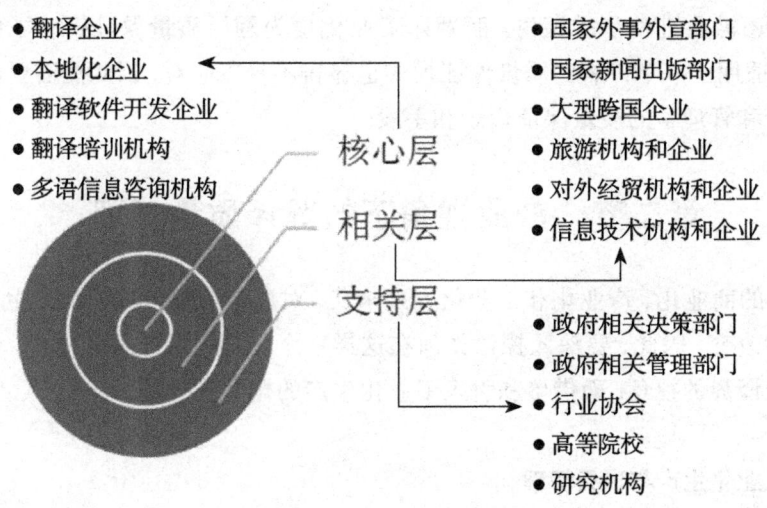

语言服务业结构与构成

3. 翻译工业化

在翻译商业化和产业化的过程中，技术的革新和先进工具的使用促进了翻译产业生产方式的转变。译者单兵利用传统工具甚至手工翻译的状况逐渐被多人合作、机器化大生产（如多名译者利用计算机辅助翻译软件同时处理一个大型翻译项目）的生产方式所取代。而信息化社会也意味着信息的群体共享、传递和使用可以在极大程度上提高译者的生产效率。

---

[1] 朱宪超，韩子满. 译员基础教程——如何组建翻译公司[M]. 北京：中国对外翻译出版公司，2006.
[2] 中国翻译协会中国翻译行业发展战略研究院. 中国语言服务业发展报告[R]. 2012.

商业化和产业化之下的翻译，自然也需要不断追求高效率和高效益，这也是工业化的灵魂和动力。也只有这样，才能最终推动技术的革新、市场的开拓、企业规模的扩大、生产方式的改进和产业长足的发现。不过，在翻译工业化的进程中，也有一些翻译服务企业的做法引起了比较大的争议，其中最为典型的就是所谓的"翻译工厂"。业内公司建立起的较大的翻译工厂，包括已经关闭和新近又上线的，有交大铭泰东方翻译工厂[1]、汇泉翻译工厂[2]、元培译员工场[3]等。有人评论说："翻译是技能专业化和知识密集型的服务，而工厂通常是劳动密集型的生产。译员工厂模式将把译员看作制造业工厂的蓝领生产工人，低廉的翻译稿费，如何提升翻译服务的价值，如何能尊重翻译人员的价值？"[4]

因此，在翻译工业化过程中，如何达到翻译"艺术创造"和"工业产品"之间的平衡，还需要进一步的探讨。而翻译工业化也为翻译质量保证带来了新的挑战，传统适用于单个译者的质量保证模式也显得不足以应对，因此更需要借鉴工业化生产和管理学的质量保证理念和手段。

第二节　产业视角下的翻译质量管理

翻译的商业化、产业化和工业化方兴未艾，对翻译的整个流程也产生了整体颠覆性的改变。因此，要深入探讨如何在这样一个流程中保证翻译质量，势必要突破传统译界的视角，而借鉴和引入工业化生产的概念和方法。

1. 工业化生产与项目管理

翻译既然已经成为一个产业，其大型翻译活动和行为的组织和运行和其他工业领域一样，往往被称为"生产"，以项目的形式进行。美国项目管理学会（Project Management Institute，简称PMI）将项目定义成"为创造一种独特的产品或服务而付出的暂时性努力"（王传英，闫栗丽，张颖丽，2011：55—59）。从该定义中，我们可以看出，项目具有两个特征：其一，独特性，其产出的产品或

---

[1] 侯继勇．"东方翻译工厂"切分200亿元大蛋糕．载于《国际金融报》（2002年10月14日第八版），2013年6月21下载于http://www.people.com.cn/GB/paper66/7453/715193.html．
[2] 2013年6月21日下载于汇泉翻译公司官方网站：http://www.huiquan.com/factory/index.htm．
[3] 2013年6月21日下载于元培翻译公司官方网站：http://club.yup.cn．
[4] 崔启亮．"翻译工厂"借尸还魂？元培推出"译员工厂"！．本地化世界网，2016年3月23日下载于http://www.giltworld.com/E_ReadNews.asp?NewsID=772．

服务在某些方面与众不同或不可替代；其二，暂时性，任何项目都不可能永久持续，而是有严格的时间进度和最终期限。此外，项目其实还具有第三个特征，即协调性，一个项目的推进往往涉及多个组织、多个领域，要求多名成员、多种资源或多组支持协调配合进行。

工业化的生产和项目管理，重心就在于决定恰当的时间，明确需要集中的资源和优势，协调各个环节和各项工作。"项目管理是通过知识、技能、工具和技术的综合应用以满足生产需要的管理活动，依赖团队合作及协调、规划和控制等诸多能力。"（王传英、闫栗丽、张颖丽，2011：55—59）从决策与协调开始，到产出结果结束，项目的全过程涉及计划、组织、协调、控制和评价，以保障项目能够实现最终的生产目标。

2. 翻译项目

和传统上单个或少数译者就能完成翻译任务相比，"现代翻译已经成为基于信息技术和网络环境，通过团队合作和实施高效的项目管理而获得语言服务增值的新兴产业"（王传英、闫栗丽、张颖丽，2011：55—59）。翻译项目流程日益复杂，涉及分支也越来越多，因此，只有引入现代项目管理方法，以团队合作形式，利用现有资源和信息技术，协调工作，才有可能处理海量的工作量、满足客户更高甚至更为苛刻的要求，并整合分散在世界各地的翻译生产能力（Pérez, C. R., 2002: 6）。

与传统翻译行业相比，现代翻译项目在工作主体、目标客户、工作内容和工作方法上已发生了巨大的改变：首先，翻译公司取代译者个人或小型翻译团队，成为翻译项目的主体；其次，跨国公司取代政府机关、出版社、科研院所和个人，成为翻译服务的主要需求者；再者，高附加值的本地化翻译服务成为翻译产业的新增长点；最后，翻译项目必须借助项目管理，松散的业务流程可能带来巨大的项目风险和失败可能性。（王传英，闫栗丽，张颖丽，2011：55—59）从以上四点我们也可以看出，只有深入分析翻译项目中的每一个环节和要素，在每一道翻译生产和项目流程中予以把握，才有可能最终实现翻译质量的保证。

3. 翻译质量与翻译质量标准

3.1 翻译质量

在商业化、产业化和工业化背景下，翻译服务就是一种产品。而对于一件产品，最重要的莫过于其质量。如果产品的质量不合格，生产的最后一个环节——流通至客户手中完成交换——就无法实现,那么生产就是失败的。那么,对于翻译行业来说,什么是质量?如何评定质量是否合格?

2008年发布的《质量管理体系基础和术语》(GB/T 19000—2008\ISO 9000:2005),把质量定义为"一组固有特性满足要求的程度"。这个定义虽然短,但我们可以从中读取大量的信息:

其一,质量和固有特性有关。特性是"可区分的特征",可分为固有的或赋予的。固有的特性指事物本来就有,特别是永远存在的特征,如物理特性等;赋予的特性指即人为的,在完成产品后所增加的特性,如产品价格、售后服务等。我们不能以赋予的特性来判断质量的好坏。例如,不能以翻译价格的高低来认定其译文质量的高低。但事物的固有和赋予特性具有相对性,某些产品的赋予特性对另一种产品来说可能是固有特性(柴邦衡,2008:86)。例如,对于译文而言,准确与通顺是其固有特性,而排版的好坏并不是其固有特性;但对于翻译服务而言,排版就是其固有特性。换句话说,翻译服务企业不可能把一份混乱排版、版面乱七八糟的译文直接提交给客户。

其二,质量要满足要求。根据《质量管理体系基础和术语》,加引号指的是"明示的、通常隐含的或必须履行的需求或期望"。明示的要求包括顾客明确提出的,例如客户的翻译纲要、风格指南等;以及组织内外部通行的各种文件和规范等。隐含的要求包括行业、组织、客户或其他相关的惯例或一般做法,例如翻译服务企业需要为客户保密。翻译质量中既有明确的标准和准则方面的要求,也有隐含的规范和惯例方面的要求(武光军,2006:72—74)。明示和隐含的要求有时可互换。例如,翻译服务企业同一家客户长期合作,在初期客户必须有各种明示的要求。但在合作长久之后,这些明示的要求已形成惯例,即使客户没有随某一具体项目提供,也必须遵循。要注意的是,让质量满足要求是一个互动的过程。产品或服务提供商应当参与到客户要求的确定之中,特别是当客户要求不合理时,也需要进行"客户教育",通过传递行业常识、增强客户意识、改变客户心态,真正地达到客户所需的质量要求。此外,客户对翻译服务的要求不是一成不变,而是发展的。因此,翻译质量的标准和要求也是发展的,需要根据最新的变动和情况不断调整。

其三,质量是满足的程度。质量不是生产或服务提供方单方面的行为,而是一个互动的过程,不仅涉及译文,还涉及译文使用者,即客户,而其最终的接受性则取决于客户。客户满意度是衡量质量符合程度的最重要尺度。柴邦衡指出:"在满足顾客要求的前提下,不应盲目追求高性能、高可靠性,而宜具有适度的质量。"(同前)即质量具有适用性,适用的质量才是企业追求的质量标准,而非过度的质量追求。从这个意义上来说,质量低于要求是不合格,但质量高于要求也有可能是不合格。例如,有的客户可能出于特殊的使用目的,明确要求译文只需使用机器翻译加简单后期编辑即可,而翻译服务企业可能认为使用机器翻译是有违职业道德要求,而全程完全使用人工翻译,最后提供了非常优秀的译文。但这样生成的译文非但不符合客户的要求,还有可能耽误客户的事务(例如客户进行的是针对在机器翻译和简单后期编辑后所得到的文本类型的学术研究)。此外,这其中产生的额外成本也不可能由客户承担,最后可能造成项目的损失。

3.2 质检合格

合格指的是"满足要求"。《质量管理体系基础和术语》中有关合格的概念很多,柴邦衡将其中相关概念进行梳理,得到以下图示:

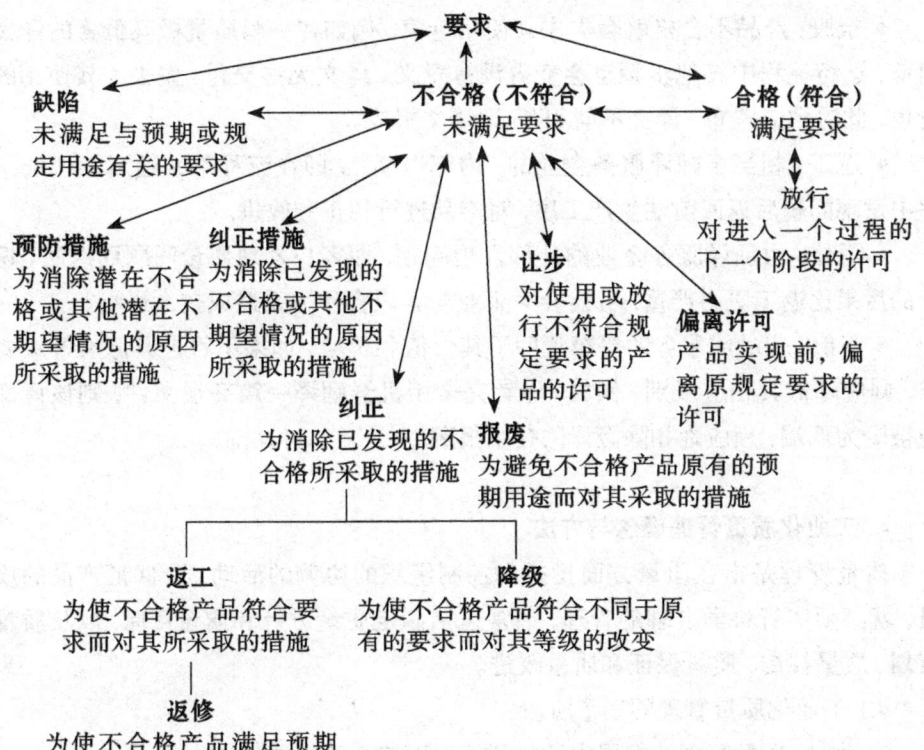

有关合格的概念(柴邦衡,2008:85)

这其中的许多概念，同样也适用于翻译质量合格的认定和处理，比如：

● 缺陷：如果译文或翻译服务未满足或无法实现客户对译文预期或指定用途的要求，即可视为有缺陷。例如，虽然译文语言水平优秀，但时不时见到数字或格式错误，排版粗糙，也不能算是合格译文，属于存在缺陷。

● 放行：翻译质量保证流程中，只有符合某一个环节的交付标准，才可能许可其进入流程的下一阶段。例如，只有翻译好了，才可能进入审校环节；如果翻译的质量很差，审校再好，也不可能挽回，除非重译。

● 让步：虽然翻译流程中有某一环节产生的结果并不符合要求，但出于某些因素的优先考虑，对产品予以放行。例如，虽然质量检查显示译文存在瑕疵，但客户着急索要译文，坚持立刻提交，那么在向客户作出相应说明后，可放行尚有缺陷的产品。

● 报废：产品不合格就会失去其使用价值。例如在一篇质量极其低劣的译文面前，运行流程中其他步骤也会变得没有意义。译文无法交付，失去了其使用的价值，此时则应宣布"译文不能用"，即译文报废。

● 返工：相当于翻译服务企业的"内部退稿"，即在流程某一道后续保证工序中发现问题后返回前端生产工序，对产品进行纠正和改进。

● 返修：由翻译服务企业的外部发现问题，即客户发现质量问题而退回。返修的后果比返工更为严重，可能会对企业与客户合作关系造成较大影响。

● 降级：产品或服务的等级说明了其价值和价格，如果不符合其原有等级要求，则应降低其相应级别。例如，译者完全用机器翻译一篇高端文件，则该译文应被降为低端，相应地扣除翻译的费用报酬。

4. 工业化质量管理理念与方法

质量管理是指在质量方面指挥和控制组织的协调的活动。要保证产品的质量，就必须实行科学合理的管理，通常包括制定质量方针和质量目标，以及质量策划、质量控制、质量保证和质量改进。

4.1 工业化质量管理的三个阶段

20世纪，质量管理的发展大致经历了以下三个阶段[①]：

[①] 本段主要参考MBA智库：http://wiki.mbalib.com/wiki/%E8%B4%A8%E9%87%8F%E7%AE%A1%E7%90%86，下载于2015年7月10日。

（1）质量检验阶段

20世纪初，人们对质量管理的理解还只限于质量的检验。质量检验所使用的手段是各种的检测设备和仪表，方式是严格把关，进行百分之百的检验。但这种事后检验把关，无法在生产过程中起到预防和控制的作用。

（2）统计质量控制阶段

这一阶段的特征是数理统计方法与质量管理的结合。1924年，美国的休哈特提出了控制和预防缺陷的概念，并成功地创造了"控制图"，标志着质量管理从单纯事后检验转入检验加预防，也标志着质量管理成为一门独立学科。但是，统计质量管理过分强调质量控制的统计方法，对质量的控制和管理只局限于制造和检验部门，忽视了其他部门的工作对质量的影响。

（3）全面质量管理阶段

20世纪50年代以来，生产力迅速发展，科学技术日新月异，仅仅依靠质量检验和运用统计方法已难以保证和提高产品质量，促使"全面质量管理"的理论逐步形成。美国通用电气公司质量经理阿曼德·费根堡姆于1961年首次提出全面质量管理概念，强调执行质量职能是公司全体人员的责任。他提出："全面质量管理是为了能够在最经济的水平上并考虑到充分满足用户要求的条件下进行市场研究、设计、生产和服务，把企业各部门的研制质量、维持质量和提高质量活动构成一体的有效体系。"

质量管理发展的三个阶段也告诉我们，要保证翻译质量，仅靠校对、审校、质检等事后检验的方法是不可行的，只有整个流程所有环节都采取质量保证行为，才可能最终保证翻译的质量。

4.2 质量管理经典理念

工业生产中质量管理的理念有很多，其中最著名的有戴明环、零缺陷等。

（1）戴明环

戴明环，又叫戴明循环或PDCA循环（PDCA指Plan, Do, Check, Act, 即计划、实施、检查、处理）。戴明环是由美国质量管理专家戴明（Edwards Deming）博士提出的，是全面质量管理所应遵循的科学程序。全面质量管理活动的全部过程，就是质量计划的制订和组织实现的过程，这个过程就是按照PDCA循环，不停顿地周而复始地运转的（如下图与表）。

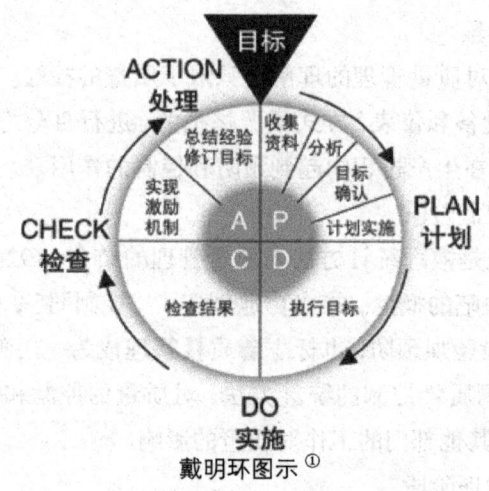

戴明环图示①

戴明环的阶段、步骤和方法②

阶段	步骤	主要办法
P 计划 从问题的定义到行动计划	1. 分析现状，找出问题	排列图、直方图、控制图
	2. 分析各种影响因素或原因	因果图
	3. 找出主要影响因素	排列图、相关图
	4. 针对主要原因，制定措施计划	回答"5WH" ● 为什么制定该措施 (Why)？ ● 达到什么目标 (What)？ ● 在何处执行 (Where)？ ● 由谁负责完成 (Who)？ ● 什么时间完成 (When)？ ● 如何完成 (How)？
D 实施 实施行动计划	5. 执行、实施计划	
C 检查 评估结果	6. 检查计划执行结果	排列图、直方图、控制图
A 处理 标准化和进一步推广	7. 总结成功经验，制定相应标准	制定或修改工作规程、检查规程及其他有关规章制度
	8. 把未解决或新出现的问题转入下一个 PDCA 循环	

---

① 质量管理方法之PDCA循环管理：2016年4月10日下载于http://www.gztaiyou.com/Download/html/20121218103320.html。

② 2015年7月10日下载于MBA智库：http://wiki.mbalib.com/wiki/%E6%88%B4%E6%98%8E%E5%BE%AA%E7%8E%AF。

（2）零缺陷

零缺陷由菲利浦·克劳士比（Philip B. Crosby）在20世纪60年代初提出，强调预防系统控制和过程控制，要求第一次就把事情做正确，使产品符合对顾客的承诺要求。开展零缺陷运动可以提高全员对产品质量和业务质量的责任感，从而保证产品质量和工作质量。[①]

零缺陷管理的核心是第一次把正确的事情做正确。这里包含了三个层次：其一，正确的事，即明确客户真正需求，制定相应的战略。其二，正确地做事，即企业的经营、产品的生产、服务的提供、客户的沟通等等都必须符合客户和市场的客观需求。其三，第一次就做正确，避免返工，杜绝不符合要求的成本，提高效率。

4.3 质量管理方法

工业生产中质量管理的方法有检查表、直方图、鱼骨图等，适当运用将能够很好地保证质量。

质量控制的七种方法

除了以上七种方法，防呆法对于预防出错和过程控制特别有效。防呆法（POKA-YOKE），是由日本质量管理专家、丰田生产体系创建人新江滋生（Shingeo Shingo）首创。其目标在于设计一个方法，连愚笨的人也不会做错事，

---

① 2015年7月10日下载于零缺陷与质量改进：http://www.gztaiyou.com/Download/html/20121227103845.html。

故又称为愚巧法。其核心概念是设计一个装置、环节、步骤等，杜绝错误的发生。具体来说，根据防呆法设计出来的工作流程，不需要操作者的注意力、经验与直觉或专门知识与高度的技能，从而实现即使有人为疏忽也不会发生错误，即使由外行人来做也不会错，并且不管是谁或在何时工作都不会出差错[①]的质量保证目标。防呆法可以排除造成错误的要因，使用更简易、更合适的方法，实现在过程中能够检出异常并杜绝错误，或至少最大程度上降低错误和失败的影响。防呆法是一种获得零缺陷、免除质量检验、实现质量改进的工具。

从以上所述的全面质量管理和零缺陷管理理念可知，单纯依靠事后的检验是无法保证产品或服务最终的质量。只有追求零缺陷的目标，加强预防和过程控制，第一次就把事情做对，才能最大程度上保证质量。

第三节　翻译流程

在当今翻译行业中，不少从业者认为，质量保证是独立于翻译的一道流程，而且往往是最后一道流程。质量保证固然是翻译流程中的一个组成部分，但质量保证实际上贯穿着整个翻译流程。翻译流程中的每一道工序，都是质量保证的一个环节。如果翻译的前期、中期都不注重质量保证，而把质量保证的重心放在最后，指望最后一道工序可以完全解决前期积累的所有问题，并输出完美的质量，这显然是不可能的。从这个意义上说，整个翻译的流程其实就是翻译质量保证的流程。

不过，这里所说的翻译流程和传统所谓的翻译过程并不完全一致。在全面解析翻译流程之前，我们应对这两个概念作相应的区分。

1. 翻译过程

根据《中国译学大辞典》，翻译过程指翻译活动所经过的程序，一般认为包括三个阶段：理解原文、用目的语表达、检验修改译文。（方梦之，2011：11）

桂乾元在《翻译学导论》中特别讨论了翻译过程，并认为翻译过程"不仅仅是译者具体进行翻译工作的步骤，而且也是翻译目的之具体体现、译者工作态度的反映、决定翻译方法及技巧的因素"。除此以外，还"可以为译文的质量提供

---

① 2016年4月11日下载于MBA智库：http://wiki.mbalib.com/wiki/%E9%98%B2%E5%91%86%E6%B3%95。

一定的保证"。他将翻译过程细分为"2—4—14过程",即"2大步骤、4个阶段、14个环节"(桂乾元,2004:50,52),如"翻译过程图示"。

由上可知,翻译过程的重心在于"译者具体进行翻译工作的步骤",无论是理解还是表达,还是检验修改,都只涉及译者自身将源语言转换为目的语的过程中思维、信息重组等活动。换句话说,翻译过程只和译者有关;而翻译流程则不仅仅涉及译者,更涉及诸多的第三方,甚至第四、第五方。

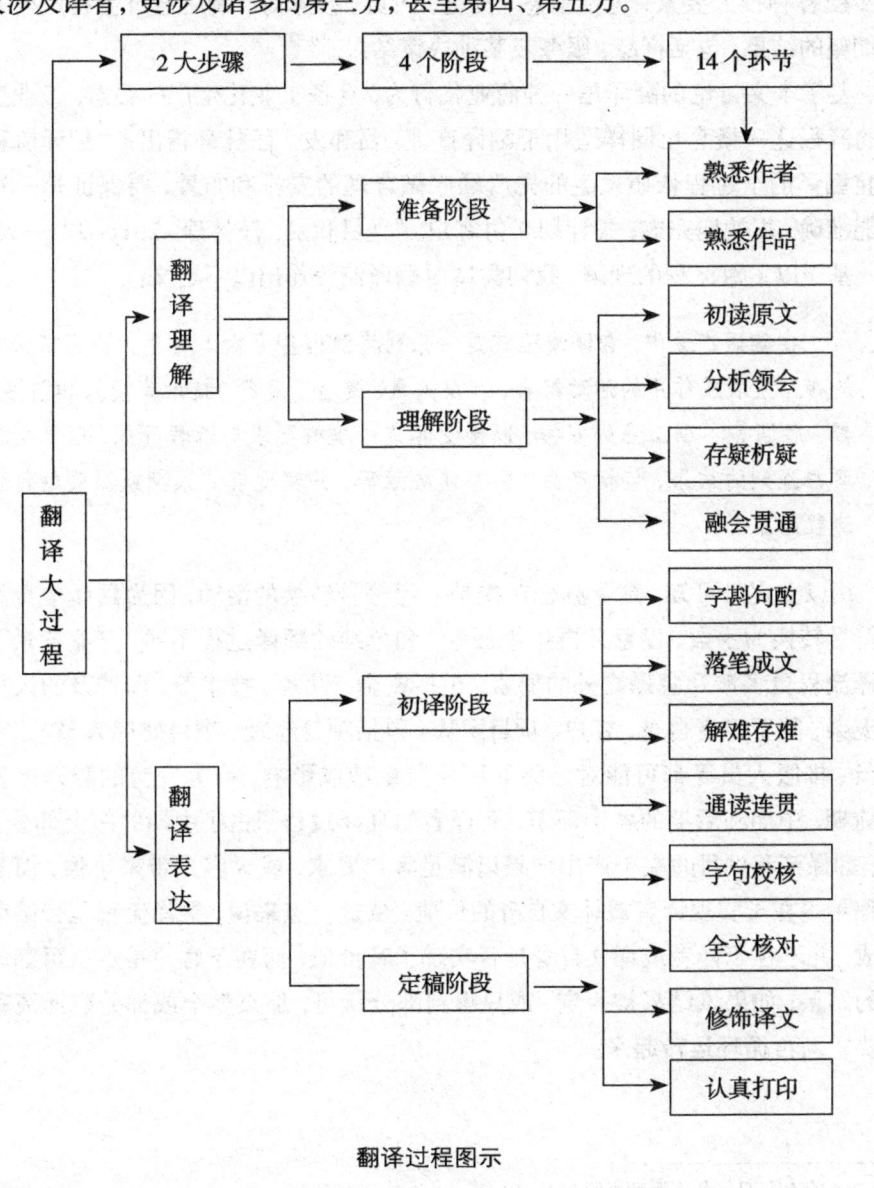

翻译过程图示

2. 翻译流程

根据《现代汉语词典》（第3版），所谓流程，指的是"工业品生产中，从原料到制成品的各项工序安排的程序"。《ISO 9000：2005 质量管理体系——基础和术语》中给出的定义是："流程是一组将输入转化为输出的相互关联或相互作用的活动。"而互动百科中则说得更为详细："流程就是一系列活动的组合，这一组合接受各种投入要素，包括信息、资金、人员、技术等，最后通过流程产生客户所期望的结果，包括产品、服务或某种决策结果。"[①]

鉴于本文讨论的翻译是一种商业化行为，具备工业化生产的要素，工业生产中的流程这一概念也同样适用于翻译产业。吕和发、任林静指出："翻译流程就是将翻译的全过程依照发生的先后顺序做合理的安排和布置，要保证每一环节都能准确、高效地完成，按计划交付客户。"（吕和发，任林静，2011：225—226）

基于以上对流程的理解，我们尝试对翻译流程作出以下定义：

> 在翻译产业中，翻译流程就是一系列将源语符号输入转化为译语符号输出的相互关联或作用的活动组合，涉及人员、资金、设备、技术等投入和前期、中期、后期等各项工序的安排，以接受客户订单或要求为流程开始，以产生符合客户预期的结果，包括产品、服务或决策等，并实现客户预期或更高的价值为流程结束。

由以上定义可知，翻译流程首先是一组符号转换的活动，因为翻译本身就是以符号转换为手段，以意义再生为任务。和单纯的翻译过程不同，产业背景下的翻译流程更多涉及翻译之外的要素，包括资金、设备、技术等，而涉及的人员更是庞杂，除了译者自身，客户、项目团队（包括项目经理、项目处理人员）、审校人员、排版人员等都可能对最终的翻译质量造成影响。一套完整的翻译流程包括前期、中期和后期的各个环节，而译者的翻译过程只占了中期的一个部分。此外，翻译流程的目的在于产出结果以满足客户要求，或为客户带来价值，而翻译过程更多在于实现译者或译文自身的价值。从这一点来说，翻译流程是否结束或完成，并不在于译者或译文自身是否实现了其价值，而在于客户是否认可翻译流程的结果；如果该结果被否定，或只得到部分认可，那么整个或部分翻译流程就需要重新再循环运转起来。

---

① 2013年5月6日下载于互动百科：http://baike.soso.com/v125994.htm。

3. 行业翻译流程现状

根据《中国语言服务业发展报告2012》，截至2011年底，我国语言服务企业总数达到37197家，从业人员约119万人。虽然企业数量多，但投资规模均比较小，注册资金在10万元以下的企业占总数的46.8%，而这些小企业的消亡率又高达35%。

我国翻译行业的现状决定了一大部分的企业还处于非常初级的经营与生产状态之下，其特点就是集中度低、公司化程度不高、翻译流程不健全。据笔者在行业中的观察，还存在着大量的皮包公司（仅以低价转包翻译项目为主要经营活动）、小作坊（特别是以低价承接翻译项目的翻译团队）、夫妻店，甚至黑公司（以骗取客户报酬和译者劳动所得为主要目的）。葛岱克（Daniel Gouadec）也谈到两类"伪翻译公司"：名为企业实际背后只是个体译者的公司，以及不在内部完成翻译，而仅限于管理外包项目并从中抽取佣金的公司。这些公司根本就没有任何完善的翻译流程，遑论必要的质量保证措施。（Gouadec, Daniel, 2011：90）

汇泉翻译服务有限公司
翻译操作流程图[①]

正规的翻译公司一般都会配置基本的翻译流程以保证交付的译文质量。基本的翻译流程如汇泉翻译服务有限公司的"一译、二改、三校、四审"四步流程，即译者翻译和修改，译审A校对再加译审B审校。

不少翻译公司和本地化公司往往采用TEP流程，即翻译（T）、编辑（E）和校对（P）的流程：

● 翻译（Translation），即译者运用目的语言，准确转换源语言符号和文字的含义。

● 编辑（Editing），即由另一名译者或译审，根据客户的要求和需要，分析并检查语境、语言结构、语法、语气及其他语言要素，确保译文书写专业，符合普通、正式或对话等语言风格。

● 校对（Proofreading），即由质量检查人员检查拼写、标点符号及空格等低级错误，保证译文最终的准确率。

该流程同上述四步流程相比，并无本质区别，但TEP流程对规范更为重视，特别是对本地化规范的遵守更为系统和严谨。

---

① 2013年6月17日下载于汇泉翻译服务有限公司网站：http://www.huiquan.com/why_gongqi.htm。

借助计算机辅助翻译（CAT）工具翻译之后，译者可以重复利用先前积累或完成的语料，因此相对于TEP流程，又多了译前文档处理和译后文件归档的步骤，《中国译学大辞典》给出了计算机辅助翻译流程。而译国译民翻译服务有限公司则更为详细地列出了使用CAT处理翻译项目的整个翻译流程，参见下图。

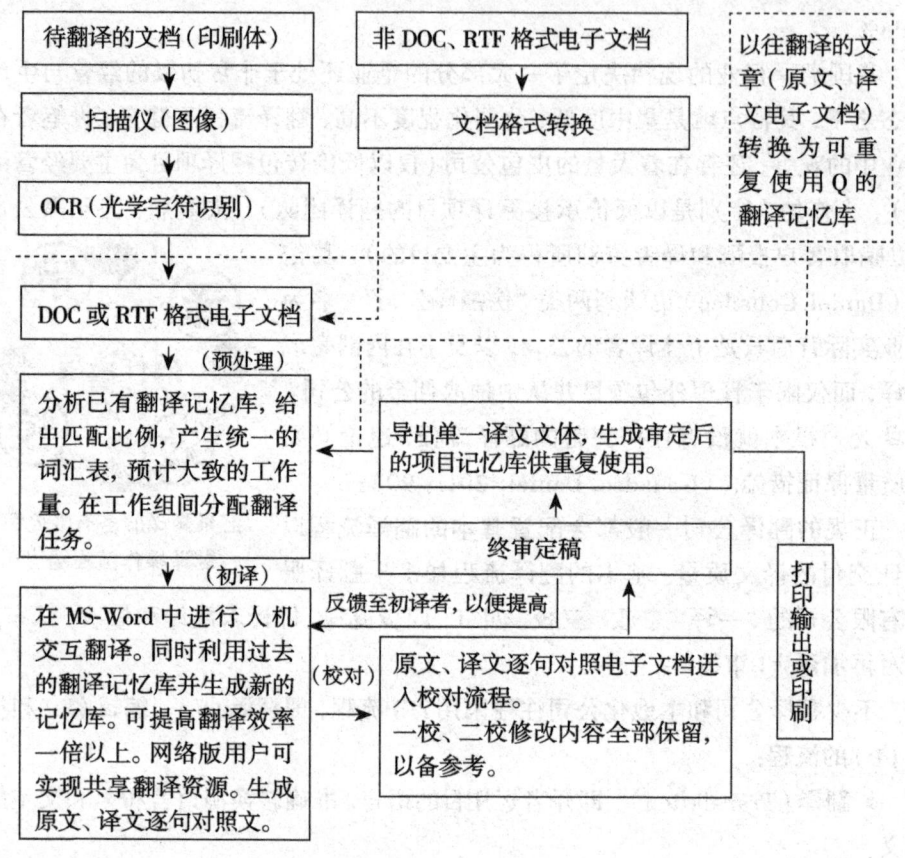

计算机辅助翻译流程（方梦之，2011：330）

值得一提的是，译国译民的翻译流程中，翻译和术语维护、过程校对、记忆库维护、过程抽检是同时进行的，也就不仅能够保证翻译记忆和术语的准确，同时大量的中途质量控制也保证了问题及早被发现和解决。除了三次审校流程，还有三道质检流程，即过程抽检、译文质检和最终质检，最大程度上保证了译文产品的合格品质。此外，项目中积累的术语和记忆库资源也最后汇总为项目的语言资产，以备后续重复利用。参见下图。

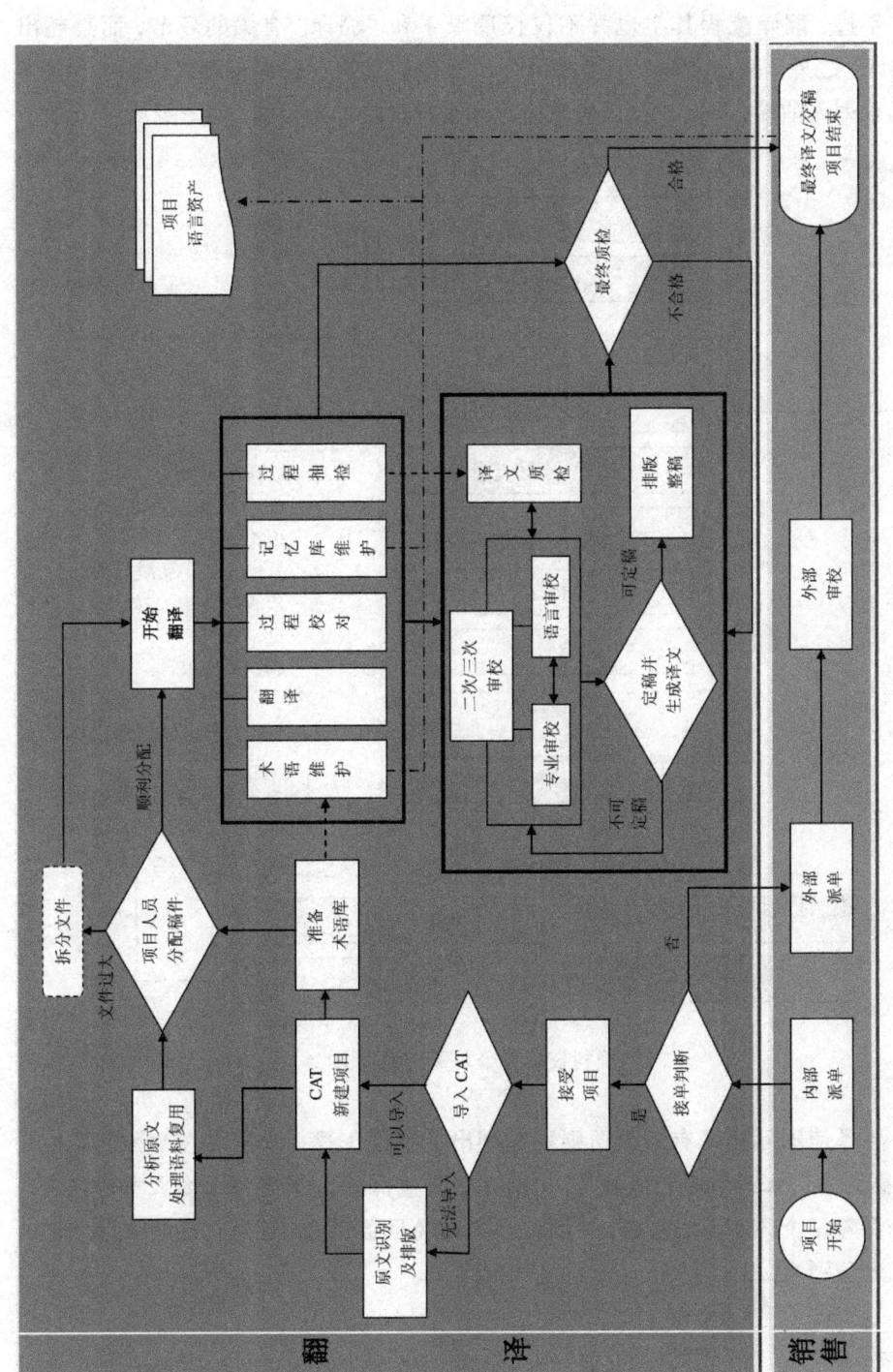

译国译民翻译服务有限公司翻译流程图

不过，翻译流程其实也并不仅仅局限于和"翻译"有关的环节，而是超出"翻译"之外。例如，创凌科技翻译公司就将客户纳入翻译流程之中，将了解客户需求列入前端，将客户提供修改意见和客户验收列入后端，如图所示。

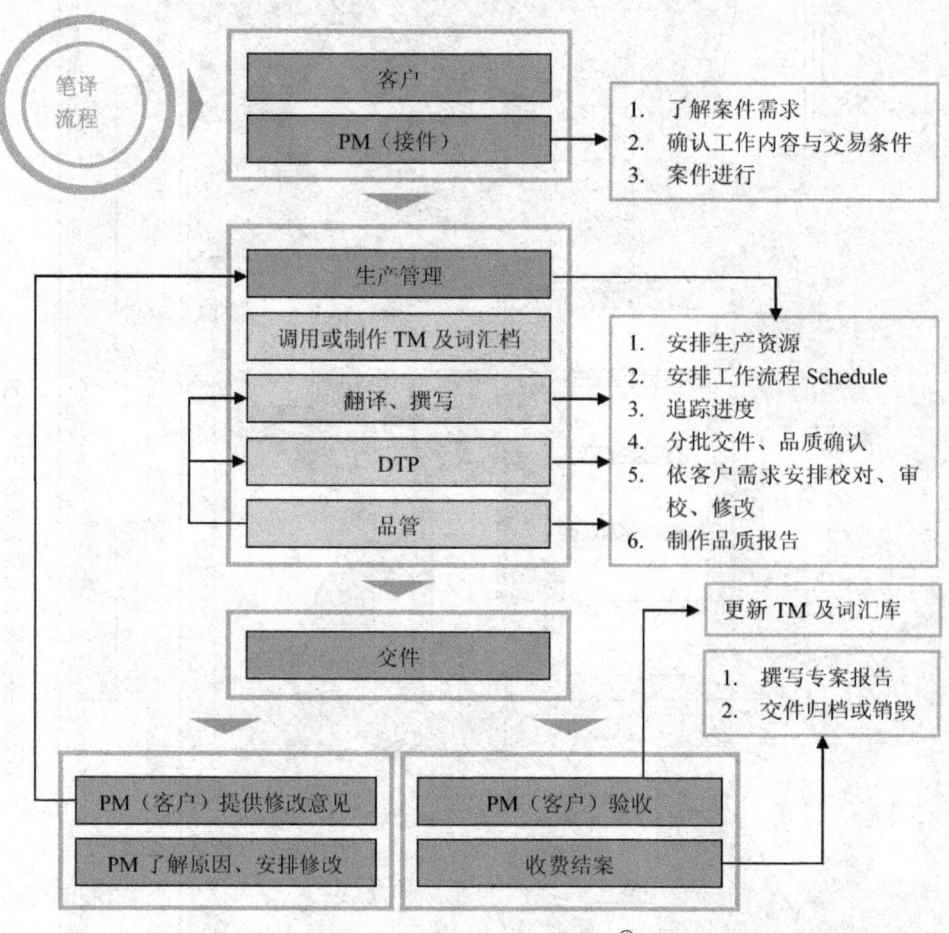

创凌科技翻译公司工作流程图①

泛译信国际翻译有限公司则更是列出了28道工序，将客户、翻译管理人员（如翻译部门经理和项目经理等）、译者、质量保证人员等各个因素考虑在内，充分保障每个环节不出差错，从而使译文避免低级错疏，达到更高的质量。这28道工序分别为：

---

① 参见创凌科技翻译公司网站：http://www.linguitronics.com/cn/03capability/01capability.html，2016年4月12日下载。

（1）业务经理详细了解客户需求，统一相关词汇库及特定要求；

（2）业务经理签订项目合同，再次书面明确及统一具体需求；

（3）翻译部门经理分析资料内容，确定资料类别，确定项目经理；

（4）翻译部门经理与项目经理确定工作要求、标准；

（5）确定统一词汇表；

（6）确定项目参与人员名单（译员、审译、校对、排版）；

（7）制订计划进度控制一览表；

（8）确定参译人员培训内容，进行培训；

（9）分配翻译工作；

（10）每日翻译进展跟踪，情况综合及难点讨论；

（11）调整译员力量，调整部分译员工作量；

（12）质量抽查；

（13）工作阶段衔接、调整与准备；

（14）协调工作进度，确保按计划完成日工作量；

（15）及时与客户沟通，明确客户最新要求；

（16）译员修改译稿；

（17）专业审稿，确保专业内容准确无误；

（18）语言审稿，确保译文语言流畅、优美；

（19）排版制作；

（20）翻译部门经理、QC经理、项目经理联合审定；

（21）业务经理根据客户需求审查；

（22）向客户交出一译稿；

（23）收集客户反馈意见；

（24）修改一译稿；

（25）二次排版制作；

（26）向客户提交终稿；

（27）质量跟踪；

（28）数据统计、原稿处理及项目总结。[①]

---

① 泛译信国际翻译有限公司网站：http://www.pan-e.com/leibei_biyi_guicheng.html，下载于2016年3月18日。

4. 理想的翻译流程

分析以上诸多翻译流程，不难发现，虽然其各有优点，但也有共同的缺点，即涉及面不够广，难以保证翻译各个环节被有效覆盖；各环节虽紧密联系，但缺乏积极互动；没有任何事故或紧急事件的处理预案。

更严重的是，很多翻译公司甚至连基本的翻译流程都不齐备。岳峰、黄杨勋收集并汇总了160多家翻译公司的翻译流程框架及具体环节后发现（岳峰、黄杨勋，2016：64—71），建立起较为复杂的翻译流程的翻译公司仅占全部的11.8%，拥有基本翻译流程的翻译公司占比为55.9%，而完全未建立翻译流程，或者连基本的翻译流程都不健全的翻译公司占比为32.3%。近三分之一的翻译公司未设立翻译流程，这个比例相当惊人。

在这些翻译流程中，有18道环节最为常见，涵盖译前（包括译者甄选、文本分类与评估、项目计划、项目准备分析、术语准备、项目团队环节）、译中（包括翻译、中途质控、审校、专业审校、语言审校、校对环节）、译后（包括质检、质量评估或报告、质量跟踪反馈、排版、项目总结、语言或知识整理环节）三个阶段。

在笔者看来，一个理想的翻译流程应能涵盖译前、译中、译后三个阶段，包括前期在译者、稿件、项目上的各项准备和处理，并充分同客户进行沟通，了解客户的要求和需要；翻译的过程中译者的配备、进度控制以及技术支持等；审校环节的细分，以及最后译文完成后的各项验收与反馈和归档等工作。理想的翻译流程不仅能够有效贯彻特定的翻译规范，还能充分体现质量保证管理工具和电子工具的应用与作用；此外，理想的翻译流程还需要有应急方案，以备翻译事故和应急事件所需。

基于以上考虑，要真正保证翻译项目的质量，需要一个完整的保证体系，而这个保证体系的基础则是建立在一套完整的PTRA翻译流程之上。

第四节　PTRA翻译项目质量保证流程与体系

所谓PTRA，指的是准备（Preparation）、翻译（Translation）、审校（Review）和验收（Acceptance）。该流程既是翻译流程，也是翻译项目的质量保证流程，涵盖译前、译中和译后三个阶段，多个中间步骤和过程，并对影响翻译质量的多种因素设计了预防和过程控制程序。

$$\boxed{\text{P 准备}} + \boxed{\text{T 翻译}} + \boxed{\text{R 审校}} + \boxed{\text{A 验收}} = \boxed{\text{PTRA 质量}}$$

PTRA流程示意

1. PTRA 流程详解

1.1 准备

任何项目开始之前，都必须做好充分的准备，翻译项目也不例外，这也是译前流程必要的步骤。翻译项目的准备涉及多方面，主要包括三个方面：译者准备、稿件准备和项目准备。

（1）译者准备

翻译的主体是译者。如果译者出了问题，那么无论整个流程的其他环节如何完美，都无法保证翻译项目最后的质量，因为译者是最前端的资源和最核心的力量。不过，这里所谓的译者准备，并非指某个项目开始之前安排译者的过程，而是指语言服务企业长期、持续的译员储备，包括译者甄选、译者评级和译者管理三个部分。只有储备了众多合格的译者，才可能在翻译项目到达之际，迅速地找到恰当的人选。

其一，译者甄选。对于许多译者来说，找到一家满意的合作企业并不容易；但对于大多数翻译服务企业而言，要找到一名好的译者就更加困难了。而正规的企业在译者甄选上更是设置了五关六将，重重测试，力求剔除不合格的译者，留下精英。译者甄选的步骤包括：招聘、测试和认证。

招聘环节，以《武汉传神联合信息技术有限公司专职英语翻译招聘启事》为例，一般翻译公司对译者的任职要求包括以下五个方面：学历、语言基础、相关工作经验、计算机操作能力、责任感和敬业精神。目前，翻译公司对译员的学历一般要求本科以上，有时还有专业要求，如要求取得翻译学士学位或翻译硕士学位。应聘者还应具有一定的翻译工作年限，要有相关领域和行业的翻译经验，累计完成的翻译字数要达到一定的标准（一般至少100万字以上）。译者应具有良好的中外转换能力，最好要具备翻译资格（水平）证书，还要能熟练使用办公软件及翻译工具。此外，还应有责任感和敬业精神，具备相应的职业道德。

测试环节，以创凌科技翻译公司为例，公司一般会收集履历并要求应聘者试译语篇。然后资深审稿员会根据译者的学历、经历、翻译背景、译文质量及软件应用能力等进行考评。如果通过这一测试，译者则可被聘为兼任或专任译者；如果测试不合格,则直接淘汰。有的公司,如北京传神联合信息技术有限公司(简称传神联合),还针对测试设计了详细的参数,以求对应聘者的能力有一个准确的测试结果。

在公司发布招聘信息、组织译者测试而招募到译员之后,一般会要求译员通过各类考试,取得相应证书,从而对自己的能力进行认证。如由中国人力资源和社会保障部委托,由中国外文出版发行事业局负责实施与管理的全国翻译专业资格(水平)考试,或全球最大的私营语言服务提供商TransPerfect所创建的译者认证(TransPerfect Linguist Certification,简称TLC)。根据TransPerfect官方网站介绍,TLC计划是翻译行业筛选效果最佳且最具公信力的认证之一。目前,语言专家在TLC计划中的通过率为12%,而专业技术专家的通过率仅为6%。TLC计划首先对译者的甄选作出了严格的规定:要求译者必须是目的语的母语使用者,拥有口笔译专业本科或以上文凭以及5年以上从业经验(若无口笔译专业文凭则要求7年从业经验),且在过去5年中,在其祖国居住至少3个月,以保证其对母语的熟悉程度和使用水平。满足以上条件的译者将接受一系列测试,衡量其专业程度、职业道德水平和口笔译能力。其测试的专业领域分为金融、专利、医疗、法律等七大类,超过80个。每位译者都必须参加其擅长大领域下的每一子领域测试。此外,通过测试的译者必须参加TransPerfect公司提供的培训计划,否则其TLC认证将会失效。[1]

武汉传神联合信息技术有限公司专职英语翻译招聘启事[2]

职位信息							
发布日期:	2013-07-09	工作地点:	武汉	招聘人数:	3		
工作年限:	三年以上	语言要求:	英语精通	学历:	本科		
职位标签:							
岗位职责: 1. 负责按照直接上级的要求完成所分配的各类型生产任务,包括但不限于:翻译、审校、提取术语、质检、笔译派驻、口译陪同等。 2. 认真完成参与的每一个项目任务,在保证质量的同时,需不断提高项目质量,持续提升自身翻译水平及技能。 3. 认真切实完成质控师、部门及公司安排的其他工作。							

---

[1] TransPerfect官方网站:www.transperfect.com,下载于2016年3月19日。
[2] 2013年7月11日下载于前程无忧:http://search.51job.com/job/49960284,c.html。

续表

职位信息
任职要求： 1. 性别不限，本科及以上学历； 2. 熟练电脑操作，熟练使用办公或翻译工具和软件； 3. 语言基本功扎实，精通该语种与中文的语言转换； 4. 对翻译行业有认同感，有高度的责任感和敬业精神； 5. 有2年石油化工、建筑工程、文学、水利电力、汽车机械、行业（包括但不限于土建工程、水利水电工程、城市景观建筑设计、道路桥梁隧道与渡河工程等）专职笔译经验或担任过多年兼职笔译者（翻译字数在500万字以上）优先； 6. 工作地点：（略）

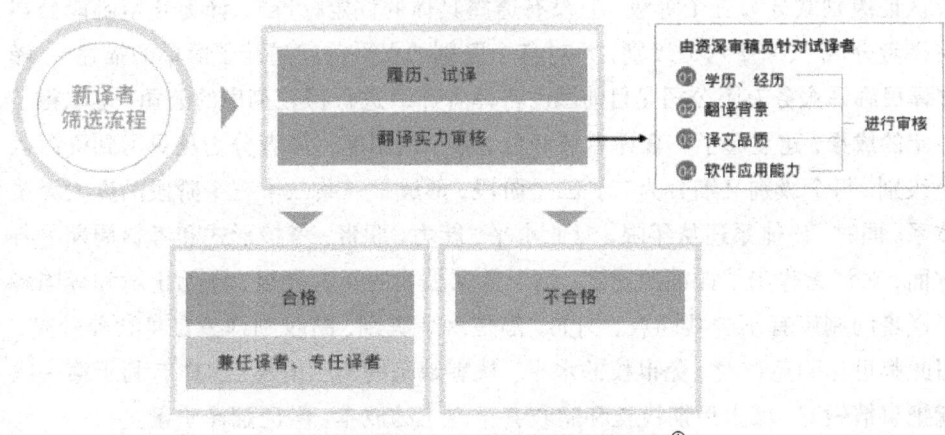

创凌科技翻译公司新译者筛选流程图①

传神联合译者测试信息表与译者测试结果构成表

	需测信息								
语种	测试稿类型	测试稿难度	测试行业	稿件类型	学科	领域	测试稿名称	测试类型	测试时间

---

① 参见创凌科技翻译公司网站：http://www.linguitronics.com/cn/03capability/03capability.html，下载于2016年4月10日。

续表

测前评估分	测试分数									培养潜力
	语言分				专业分				加权总分	
	理解能力	表达能力	低错影响	加权得分	术语	背景知识水平	行业表达习惯	加权得分		

其二，译者评级。译者评级是为了掌握译者资源，更好地为翻译项目服务。但在国内，译者级别如何评定并无一个统一的标准，而国内外各级翻译考试的证书因和行业实际有一些差距，也无法作为相应的参照。不过，国内一些企业在这方面还是作了不少有益的尝试。例如，传神联合推出译者培训和认证服务，其译者认证级别共分为五个等级，但没有透露具体的评定标准[①]。译无止境翻译公司将译者分成了A—F六个级别，并对各个级别的水平描述进行了简单的描述[②]。译国译民翻译服务有限公司是目前国内将译者评级进行得较彻底的公司，也取得了一定的成果，建立起了一套译者评级的制度。该制度将译者分为从见习到资深六个级别，每个级别又细分为三到四个阶段，形成了一共二十三个阶段的庞大译员体系。同时，该体系还从年限、专业水平、能力、职责、考核形式和考核周期等各方面，对译者作出了详细的规定。以上几家公司的译者评级，译无止境和译国译民译者的制度有不少共同点。例如，都是六个级别，高级别译者自身素养较高，因此都可达到免校对、免审校的水平。从零缺陷的角度出发，这样有利于第一次就把事情做对，减少后期检验和验收甚至返工的成本，保证翻译质量。

传神联合的译者评级

认证等级	等级名称
T1	专家级
T2	专业级
T3	能手级
T4	助理级
T5	基础级

---

① 传神联合官方网站：http://www.transn.com/list.php?fid=42#B，下载于2013年6月8日。
② 曹旭东：《为什么进行译员分级》。2016年4月9日下载于翻译百科：http://fanyi.baike.com/article-51942.html。

译无止境翻译公司的译者评级

认证等级	能力级别
A级笔译者	译文可达到出版级别。译文可免校对。
B级笔译者	译文经过简单校对后可达到出版级别。
C级笔译者	译文经认真校对后可用；译者经过认真学习及耐心指导后可晋级B级笔译者。
D级笔译者	译文经过艰苦校对后勉强可用，校对后译文远远达不到审校人员水平。
E级笔译者	译文错误严重，可用句子不足整篇译文的50%。
F级笔译者	译文无任何可用句子。

译国译民翻译服务公司提出的译者评级制度

级别	细项	从业年限	专业水平	能力描述	职责要求	考核周期	考核形式
见习	F3	在校生	英语八级	胜任一般文件翻译	参与一般文件翻译	3个月内	应聘测试
见习	F2	应届生	英语八级	胜任一般文件翻译	参与一般文件翻译	3个月内	应聘测试
见习	F1	应届生	英语八级	胜任一般文件翻译	参与一般文件翻译	3个月内	应聘测试
学徒	E4	从业1年以内	人事部三级	译文基本准确，须审校和质检	参与难度较大文件翻译	一年内	转正评估
学徒	E3	从业1年以内	人事部三级	译文基本准确，须审校和质检	参与难度较大文件翻译	一年内	转正评估
学徒	E2	从业1年以内	人事部三级	译文基本准确，须审校和质检	参与难度较大文件翻译	一年内	转正评估
学徒	E1	从业1年以内	人事部三级	译文基本准确，须审校和质检	参与难度较大文件翻译	一年内	转正评估
初级	D4	从业1年以上	人事部二级	译文质量优秀，一般文件免审，抽检	可独立承担文件，负责一般文件试译	每年评1次，每半年核1次	评级考试
初级	D3	从业1年以上	人事部二级	译文质量优秀，一般文件免审，抽检	可独立承担文件，负责一般文件试译	每年评1次，每半年核1次	评级考试
初级	D2	从业1年以上	人事部二级	译文质量优秀，一般文件免审，抽检	可独立承担文件，负责一般文件试译	每年评1次，每半年核1次	评级考试
初级	D1	从业1年以上	人事部二级	译文质量优秀，一般文件免审，抽检	可独立承担文件，负责一般文件试译	每年评1次，每半年核1次	评级考试
中级	C4	从业3年以上	人事部二级	译文质量优秀，一般文件免审，抽检	可独立承担文件，负责一般文件试译	每年评1次，每半年核1次	评级考试
中级	C3	从业3年以上	人事部二级	译文质量优秀，一般文件免审，抽检	可独立承担文件，负责一般文件试译	每年评1次，每半年核1次	评级考试
中级	C2	从业3年以上	人事部二级	译文质量优秀，一般文件免审，抽检	可独立承担文件，负责一般文件试译	每年评1次，每半年核1次	评级考试
中级	C1	从业3年以上	人事部二级	译文质量优秀，一般文件免审，抽检	可独立承担文件，负责一般文件试译	每年评1次，每半年核1次	评级考试
高级	B4	从业8年以上	人事部一级	译文达到专业级别，可担任一定的审校职责。免审，免检	担任重要文件技术顾问，负责重要文件的试译	每2年评1次，每年核1次	考评结合
高级	B3	从业8年以上	人事部一级	译文达到专业级别，可担任一定的审校职责。免审，免检	担任重要文件技术顾问，负责重要文件的试译	每2年评1次，每年核1次	考评结合
高级	B2	从业8年以上	人事部一级	译文达到专业级别，可担任一定的审校职责。免审，免检	担任重要文件技术顾问，负责重要文件的试译	每2年评1次，每年核1次	考评结合
高级	B1	从业8年以上	人事部一级	译文达到专业级别，可担任一定的审校职责。免审，免检	担任重要文件技术顾问，负责重要文件的试译	每2年评1次，每年核1次	考评结合
资深	A4	从业15年以上	研究生导师	达到出版级别	担任重要文件主译和主审，并发表专业论文	每5年评1次，每年核1次	考评结合
资深	A3	从业15年以上	研究生导师	达到出版级别	担任重要文件主译和主审，并发表专业论文	每5年评1次，每年核1次	考评结合
资深	A2	从业15年以上	行业认可专家	达到出版级别	担任重要文件主译和主审，并发表专业论文	每5年评1次，每年核1次	考评结合
资深	A1	从业15年以上	行业认可专家	达到出版级别	担任重要文件主译和主审，并发表专业论文	每5年评1次，每年核1次	考评结合

其三，译者管理。译者甄选到位，评级落定，都还不能说译者准备完成了。只有将译者资源整理入数据库，并加强平时的译者管理，才有可能在每次项目的开始，可随时按客户要求和稿件类型完成合适译者的选择。

以创凌科技翻译公司为例，该公司要求译者具备三项基本能力：外文理解能力、专业的领域知识以及母语表达能力。该公司坚持依照国际翻译产业的标准雇用母语译者，并且依据专业背景对译者进行区分及培训。此外，通过公司测试的译者最初所译的4万字皆由内部资深审稿人员逐字逐句审稿，针对每份文档对译者的外文理解能力、广泛及专业的领域知识，以及母语表达能力进行评分，定期考核每位译者的译文质量，并依此调整译费或淘汰质量表现不佳的译者。①

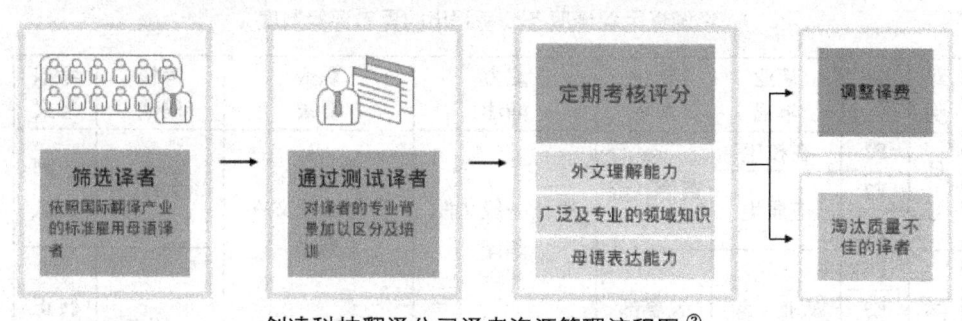

创凌科技翻译公司译者资源管理流程图②

（2）稿件准备

一份稿件在进行翻译以前要经过文本分类、稿件评估，才能统筹翻译任务的分工协作、安排适合的译员承担翻译工作。

译前的文本分类是极其重要的，因为翻译项目可能涉及各行各业，如果不对文本予以区分，就无法做到针对具体的文本类型寻找合适的译者，或是无法针对该行业或领域事先准备资料与术语。"文本分类帮助译者针对某一特定翻译目的，确定恰当的译文对等级别。"（Nord, Christianes, 2001: 37）斯内尔·霍恩比（Snell Hornby）在其专著《翻译学：综合法》（*Translation Studies, An Integrated Approach*）中区分了三种翻译，包括文学翻译、普通语言翻译和特殊语言翻译（张伟平，2010: 122）。但这样的分类过于笼统，不利于译者明确稿件的内容。事实上，翻译服务企业自身的文本分类要远比霍恩比的三分法复杂。如

---

① 参见创凌科技翻译公司网站：http://www.linguitronics.com/cn/03capability/04capability.html，2013年7月10日下载。

② 同上。

汇泉翻译公司就将文件分为六大类，其操作性也更高。

斯内尔·霍恩比的文本分类

分类	具体内容
文学翻译	圣经、戏剧/电影、抒情诗、现代文学、感知、1990年前的文学、儿童文学和通俗小说
普通语言翻译	报章/一般信息文本、广告语言
特殊语言翻译	法律语言、经济语言、医学语言和科技语言

汇泉翻译公司的文件分类[①]

分类	具体内容
商务文件	招标投标、用户手册、产品说明、商务合同、公司简介、科学论文、技术文件、工商管理、会计报告、公司年报、企划文案、培训资料、商业报表、商业信函、项目招商、财经资料、财经分析、项目报告等
法律文件	合同章程、法律法规、法律通知、政府公文、管理规定、公证资料、公司规定、证明材料、行业规定、委托书、邀请函、国际证明等
科技资料	化工、电子、机械、通讯、建筑、医药、石油、环境、能源、电信、地质、环保、食品、纺织、电力、汽车、航空、船舶、冶金、生物、造纸业、农牧业、渔业、计算机、医疗器材等专业的产品说明、项目报告、实施方案、操作指南及工程建设文件等
个人资料	个人简历、入学申请、求职、成绩单、往来信件、学历证书、户口本、公证书等
文学及饮食文化	小说、诗歌、散文、古文、菜谱等

将文本分类之后，还需要对稿件的内容和定位进行深度的评估，评估的维度包括：类别、专业难度、语言难度、质量标准或等级、客户要求。翻译服务企业常常使用文件类别表和稿件类型标准来评估翻译项目中的稿件。例如，汇泉翻译公司特别从产品类型、质量标准、操作说明和资料类型等方面详细说明了笔译翻译的类别。译国译民翻译服务有限公司则制定了非常详细的稿件类型标准，从1.0标准到5.0标准，针对不同的客户，也适用不同级别的译员和操作模式。元培翻译公司也有类似的文件翻译质量标准。

---

① 参见汇泉翻译官方网站：http://www.huiquan.com/about/about_ziliaoleixin.htm，下载于2013年6月26日。

汇泉翻译公司笔译翻译类别说明①

产品类型	笔译翻译类别说明							
^	英外互译		中外互译						国内专业型
^	国外型	国内型	母语审校	国内专家型				^
^	^	^	^	编译	学术研究	宣传出版	重要文件	^
质量标准	用当地语言和用语习惯，完整、准确、精炼地表达原文信息，使目标语言具有源语言同样的神韵。	语言逻辑清晰，完整、准确地表达原文信息，符合目标语言文字规范和表达习惯，术语基本上没有重大错误，但细节方面可能会有一点欠缺。	用当地语言和用语习惯，完整、准确、精炼地表达原文信息，使目标语言具有源语言同样的神韵。	语言精辟，逻辑清晰，根据原稿意思重新创作，完整、准确、精炼。	符合学术用语习惯，完整、准确、精炼地表达原文信息。	语言精辟，精准地表达出原文意思。	语言精练，逻辑清晰，完整、准确地表达原文信息，符合目标语言文字规范。术语符合行业、专业标准。	语言逻辑清晰，完整、准确地表达原文信息，术语基本上没有重大错误，达到专业水平。
操作说明	外籍译员翻译+外籍审校	国内译员翻译+国内审校	母语译员审校	专家翻译+专家审校	高级/专家翻译+专家审校	高级翻译+专家审校	高级翻译+高级审校	中级翻译+高级审校
资料类型建议	重要文件	普通文件	语言要求地道性文件	文言文、诗歌、民族文化、广告词、古典书籍、演讲稿等	论文、科技研究报告、学术成果报告、专项研究材料、专利等	网站、简介、普通书籍、画册、宣传册、印刷品等	法律、合同、管理、手册、投标书、各类标准、产品说明书、维修手册等	普通资料、招投标书、规划方案、内部交流资料

① 2013年6月21日下载于汇泉翻译官方网站：http://www.huiquan.com/baojia/lexin.htm。

译国译民翻译公司详细的稿件类型标准

信息交流级（译国译民 1.0 标准）：

仅限于信息使用者个人阅读信息掌握，了解原文大致相同信息译文。在信息爆炸的时代，信息分级与翻译分级，既提高信息掌握效率，也降低翻译费用成本。

信息用途	适用范围	翻译要素	翻译流程	错误率
个人信息阅读掌握	个人或信息要点组织分享	客户经理＋项目专员＋译员（B级）	译员翻译	≤12.0‰

信息交流级（译国译民 2.0 标准）：

仅限于企业、事业单位等组织内部交流使用或外部非正式用途交流使用，译文与原文的思想完全相符，语句流畅。

信息用途	适用范围	翻译要素	翻译流程	错误率
组织内部交流，外部普通交流	内部小范围交流使用，外部小范围普通交流使用	客户经理＋项目专员＋译员（B+级）＋CAT技术＋品质专员	译员翻译＋译员自检＋CAT技术机检＋品质初审	≤6.0‰

标准信息级（译国译民 3.0 标准）：

标准信息：工业标准、学术标准、技术标准等，译后信息符合阅读者行业习惯，达到可生产、执行、交流、等使用标准。

信息用途	适用范围	翻译要素	翻译流程	错误率
工业生产、技术引进、学术交流、产品说明书、组织内部书面材料、网站翻译	组织内部、非公众出版、普通大众	客户经理＋项目专员＋译员（A级）＋CAT技术＋品质专员＋审校老师	译员翻译＋译员自检＋CAT技术机检＋品质初审＋审校老师专业二审	≤3.0‰

出版级（译国译民 4.0 标准）：

信息传播对象：大众、读者、专业人士等，符合信息使用国家的语言阅读习惯，术语统一，风格书面化，版式标准。

信息用途	适用范围	翻译要素	翻译流程	错误率
出版、公众展示、印刷、媒体	组织内部、非公众出版、	客户经理＋项目专员＋译员（高级）＋CAT技术＋品质专员＋审校老师	高级译员翻译＋译员自检＋CAT技术机检＋品质初审＋专家审校专业二审	≤0.5‰

法律级（译国译民 4.0 标准）：

专业严谨，逻辑缜密，术语统一，语言风格，版式规范，字斟句酌，保证译文信息与原文信息表达的一致。

续表

信息用途	适用范围	翻译要素	翻译流程	错误率
合同、法律法规、官司	合作协议签署文件、正式法律文档、官司、条约、制度建设	客户经理+项目专员+译员（高级）+CAT技术+品质专员+法律翻译专家审校	高级译员翻译+译员自检+CAT技术机检+品质初审+专家审校专业二审	≤0.5‰

定制级（译国译民5.0标准）：商议

提供翻译水准定制化翻译服务，根据客户需求和要求，进行创造性的翻译，甚至对原文创造性地创作翻译，达到客户的高级需求或创意需求。

信息用途	适用范围	翻译要素	翻译流程	质量标准
广告、文学、PPT、宣传题材、标题、产品包装、创意	文学、宣传、发明	客户经理+项目专员+译员（高级）+母语翻译专家+CAT技术+品质专员+法律翻译专家审校	高级译员翻译+译员自检+CAT技术机检+品质初审+专家审校专业二审+母语审校+质检	客户满意

元培翻译公司文件翻译质量标准[①]

特级文件	1. 错误率不超过千分之一； 2. 术语：上下文统一，与客户的参考资料的译法保持统一，译法与行业译法统一； 3. 风格：忠实原文，行文通畅，符合目标语言的表述，上下文风格统一； 4. 排版：文字排版达到出版物要求，图文清晰，制作准确。
一类文件	1. 错误率不超过千分之二； 2. 术语：上下文统一，与客户的参考资料的译法保持统一，译法与行业译法统一； 3. 风格：忠实原文，行文通畅，上下文风格统一； 4. 排版：图文清晰，制作准确。
二类文件	1. 错误率不超过千分之三； 2. 术语：上下文统一，与客户的参考资料的译法保持统一，译法与行业译法统一； 3. 风格：内容完整无误，语言准确； 4. 排版：文字排版格式整齐，版面统一。

---

① 2013年6月26日下载于元培翻译官方网站：http://www.pkuyy.com/fwbz0/17602.html。

续表

三类文件	1. 错误率不超过千分之五； 2. 术语：上下文统一； 3. 风格：译文没有重大的错漏译情况； 4. 排版：一般性排版，图文稍作处理。
四类文件	1. 错误率不超过千分之十； 2. 术语：上下文统一； 3. 风格：译文比较准确，没有重大的错漏译情况； 4. 排版：一般性排版，图文稍作处理。

但在稿件评估中，客户要求是最不好把握的，除了可在以上稿件类型说明或标准中找到共性需求外，往往客户会提出特殊和额外的要求。这些要求一般会被记录在翻译纲要（Translation Brief）或派单表（Purchase Order，简称PO）中，或者直接写入电子邮件正文，以该电子邮件为正式的订单。根据Nord（Nord, Christiane, 2001: 60），翻译纲要应包含译文（预期）功能、目标语译文读者、译文交付时间与地点、译文传送的媒介，以及译文用途。译国译民翻译公司设计销售派单表十分完善，全面包含客户可能提出的各种要求，以及详细的项目信息。其内容如下：其一，项目基本信息，包括订单号（一般订单号也可能同时体现销售人员和客户的信息）、交稿格式、交稿时间、翻译方向（源语言、目标语言）、文件名、文件份数与页数；其二，项目处理信息，包括翻译等级、派单人员、翻译小组、翻译人员、审校/质检人员、使用的翻译记忆库。其三，项目翻译要求（或翻译时需要注意的事项），包括文件用途、最终读者、注意事项（即客户的特殊要求）、需要统一的专有名词（如公司、职务、地名、人名等）、参考文件、关

译国译民翻译公司销售派单表样本

联订单；其四，项目排版要求，包括图片处理、特殊格式要求。

（3）项目准备

翻译项目的准备包括项目小组的组建、项目处理和项目分配。

项目小组组建即为建立翻译项目团队，一般成员可包括：项目经理（组长）、项目处理人员（对项目进行分析、转换、语料和术语准备等预处理的人员）、译者、术语/惯用语专家、审校人员、质检人员、排版人员及其他支持人员。支持人员又可分为三类：其一，计算机软硬件技术支持人员，如计算机的维护、软件安装等；其二，翻译相关工具和软件技术支持人员，如计算机辅助翻译（CAT）软件的纠错和质疑等；其三，翻译过程支持人员，如术语的查证、翻译相关问题的解答等，有时项目经理（组长）、译者、术语/惯用语专家、审校人员等都兼任该角色。

项目处理包括文件前期处理和项目前期安排。文件前期处理包括：纸制文件的扫描、光学符号识别（OCR）和整稿、文字抽取、文件导入CAT工具、文件分析、语料/术语表/术语库准备。文字抽取，指的是一些特殊格式的图纸文件，如.dwg的CAD文件，需要将文字从图纸中抽取出来才能进行下一步翻译。文字分析指的是文件的字数分析、重复率[①]分析和处理、特殊部分处理等。而语料/术语表/术语库的准备包括准备背景资料（包括源语言和目标语言资料）和相关平行文本等语料，从项目文件中提取高频词或抽取术语，将术语标注在原文件中，将提取的术语整理成为术语表（Glossary）或术语库（Term Base）。

项目前期安排指的是对项目进程和工作的合理配置，并加强前期的控制，防止质量问题在前期和中期发生，包括：制定工作要求和标准，分析项目培训需要和制订培训计划，制订项目计划进度表和安排译者。不同项目文件要求不同，适用的标准也可能不同。例如，通用汽车公司的翻译项目可能更适用于SAE J2450标准。在项目前期确定工作要求和标准是十分必要的。再者，译者不可能完全熟悉所有的领域和文本类型，因此在开始新项目之前，应根据实际情况，了解译者的培训需求，例如某种文本类型的文本风格的培训或是某行业相关术语的培训。还有，不少客户需要翻译服务企业使用特定的某款CAT工具或平台，例如SDL Trados，此时对新工具和平台不熟悉的译者就需要尽快得到相关的技术和操作培训。而制订明晰的项目计划进度表有助于掌握项目进度，制订时可使用相关

---

① 重复指：（1）项目文件自身重复的部分；（2）项目文件中出现之前已翻译过的句段，有时可能是同其他项目文件的重复。重复率指重复部分的比率。合理处理重复率将极大提高翻译的效率。

工具，如甘特图[①]；最后，结合译者准备和项目文件特点，安排合适的译者参与翻译。

在组建项目小组、完成项目处理之后，就可以进行项目的分配。项目分配发生于项目前期安排之后，指的是将翻译项目文件根据团队人员的构成和能力，分发到译者手中的过程。翻译项目分配，应该在对项目文件充分分析的基础上，结合译者的质量和速度及其手上现有任务进行综合考虑，这样方能将最适合的文件部分分配给最适合承担该项任务的译者。

1.2 翻译

在做好译者、稿件和项目这三方面的准备之后，项目的翻译就可以开始了。为管理和保证质量，在这一环节中需要做到以下三个方面：

其一，把控项目进度，即通过译者的实时进度汇报去灵活调整译者的工作量。译者应每一时间段汇报自己的翻译进度，该时间段可根据项目大小和周期长短设定，如设为半天或一天。当然，利用一些CAT工具也可以方便地查看文件的翻译和检查进度。另外，由于情况多变的可能性，任何中途发生的事件都有可能影响到译者翻译的进度，此时应及时跟进并对译者的工作量作相应的调整。

其二，提供技术支持与中途质量控制。首先，在翻译过程中遇到疑难时，应进行汇总并向术语专家、技术支持人员或客户寻求解答和帮助。其次，要及时更新术语表/术语库，随时添加和修改已有术语。再者，发现一些实在难以解决的问题时，应及时与客户沟通，并将客户反馈意见和最新要求通知项目小组各个成员。此外，还应进行中途质量抽查，以便及时发现并纠正翻译或错误。

其三，译者修改，也叫译者自校。即译者在翻译过程中要自行、自觉根据各方的意见和反馈、各类问题的汇总及时地对译文进行校对和修改。

1.3 审校

审校是保证翻译质量的有效手段。不过，需要澄清的是，审校并不是决定翻译质量的最终手段，翻译才是。好的审校能使原本不错的译文锦上添花，但再好的审校也没有办法使翻译得一塌糊涂的译文起死回生。

作为质量保证环节中重要的一环，广义上的审校可以分为诸多种类。下面笔者以表格的形式，列举不同层级的审校及各个类型审校的各自要求和目的。

[①] 甘特图（Gantt Chart）是条状图的一种流行类型，用于显示专案、进度以及其他与时间相关的系统进展的内在关系随着时间进展的情况，由亨利·甘特于1910年开发。

广义审校的分类

分类	说明
验证 (Verification)	翻译过程中译者借助软件或软件内置程序检查译文对特定规范或标准的合规性,如使用SDL Trados Studio 2011内置的QA Checker对译文进行验证。
修订 (Revise)	修改整理,即修改错误、整理译文。
编辑 (Editing)	由译者外的另一名译者或译审,根据客户的要求和需要,分析并检查语境、语言结构、语法、语气及其他语言要素,确保译文书写专业,符合普通、正式或对话等语言风格。
校对 (Proofreading)	检查译文中的漏译、增译、数字、低级错误(拼音、拼写、简单语法等)、格式、标点等问题,一般也可借助软件来进行。
审校 (Review)	审校主要针对译文的准确性、专业性和表达等高层次错误给予修改。又可分为专业审校和语言审校。 ● 专业审校(Review by Specialists):从专业领域审阅译文,查看译文专业性,例如术语使用是否为行业通用、行文表达是否符合行业惯用语等; ● 语言审校(Review by Linguists):包括母语审校(Review by Native Speakers),是从语言层面改进译文,去除僵硬或不地道的表达,提升译文的语言水平。
质检 (Quality Check)	质量检查或质量检验,即检查最终译文是否合格。可以分为: ● 中途(过程)质检:翻译还未结束时的质检,一般为抽检,目的在于检验出错漏环节,并及时予以改进。一般可发现的问题包括:术语错误或不统一、表达或风格不妥、译者不胜任、翻译进度滞后等。 ● 最终质检:翻译完成后运行的质检,一般为全检或抽检,目的在于评估译文是否合格。若不合格,则将译文返工重新修改甚至翻译。

在质检环节,质检工作人员往往要提交一份质检报告(Quality Check Report)。而根据最终质检的情况做出的质检报告,是翻译项目质量的最终报告,代表该翻译质量是否合格。翻译质量检查报告样本参见下表。

翻译质量检查报告样本

翻译质量检查报告		
订单号:	译件名称:	专业领域:
交稿日期:	译员/能力级别:/	质检日期:
交稿数量:样本数量(字/词数):		抽样计划:正常 加严 放宽

续表

翻译质量检查报告					
项目	问题描述	类别 （MA/MI）	不良数（单位：个）	
			MA	MI
忽视客户要求	交稿格式错误（对照/全译文）	MA		
	没有参考客户要求参考的文件与词汇	MA		
	延迟交稿	MA		
语法	标点符号/冠词错漏	MI		
	拼写错误	MI		
	时态/单复数错误	MI		
	句子间连接词错漏	MI		
	固定短语错误（介词搭配不当等）	MI		
	其他语法错误	MI		
漏译	导致句子非主要信息缺失的词汇漏译	MI		
	导致句子主要信息缺失的词汇漏译	MA		
	句子漏译	MA		
	段落漏译	MA		
	页眉、页脚漏译	MI		
错译	数字/字母 — 数字换算错误	MA		
	数字/字母 — 数字/字母抄录错误	MA		
	人名/地名/机构名 — 关键位置	MA		
	人名/地名/机构名 — 非关键位置	MI		
	词汇 — 关键技术词/专业词错误	MA		
	词汇 — 核心词错误	MA		
	词汇 — 高频词翻译不一致/不统一	MA		
	词汇 — 一般技术/专业词句错误	MI		
	理解 — 句子没理解，字面翻译	MA		
	理解 — 理解错误	MA		
翻译策略/技巧	逻辑混乱	MA		
	语言风格不符文体要求	MA		
	欧化中文/中式英文	MA		

续表

翻译质量检查报告				
翻译规范	译员不确定处未标示	MI		
	项目编号错误	MI		
	格式/字体错误或不统一	MI		
	记忆库相似度C=100%未跳过，70%≤C≤100%的未修改	MA		
	使用机器翻译软件	MA		
质量判定：合格不合格				
责任部门/人员限期改善措施如下：		质检改善确认结果		
a. 原译者自我修改		改善合格 改善不合格，则文件转入c、d等程序		
b. 原译者重新翻译		改善合格 改善不合格，则文件转入c、d等程序		
c. 其他合格译者重新修改或翻译		原译员需制定限期改善计划 翻译字数按缺陷程度扣减		
d. 特采/让步接受（即时间实在来不及了，没办法返工或让其他译员修改或校对，只能整合在一起先交稿）		原译员需制定限期改善计划 翻译字数按缺陷程度扣减 文件交稿后，整份文件被退或客户投诉，扣减比例加大		
e. 其他责任部门改善措施：				
核准：	质检人员：	翻译部：		

注：MA意为Major Mistake，即严重错误。MI意为Minor Mistake，即非严重错误。

由上述内容可以看出，广义的审校包含验证、修订、校对、审校、质检各个大大小小的环节，而狭义的审校主要指针对译文的准确性、专业性和表达等高层次错误给予的修改。但就算是狭义的审校，也可能涉及非常复杂的流程，并且会对译者评估产生决定性的影响。如创凌科技翻译公司在这一环节有专门的审稿作业流程，并且会将审校结果记录到《翻译品质评估表》当中，每半年根据表格进行评估分数的统计，用于重新评估译者的翻译水平和专长领域，并作为未来分配工作、确定薪资的依据。因此，审校不仅是保证翻译质量，也是评估翻译质量的重要环节。

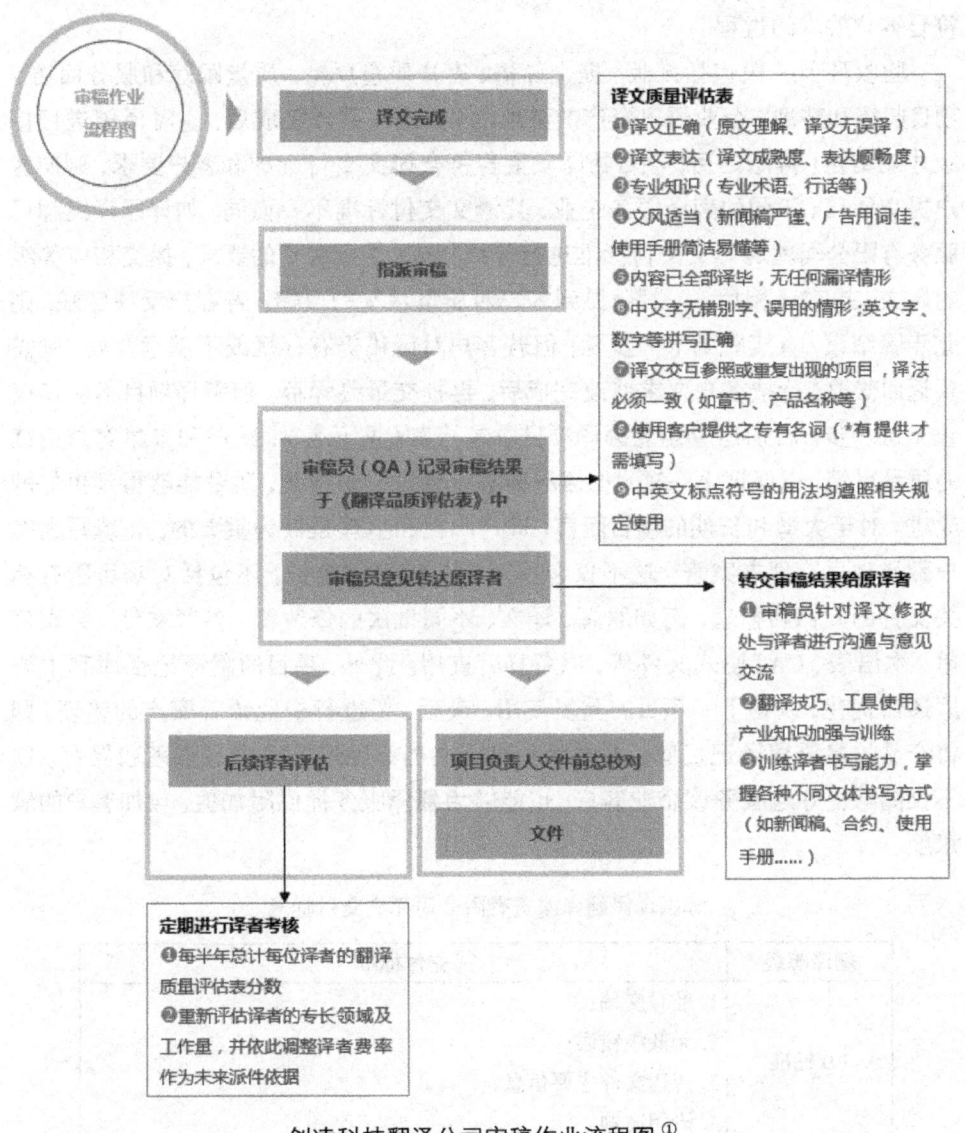

创凌科技翻译公司审稿作业流程图①

---

① 创凌科技翻译公司网站：http://www.linguitronics.com/cn/03capability/03capability.html，下载于2016年3月18日。

1.4 验收

验收是核查项目计划规定范围内各项工作或活动是否已经全部完成,可交付成果是否令人满意,并将核查结果记录在验收文件中的一系列活动。[①]验收是翻译项目结束前的最后一道工序,是全面检查翻译质量是否符合交付标准、是否符合客户要求的过程。

验收环节一般包括排版、提交译稿、客户质量反馈、质量跟踪和服务回访、项目归档和整理、企业语言资产的整理六项工作。翻译完成后,应对译稿进行排版才能交付。排版之后,项目翻译质量若符合译文交付标准和客户要求,则向客户提交译稿。不同的翻译服务企业,其译文交付标准不一而同。如译国译民翻译服务有限公司就对译文交付标准进行等级划分,根据客户的要求,提交相应等级的译文。提交译稿后,一般会得到客户对质量水平的反馈。若客户反馈良好,则此步骤结束,直接跳到下一步骤;但若客户对译稿仍有存疑或不满意之处,则需要返回修改,待按客户要求修改完成后,再提交最终译稿。但翻译项目不应仅仅止于这一步。后期还应建立翻译项目质量档案(见下表),跟进和采集客户后续的质量反馈,以保证下一项目的流程能够得到进一步优化,质量能够得到更好的改进。对于大型和长期的项目而言,进行归档和整理是极为重要的,如填写大客户翻译项目管理方案表。这不仅包括对客户信息的维护,还包括对项目所有相关文件的归档和整理,例如原文、译文、不同批次的修改稿、参考文件、关联订单、术语表、CAT格式文件等,以备日后查用。此外,项目的翻译记忆库和术语库还需优化,以备下一项目的重复使用。最后,要进行企业语言资产的整理,即将产品的多语翻译记忆库、术语库和双语文档等无形资产进行整理和保存。这不仅能够更好地服务该企业客户,也能够为翻译服务提供附加值,增加客户的满意度。

译国译民翻译服务有限公司译文交付标准

翻译等级	交付标准
1.0 标准	1. 准时交稿; 2. 无低级错误; 3. 传达文件主要信息; 4. 语句通顺。

---

① MBA智库:http://wiki.mbalib.com/wiki/%E9%A1%B9%E7%9B%AE%E9%AA%8C%E6%94%B6,下载于2014年6月21日。

续表

翻译等级	交付标准
2.0 标准	1. 准时交稿； 2. 无低级错误； 3. 专业术语基本准确和统一； 5. 相似句式基本统一； 6. 语句通顺，符合文件用途。
3.0 标准	1. 准时交稿； 2. 无低级错误； 3. 恰当准确地传达文件主要信息； 4. 专业术语准确和统一，相似句式统一； 5. 表达符合文体、使用场合和目标语言表达习惯。

翻译项目质量档案

翻译项目质量档案			
1. 请列出相关质量事故（如有）：			
单号	问题	参与人员	备注
	扣款	内部	
2. 请列出相关质量问题（如有）：			
单号	问题	参与人员	备注
3. 请附上相关总结文档（如有）：			

大客户翻译项目管理方案

大客户翻译项目管理方案	
一、项目信息	
项目名：	
行业/领域：	
客户特点：	一段话描述，如客户的关注点，某些客户可能更看重术语，而有些客户可能看重时间。

续表

大客户翻译项目管理方案	
翻译频率和正常翻译时间点：	
翻译响应时间：	
销售叮嘱注意项：	一段话描述：派单的注意事项
二、项目组成员		
---	---	---
参与人员	姓名及负责时间	工作职责或工作情况 （参与译员请附上译员日均翻译量）
销售（客服）		

三、项目处理情况	
1. 主要使用记忆库	客户专门记忆库
2. 术语库/术语表情况	
3. 请列出长期参考文件并附上相关文件包（如有）：	
长期参考文件名称	文件包
4. 历史订单	

2. PTRA流程组成机制

PTRA不是一条单一直线型的流程，在PTRA的过程中，需要有诸多组成机制，保证这个流程能够顺利完成，并进入下一个循环。这些组成机制包括：项目会议、规范、质量保证管理型工具、质量保证电子工具、培训与考核机制，以及事故处理和应急机制。

2.1 项目会议

项目会议是项目经理（组长）沟通项目信息、跟踪项目进展、制订项目计划、形成项目决策、解决项目冲突、确保项目按计划顺利进行的有效手段。项目会议一方面可以帮助项目经理全面了解项目的进度、成本、质量、工作任务的完成状况，以及人员表现、客户满意度、项目执行过程中暴露的问题和出现的冲突；另一方面也有助于项目经理集思广益，博采众长，充分听取各方面意见，从而为提升项目团队士气、进行项目决策、解决项目冲突奠定坚实的基础。[1]

项目会议可包括启动会议、例会、问题解决会议、中期总结会议和后期总结会。开展项目例会，便于项目中期了解和掌控项目进度。而项目中期总结会议，可以在项目中期了解阶段性进展、总结阶段经验和教训，预防下一步质量问题。项目后期总结会，则是在项目后期对项目整体成绩和教训所做的总结，并为下一项目作经验上的准备。

2.2 规范

规范是群体所确立的、在行为和活动中共同遵守的规定和标准。翻译活动中也有大量的规范需要译者和相关从业人员遵从，例如最基础的语法就是语言使用的规范，而行业甚至企业也有其具体的规范。例如，微软在中文本地化中就要求供应商必须遵循微软简体中文本地化规范[2]，其对字符、日期、时间、数字、序号、缩写、冠词、大小写、合成词、单位、标点等做出了详细而细致的规定。

2.3 质量保证管理型工具

质量保证管理型工具指的是管理学上的工具，包括防呆法、检查表等。

防呆法可在翻译前端和中途有效防止错误的发生，例如使用醒目的提示物（如便签、便利贴等）提示译者特别注意避免某一项错误的发生；再如，有时候由于某些设置原因或原文格式原因，MS Word无法提示英文拼写错误，此时可利用MS Word的宏工具，编制出新的功能，避免拼写检查工具无法检出明显的拼写错误，如下图所示。将该宏置于MS Word工具栏醒目的地方，每次提交稿件之前，只要按一下该宏的按钮，就可以做到将全部拼写错误显示出来。同理，也可以利用MS Word宏，或CAT工具中的质检模块进行巧妙的设置，即可自动检查出常见拼音错误和错别字。

检查表是事先设计好的流程步骤、要求或信息，查看具体行为或事项遵守情况的表格。如欧盟的翻译检查表、译国译民翻译服务有限公司采用的分别适用

---

[1] MBA智库百科：http://wiki.mbalib.com/wiki/%E9%A1%B9%E7%9B%AE%E4%BC%9A%E8%AE%AE%E7%AE%A1%E7%90%86，下载于2015年6月22日。

[2] 微软简体中文本地化规范：http://www.microsoft.com/Language/zh-cn/StyleGuides.aspx，下载于2016年3月15日。

于译者和质检流程的检查表。检查表是质量控制七大手法中最简单，也是使用最多的手法。

```
Sub 英文拼写检查辅助设置 ()
'
' 英文拼写检查辅助设置宏
' 宏在 2013-3-1 由黄杨勋录制
' 按 F7 之前，先运行本宏，用于帮助找出原本不会显示红蓝
绿底线的错误拼写。本宏适用 Word2007。
'
Selection.WholeStory
Options.CheckGrammarAsYouType = True
Options.ShowReadabilityStatistics = True
Options.CheckGrammarWithSpelling = True
Options.ContextualSpeller = True
Options.CheckSpellingAsYouType = True
ActiveDocument.SpellingChecked = False
ActiveDocument.GrammarChecked = False
ActiveDocument.ShowGrammaticalErrors = True
ActiveDocument.ShowSpellingErrors = True
Selection.LanguageID = wdEnglishUS
Selection.NoProofing = False
Application.CheckLanguage = True
End Sub
```

英文拼写检查辅助设置宏

欧盟翻译检查表[①]

检查项目	完成情况√
无链接	
无修订格式且修订选项取消	
无批注	
清除 CAT 痕迹	
确保无隐藏文本（例如 TWB 标记）	

---

① 欧盟：http://ec.europa.eu/translation/documents/translation_checklist_en.pdf，下载于2016年4月4日。

续表

检查项目	完成情况√
无其他颜色或底色（除非原文如此）	
目标语言代码	
拼写	
无漏译——无其他语言字符（除非是功能性的字符，如出版物标题）	
项目符号和编号	
段落数和条目数同原文一致	
无多余的分页符	
脚注数同原文一致	
所有的数字都是正确无误的	
图片和表格（图片和表格文本已翻译完毕，在正常视图中可见，不可分成两页显示）	
已遵循客户要求	
目录（创建或更新目录）	
更新文档	
质量检查	

译国译民翻译服务有限公司译者检查表（Translator Checklist）

一、翻译前基本配置			
计算机属性		□修改计算机姓名为自己姓名	
Word 选项			
	显示	□显示格式标记	
	保存	□保存自动恢复时间间隔 1 分钟	
	校对	□键入时检查拼写	
	高级	□取消中文字体应用于西文	
		□域始终显示	
		□安装英文拼写检查辅助宏	
PPT		□安装 PPT 2007	
		□安装 PPT 2007 不能输入中文补丁	
词典		□安装 Lingoes、有道	
二、翻译前准备			
□查看派单表		□图片处理方式	
□确认文件份数及文件名是否一致		□确认是否有术语表	

续表

□交稿格式确认	□自动编号改成手动编号
□是否有参考文件	
三、翻译中	
□记忆库是否启用	□人名地名机构名翻译须统一
□术语库是否启用	□100% 自动跳过
□若是审计报告,查看100%部分的"年初"等年份是否准确。	□80%—99% 匹配(只有几个字或标点不同),锁定不翻,校对后更改。
□讨论组术语统一	
四、翻译后	
□更改中英文字体	□备份译文
□验证,尤其注意 CAT 工具自身也有带标记的格式。标记是否被删除。	□Excel 文件第一行表头是否超过 31 个字符

译国译民翻译服务有限公司质检检查表(QC Checklist)

通查项目	
□按照文件名命名格式命名文件,并再次确认文件份数及文件名是否一致	□确认中英文字体以及字号大小是否有异常
□去批注及底色	□检查目录
□确认原件为整稿文件还是 PDF 原件	□检查页眉、页脚
□数字检查	□合同甲乙双方检查
□参照原件标题及段落检查是否有明显漏译	□链接检查
□字体取消隐藏	□域检查
□格式检查,是否有下划线、加粗或斜体	□图片位置以及数量检查
□删除多余空格及多余空行	□表格格式调整,单词是否断行,表格是否孤行
□段间距、行间距进行必要的调整	□检查项目编号是否有漏,是否统一
□提交终稿前,取消稿件的修订模式	
中译英	英译中
□使用拼写检查宏及 F7 拼写检查	□通读,检查错别字及叠词漏词
□查找中文字符	□检查稿件中是否存在半角标点符号
□人名、地名拼音检查	

2.4 质量保证电子工具

所谓"工欲善其事,必先利其器",进入信息化时代的翻译行业,不可能依然像老一代审校人员靠肉眼一字、一行、一段地检查错误。无论从高效率要求、短时限压力,还是操作复杂性而言,纯手工控制质量都面临巨大的挑战,逐渐无法适应快速的社会和商业节奏。当然,就像机器翻译无法完全替代人工翻译一样,机器辅助质量保证(Computer-Assisted Quality Assurance, CAQA)无法也不可能取代人工审校,但借助质量保证工具却可以极大地提高工作效率,并可避免译者主观疏忽造成的错误或疏失。

(1)质量保证工具的功能

质量保证电子工具的主要功能,一般而言,包括以下部分或全部:批量检查和校对翻译文件,批量导入术语/惯用语,设置白名单[①]/黑名单[②]列表,参见图,灵活定制检查规则(如利用正则表达式[③]或MS Word通配符),符合指定条件的句子排除检查,在原文和译文中批注或标记错误位置,直接修订或调用其他编辑软件修订原文,生成错误报告。

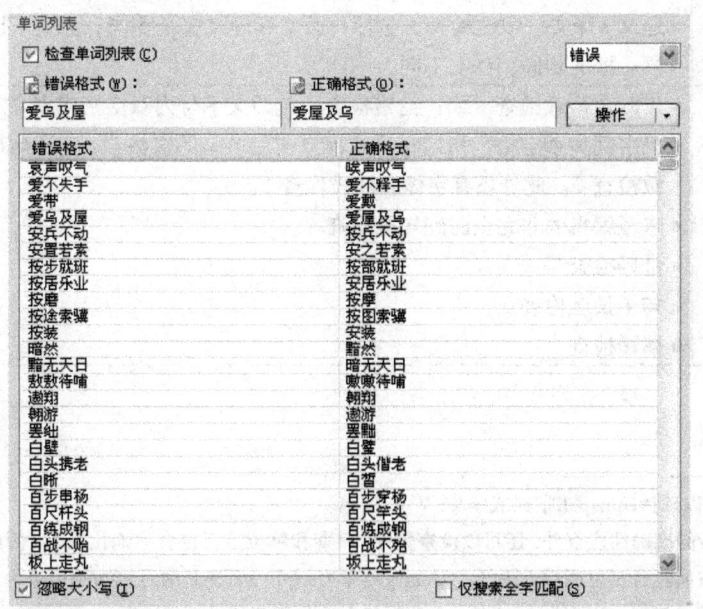

SDL Trados Studio 2011 验证单词列表应用——检查常见中文错别字

---

① 白名单指不符合一般规则,但客户指定使用术语或惯用语的清单。
② 黑名单指一般规则有可能无法涵盖,但译者可能经常犯而强制要求进行检查的错误清单。
③ 正则表达式使用单个字符串来描述、匹配一系列符合某个句法规则的字符串。在很多文本编辑器里,正则表达式通常被用来检索、替换那些符合某个模式的文本。

翻译质量保证电子工具能够检查的质量问题包括语言及规范检查、一般性检查和专业性或特殊检查。每一类的检查都涉及诸多内容，笔者将其详细罗列于下表。由该表可见，使用质量保证工具，可以更轻松，也更全面地完成检查工作，从而将译者、审校员从枯燥繁重的检查和改正低级错误的工作中解放出来，把时间和精力花在更为高级的任务上，极大地提高工作效率。

类别	检查的详细内容
语言及规范检查	● 拼写（拼音）和错别字检查（可以选择不同词典[①]对译文进行拼写检查） ● 基础语法检查 ● 大小写检查 ● 重复词语检查 ● 数字（包括项目编号）、日期（包括时间）、单位检查[②] ● 标点符号检查 ● 禁用字符检查[③] ● 术语/惯用语的正确性和一致性检查 ● 黑名单列表项检查 ● 原文/译文一致性检查，包括：原文和译文完全相同；原文不同，译文相同；原文相同，译文不同。
一般性检查	● 排版及格式检查。如：空格检查，包括文字行内双空格或多余空格、两个汉字间夹杂空格、指定符号或标点前后多余的空格[④]、句子前后空格不一致检查[⑤]。此外还有字体和样式检查[⑥]。 ● 未经编辑的非完全匹配句段检查 ● 乱码检查 ● 句子长度检查 ● 漏译检查

---

① 例如，可以选择Hunspell字典或是MS Word字典。
② 除了一般的准确性检查外，还可以检查数字、日期和单位是否符合本地化规范。例如，数字是否需要从右向左每三位用逗点隔开，January是译为一月、1月还是01月，256M是译为256兆还是直接照搬原文等等。不同地区、机构、企业等的本地化规范要求不尽相同。
③ 例如，在纯英文译稿中不允许出现中文顿号（、），那么对中译英方向的稿件而言，顿号就是禁用字符。
④ 例如，中文逗号（，）后一般无需空格。
⑤ 原文和译文的开头和结尾要空有相同数量的空格。
⑥ 例如，英文使用了汉字字体等。

续表

类别	检查的详细内容
专业性或特殊检查	● 软件布局检查[①] ● 译文不超过预先设置的最大字数的限制[②] ● 标签[③]正确性和一致性检查 ● 本地化元素的合法性和一致性检查[④] ● 特殊字符内容或顺序不一致检查[⑤]

（2）常见质量保证工具

常见的质量保证工具，可根据其性质分为两大类：内嵌型和独立型。CAT或其他软件内嵌的质量保证工具，包括SDL Trados QA Checker、Star Transit、Déjà Vu、Wordfast Version[⑥]、Alchemy Catalyst[⑦]、Lingust ToolBox[⑧]等；独立的质量保证工具[⑨]，包括QA Distiller、ApSIC Xbench、ErrorSpy、Okapi Checkmate、Verifika，以及传神质检工具和漏译检查工具。此外，也可借助第三方工具来实现对翻译质量的控制，包括专业的汉字校对软件（如黑马校对V18）等。

ApSIC Xbench是由西班牙ApSIC公司研制开发的一款术语搜索和翻译质量保证软件。在质量保证方面，它可以检查漏译、原文相同但译文不同的句段和译文相同但原文不同的句段、含有标记错误的句段、含有数字错误的句段、未使用项目关键术语的句段，而且它还可以让译者根据个人容易犯的错误创建其"个人检查表"进行有针对性的质量保证。下面，以ApSIC Xbench为例看看质量保证工具质保操作流程。

---

① 例如，有些软件本地化后文字长度出现变化，导致对话框等变形或重叠。
② 例如，MS Excel文件的数据表表头最长不得超过31个字符。
③ 使用CAT软件后原文栏会生成数目不等的标签，用于标记原文特殊的格式。有的原文自带此类标签，如网页文件（html等格式）。
④ 例如，软件本地化中原文包含快捷键而译文没有。
⑤ 例如，控制字符（例如\r、\n、\t等）必须保持不能改动。
⑥ SDL Trados、Star Transit、Déjà Vu、Wordfast都是著名的CAT工具。
⑦ Alchemy Catalyst是一款可视化软件本地化工具。
⑧ LBT是莱博智（Lionbridge）公司研发的QA工具，需要结合其Translation Workspace软件使用。
⑨ 包括某一产品工具包中可独立使用的QA模块或小工具。

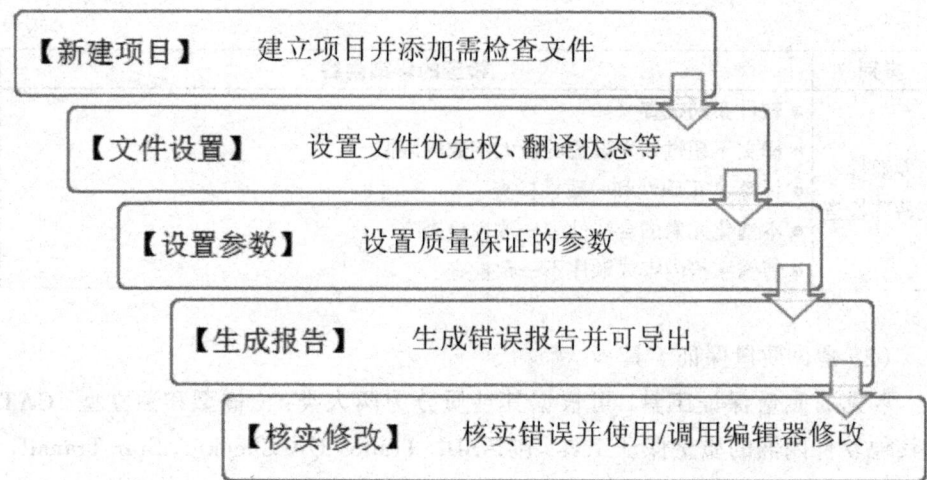

ApSIC Xbench 翻译质量保证流程

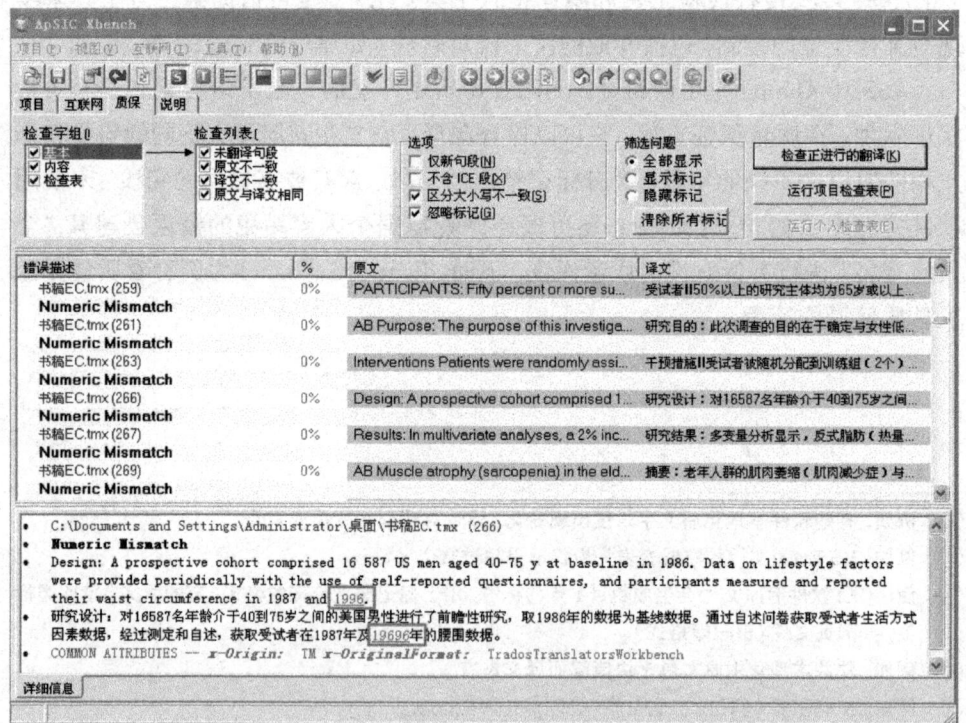

ApSIC Xbench 翻译质量保证报告。图上方框处显示出译文数字错误。

2.5 培训与考核机制

培训一直贯穿着PTRA流程的全过程。从项目启动、中期、结束都应该提供充分的培训给译者，这样才能保证译者对项目充分熟悉。基于考核的赏罚分明是企业经营的需要，也要公正、公开、公平地表彰优秀个人和组织，对造成问题的处以相应的罚款。如译国译民翻译服务有限公司就制定了质量责任认定表，对因各种原因出现的质量问题进行追根溯源并进行相应的处罚。

译国译民翻译服务有限公司质量责任认定表

质量问题	原因	第一责任人	处罚
延迟交稿	单个译员独立负责翻译且因自身原因延迟交稿	译者	扣减绩效分数5分，情况严重的，扣减翻译量。
	小组内部多人合作文件	组长	扣减绩效分数
	小组间多人合作文件	项目负责人	扣减绩效分数
低级错误	任何文件	译者	7月底将计算所有译员的平均低级错误率，高于平均值的译者扣款100元/人。3个月试用期满后，将扣减至少不低于翻译总字数10%。
译文不合格（合格：符合该等级要求的质量）	译员对文件完全不懂、不理解或不确定，但没有报告组长或请教组长	译者	1. 取消补贴系数（若有） 2. 按实际情况扣减翻译量

3. 总结

翻译项目的质量保证流程起到规范企业或个人翻译行为、防范译文质量风险的作用。只有从多个控制环节入手，紧扣每个上下游环节，设置各自的"准入"门槛和"放行"标准，一旦某个步骤或环节出了问题，"瑕疵品"就严禁进入下一环节，才能降低某些环节遗漏而可能带来的质量风险，并增加前后端之间的联系，使翻译项目能够顺利进行（岳峰、黄杨勋，2016）。

罗马不是一天建成的，翻译项目的质量保证体系也不可能一蹴而就。尽管在翻译项目的各个环节设计了大量的保障措施，但大多也只是一次的保证，无法长期保证所有翻译项目的质量。因此，只有借助戴明环（见下图所示），每次翻译项目中都不断地进行规划、实施、监控、测试、评估和处理，通过维持上一改进效果和持续改进，使质量不断得以提升，达到质量的最优化，并推广至整个组织或机构,使全体人员参与到翻译质量保证的努力中,这样才能使PTRA翻译项目质量保证体系成为长效的运行机制。

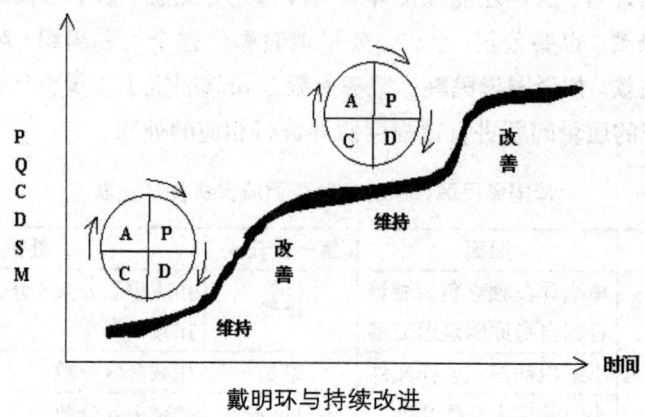

戴明环与持续改进

第五章

后期管理与语言资产管理

对于翻译项目来说，完成翻译和审校，向客户提交优质的翻译产品，看似为项目画上句号了。但对于翻译公司来说，这仅仅是后期管理的开始。翻译活动本身及其相关的流程及质量监控，是翻译公司的核心工作，决定着公司是否能提供优质的翻译服务。而翻译活动结束之后的后期管理，对翻译公司也是至关重要的。它决定着公司是否能够积累经验和资产，实现稳定、长久、可持续的发展。

第一节 后期管理

1. 交货

实际交货，指"卖方应于买卖合同规定的期限和地点，将约定货物实际交付给买方；买方控制并受领货物后，有关货物的风险和货物所有权即同时转移"（辛玉兴，1996：58—60）。借鉴该定义，可将翻译项目的交货视为翻译服务方于合同规定的时间和地点，将约定的可交付成果实际交付给客户，并同时转移相关风险。对于客户来说，翻译项目的委托目的在于获取相应的翻译成果，而交货则是完成这一过程的关键作业。

根据项目的规模及翻译服务方与客户的约定，翻译成果可分批进行交货，也可一次性交货。其大体流程如下图[①]：即项目生产结束进入收尾阶段时，项目组准备交货材料并进行自检，自检无误后通知客户在合同规定的时间地点以商定的形式移交翻译成果，并由客户进行验收；验收无误，要求其填写确认书，以示交货完成。

---

① 该图参考百度百科词条"项目验收"中的"项目验收程序"内容绘制。项目验收（DB/OL）．2016年3月28日下载自http://baike.baidu.com/link?url=jxMIb8yshrWAvexZUcd2VSRIiEr8tqBLQrMupBs4ULJMMGme8-1CwLyVVlq_mmqptSzBMYdgPQecwrhLMKtVjl6Dp_wzR6X3lSOZZIVPHoNd7-XQZwJNC27P2fsF7D9H．

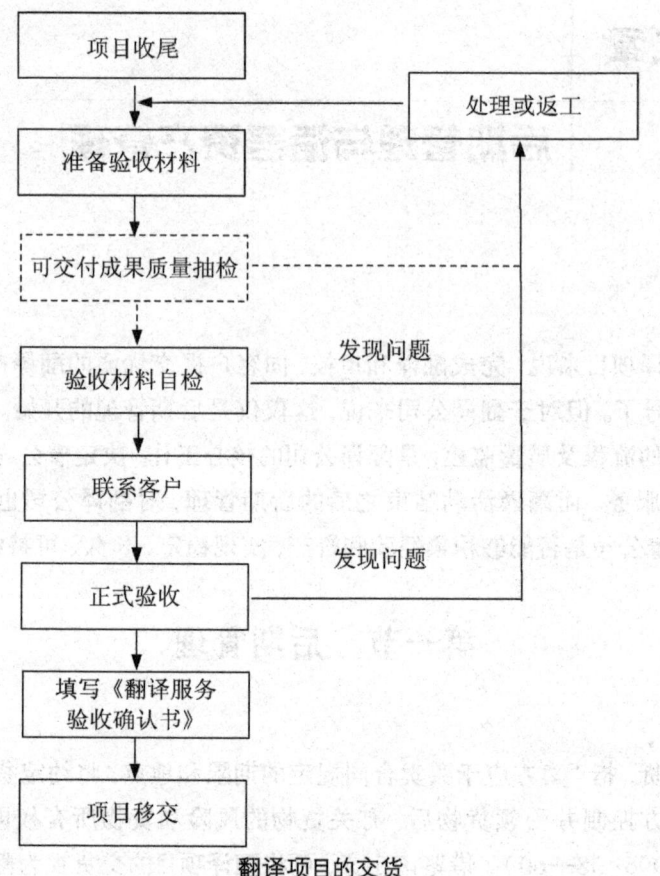

翻译项目的交货

翻译项目交货流程中的各个环节要注意的细节问题如下：

其一，上述流程中，对可交付成果的质量抽检为非必须环节，可由翻译方自愿选择。根据《翻译服务译文质量要求》（GB/T 19682—2005）中的规定："翻译服务方可自愿履行本标准的各项条款，并自负责任地声明其译文质量符合本标准的要求。"[①] 即该环节属翻译服务方自愿选择项目，若忽略，自行声明质量符合本标准要求即可。但鉴于质量之于企业生存和发展的重要性，建议保留。

其二，从流程上看，交货环节不多，难度不大；但它却需要以极其严谨的态度来对待，因为这一过程涉及较多细节注意事项。例如，要确保合同所规定的所

---

① 中华人民共和国国家质量监督检验检疫总局，中国国家标准化管理委员会. 中华人民共和国国家标准GB/T 19682—2005. 翻译服务译文质量要求[S]. 北京：中国标准出版社，2005. 2016年4月2日下载于http://www.ituring.com.cn/article/4003.

有文件全部移交，避免遗漏或错误转移；文件本身从内容到形式、到文件名都要符合合同要求；若有说明事项，应一并制作并提交说明事项文档，并确保接收人知晓等。因此，交货环节可用下表[①]自检。需要说明的是，不是所有项目都需要归还原件或移交光盘及术语库，即附加移交材料非必选项，因此，具体内容应按照合同约定准备并进行检查。

翻译项目验收材料自检表

验收内容	内容分解	是/否	备注
成果文件	文件准确无错误		
	文件完全无遗漏		
	形式符合要求		
	命名符合要求		
附加移交材料	需归还原件准备完毕		
	需刻录光盘准备完毕		
	需移交术语库准备完毕		
	若有说明事项，注意事项文档准备完毕		
	其他需移交过程材料准备完毕		
其他	《翻译服务验收确认书》准备完毕		
	交货时间、地点、人员确认完毕		

其三，双方应在《翻译服务验收确认书》上签字并盖章。服务委托方为自然人时，接收人签字即可；委托人为公司或组织时，接收人签字并加盖公司印章，其中公司印章必不可缺。如此，方能确保验收的有效性，避免潜在纠纷。

2. 后期管理

项目成果交货是翻译项目的一个里程碑，但它并不是项目完结的最终标志。实际上，在翻译项目成果移交之后，项目组还有后续管理工作要做。这些工作可以简单地分为对外管理和对内管理。

2.1 对外管理

翻译项目交货之后，翻译公司还要进行对外管理，包括结算、顾客满意度调查和质量保证期服务三方面的内容。

---

① 该表部分参考福州译国译民翻译服务有限公司内部规范而绘制。

其一，结算。

作为翻译服务的项目通常是有偿经营行为，其最终目的之一是获取利润。因此，翻译项目成果移交后，应尽快展开结算并取得对方付款。根据翻译项目的规模和合同的约定，翻译项目付款可采取一次性支付或分期支付的方式进行，但是无论前者还是后者，都可大体参照以下流程图①进行。若已完成的翻译项目涉及外包业务，则结算还包括外包业务结算，其流程与该流程类似，只是有两点区别：首先，对于翻译公司来说，不存在催款环节；其次，付款方为翻译公司，付款对象为外包公司或兼职译员。

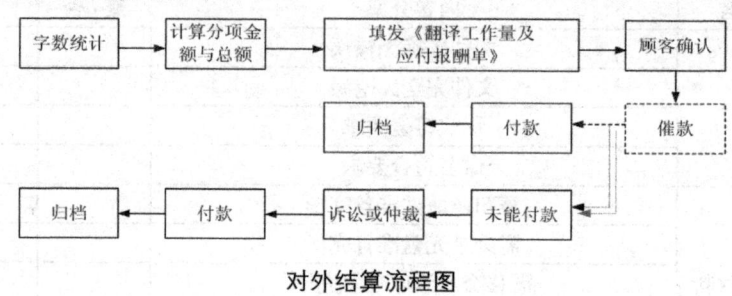

对外结算流程图

在结算这一环节，需要注意以下四个事项：

（1）字数统计。通常情况下，翻译公司在接洽项目时会进行翻译对象评估，其中就包括对翻译工作量的估算。这一方面为了评估其规模是否与自身业务范围与能力匹配，另一方面用于测算成本与利润。对于一个明确定义的翻译对象，翻译服务方通常与客户签订总价合同，即在统计翻译工作量的基础上与客户商定一个固定的价格。然而，对于部分定义不明确的翻译对象，翻译服务方可能只能与对方签订单价合同，即在合同中约定翻译字数统计方法、收费内容与分项单价，而非字数总量与费用总额。例如，某外资医疗器械公司意欲开拓中国市场并在中国设立分支机构，委托国内某咨询公司收集中国境内同类公司情况及上下游企业情况用以制作外文咨询报告，同时还要求咨询公司以外文PPT形式对相关企业情况进行定期汇报。为此，咨询公司将翻译业务外包给翻译公司。在这种情况下，翻译公司项目其实是上级项目的子项目，其时间跨度和内容都取决于上级项目的进展，翻译对象并不明确，即不存在签订总价合同的条件。对于后者，项目经理就有必要在项目成果移交之后进行字数统计，在此基础上计算出分项金额和总额。此外，无论是前者还是后者，项目实施过程中都可能出现变更，此

---

① 该图部分参考福州译国译民翻译服务有限公司的工作流程而绘制。

时，双方应按照合同约定确认原因和责任归属。对于因翻译方而产生的变更不进行字数重计，而对于因客户原因而产生的变更，则需在付款时进行字数重计和确认。因此，字数统计是翻译项目结算的必要环节。

（2）付款金额。不同公司对翻译服务费用的预付款比例要求不同，同一公司对不同规模项目的预付款比例要求也不同。作为风险管理的内容之一，一般而言，翻译服务方通常会要求客户在项目正式启动之前预付一定比例的费用，部分公司还可能要求按进度分阶段付款，以避免潜在风险。因此，应在应付款项单据上注明，并进行相应扣除。

（3）催款。通常情况下，翻译服务方与客户会商定付款期限，即在可交付成果移交客户多少个工作日内将尾款打入服务方账户，同时商定违约条款。从理论上说，客户会遵守合同条款如期汇款。然而，现实生活中却不乏违约案例，因此，结算的实际流程还应包括催款环节。翻译服务方可选择在付款期限到期之前若干个工作日发出催款单，以提醒对方尽快付款。

（4）诉讼或仲裁。一般而言，接到催款单之后，客户会及时付款。但是，极少数客户也会在多次催款后仍未付款，原因可能是多方面的，如资金不足或破产等，这时就需要走法律程序进行诉讼或仲裁，方能最终获得服务报酬。

其二，顾客满意度调查。

顾客满意度指的是"顾客对企业的产品和服务满足其要求的感受，是顾客感知质量与认知质量（期望值）之间的差异表示"（何大义、孔锐，2006：83—86）。顾客满意度调查是翻译项目后期管理中不可或缺的一个环节。在可交付成果通过验收之后，项目经理应立即展开该项调查。一方面，调查有助于改进项目经理的工作流程并提高其业务水平；另一方面，"保留一个现有顾客的成本要远低于吸引一个新顾客所需的费用，并且提升顾客满意度可增加留住现有顾客的可能性"（涂荣庭、赵占波，2008：33—39）。因此，通过调查，发现问题、改进服务进而提高顾客满意度，对于提高翻译服务公司的盈利能力至关重要。此外，顾客满意度调查结果还可作为内部绩效评估的依据。

在顾客满意度问卷调查表的载体设置和收发方式方面，翻译服务公司可根据自身情况灵活选择：既可通过专人送达、传真或邮寄方式发放和收回纸质问卷调查表，也可通过电子邮件或企业内部问卷平台甚至是第三方问卷平台发放和收回电子问卷调查表。无论是哪种形式，顾客满意度调查都大体参照下图[①]流程

---

① 该图基于王华伟与王华树著作的相关内容而绘制（王华伟、王华树，2013：60）。

进行。

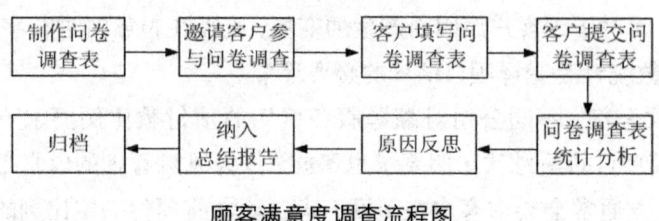

顾客满意度调查流程图

从内容上说,翻译项目的顾客满意度调查可围绕两个点展开,即可交付成果质量和整体服务质量。前者考察客户对最终提交的翻译文本、软件、视频、音频、网站等具体成果的满意程度,后者考察客户对于翻译服务方在客服、报价、进度等方面的满意指数。

一方面,可交付成果质量,作为翻译项目生产过程的结果,是客户寻求翻译服务的出发点。从逻辑上说,其质量如何很大程度上决定了客户对此次翻译活动的满意程度。因此,有必要针对可交付产品的质量展开问卷调查。另一方面,客户对本次翻译活动满意与否也会受一些其他因素影响。众所周知,顾客在购买任何产品时,除了要求产品功能符合要求、质量有保障外,还希望在合理的时间期限内以便利的方式和合理的价格完成购买;此外,销售人员的态度是否良好和专业也会对顾客的购买产生影响。而有偿翻译活动在本质上即翻译服务采购,因此,在设置问卷调查时,应将这些因素囊括在内。这里提供笔译《项目服务整体质量满意度问卷调查表》[①]一份,用于参考。该表各调查内容权重没有统一标准,翻译公司可以自行设定。但质量、成本和进度应为调查重点,兼顾服务;调查内容分解项则以可交付成果有效、报价合理及时与按时完成交货为调查重点,其他项目为辅,并确保调查重点权重高于其他内容。如此,方能既全面又有重点地了解项目组在项目各方面的表现情况。此外,选择A—E等字母表示满意度等级用于顾客打分,有助于顾客简单快捷地进行反馈;但在使用顾客满意度分值进行项目绩效考核时,需赋予A—E具体的百分制分值(如A=100、B=80、C=60、D=40、E=20),从而方便计算。

---

① 该表部分参考王华伟与王华树著作的相关内容而绘制(王华伟、王华树,2013:60)。

项目服务整体质量满意度问卷调查表

项目服务整体质量满意度问卷调查表

尊敬的客户：

　　感谢您的信任和支持，使我们能顺利完成项目的全部工作。为发现我们在服务中可能存在的问题和不足，从而帮助我们提高服务水平并在将来的合作中为您提供更优质的服务，现请您完成一份关于项目整体服务质量满意度的问卷调查表，以对我们的工作进行评估。我们将根据您的反馈进行整改，以切实提高服务质量。问卷大约会占用您 XX 分钟。如有任何疑问，请与 XX 联系，联系方式：XX。

　　感谢您的合作！

项目经理 XX
XX 公司

说明：请在"评价"处填 A—E 其中一个字母（A 表示非常满意，B 表示比较满意，C 表示一般，D 表示不满意，E 表示非常不满意）

项目名称		项目编号	
客户公司名称		客户姓名	
客户职位		填写日期	
调查内容	内容分解	评价	权重
质量方面	可交付成果完整（　%）		%
	可交付成果有效（　%）		
	可交付成果遵循术语风格指南（　%）		
成本方面	报价合理、及时（　%）		%
	变更成本估算合理、及时（　%）		
	付款条件合理、便捷（　%）		
进度方面	进度计划合理（　%）		%
	进度反馈及时（　%）		
	按时完成交货（　%）		
服务方面	项目经理服务态度良好专业（　%）		%

其三，质量保证期服务。

质量保证期是指"出卖人承诺标的物在正常使用的条件下具有应当具备的品质或是符合事先约定的质量状况，并可能因违反该承诺而依买受人主张承担相应责任的期间"（吕兆旭，2015：2）。"从现有法律对于质保期的规定和实践中当事人对于质保期的理解，质保期一般自标明的生产日期或出厂日期开始起算，至标明的有效期或失效期届满终止"(蔡恒、骆电，2013：87—92)。鉴于翻译服务交易中的标的物，即翻译项目可交付成果，通常是应客户要求而定制，其质量保证期应从可交付成果完成之日开始起算；而通常情况下，翻译服务方在完成服务之后会及时移交可交付成果，所以，翻译项目质量保证期服务一般发生于可交付成果移交于客户之后。鉴于此，翻译项目的质量保证期服务可视为服务方在移交可交付成果后，成果出现不具备应有质量或不符合合同规定的质量状况时，提供的免费维修服务。

从表面上看，质量保证期服务会增加翻译服务方的工作量，从而降低其利润，但它却是翻译项目的必要组成部分，且具有积极意义。首先，如同任何产品一样，翻译项目成果在大多数情况下是一种有形产品，在使用过程中可能会发现缺陷或错误。对确由翻译服务方责任造成的缺陷和错误进行纠正和改正，从本质上说也是对翻译成果最终质量的保证手段，就如同审校一样，也属于翻译服务工作范畴。其次，质量保证期的承诺及快捷有效的具体响应，能够增强客户对翻译公司服务质量的信心，并树立公司形象提高公司信誉，从而有利于维护现有客户并吸引更多的潜在客户。

根据《翻译服务规范 第1部分：笔译》（GB/T 19363.1—2008），笔译翻译项目成果的质量保证期为"交译件后的6个月以内"[1]，而对于口译与本地化等翻译项目的质量保证期，国家没有明确规定，因此，笔译项目外的翻译项目质保期可由翻译公司自行设定或与客户协商决定。需要注意的是，质量保证期设定过长，必然增加翻译公司的人力资源成本，影响公司利润；而质量保证期设定过短，又容易影响顾客对公司的产品质量的信心，不利于吸引潜在客户，因此，翻译公司应根据实际情况合理设定。

不同翻译公司对质保期内出现的问题或故障有不同的解决方案，因此，在这一问题上不能要求有统一的标准。这里提供质保流程简图[2]一份，以供参考。

---

[1] 中华人民共和国国家质量监督检验检疫总局，中国国家标准化管理委员会. 翻译服务规范 第1部分：笔译（中华人民共和国国家标准GB/T 19363.1—2008）(DB/OL). 2016年4月5日下载于http://www.catti.net.cn/2007-09/06/content_75259_2.htm.

[2] 该图部分参考《翻译服务规范 第1部分：笔译》中质量保证期内问题处理方法的文字论述而绘制。中华人民共和国国家质量监督检验检疫总局，中国国家标准化管理委员会. 翻译服务规范 第1部分：笔译（中华人民共和国国家标准GB/T 19363.1—2008）(DB/OL). 2016年4月5日下载于http://www.catti.net.cn/2007-09/06/content_75259_2.htm.

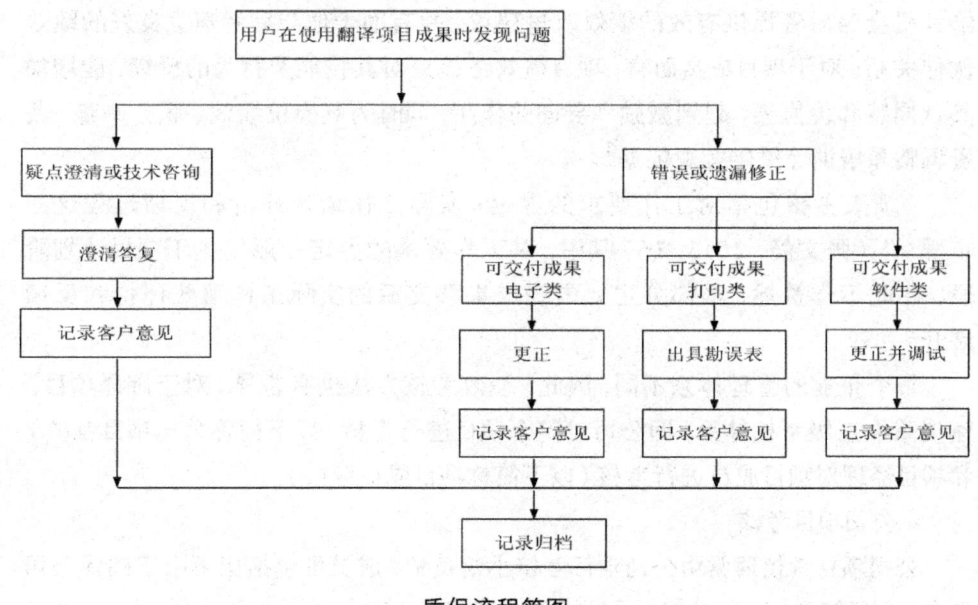

质保流程简图

2.2 对内管理

对内管理分为项目绩效考核、项目组自评、项目材料归档及管理这三方面的工作。

其一，项目绩效考核。

绩效考核是"企业运用特定的标准和指标、采取科学的方法，对生产经营过程及结果的各级管理人员完成的工作业绩及引致效果做出的价值判断的过程，绩效考核的目的是实现生产经营"（张文静，2013：16）。它是企业人事管理的重要内容，更是企业管理强有力的手段之一。鉴于"项目有其特有的生命周期，项目界定、实施、移交、总结等阶段项目工作量的分布有其自身固有的规律，传统的以月度或季度等固化时间来确定周期已不能满足项目团队考核"[1]。因此，对于项目导向型企业而言，项目绩效考核是其常规考核手段。

对于公司来说，项目绩效考核有助于提高项目实施效率，降低项目实施成本，实现企业利润公正分享，发展项目成员技能从而为企业提供长远人力发展资源；对于项目经理而言，项目绩效考核使其了解项目成员对其管理方式的反馈，

---

[1] 张希君. 项目团队考核：企业绩效考核的难点（DB/OL）. 2016年3月25日下载于http://www.mypm.net/articles/show_article_content.asp?articleID=13232&pageNO=1.

给其机会为后者提供有效的绩效改进建议，并有助于他与后者建立良好的绩效伙伴关系；对于项目成员而言，项目绩效考核是对其技能及行为的反馈，能增加其认同感和价值感，起到激励和导向的作用，同时为其岗位绩效、职务调整、薪资调整和培训等提供客观依据①。

"绩效考核包括对工作要求的界定、实际工作绩效评价和反馈过程这三步骤。"（张文静，2013：16）其中，对工作要求的界定一般发生于项目计划阶段，在此不作赘述，本部分主要围绕成果移交后的实际工作绩效评价和反馈展开。

每个企业的管理体系不同，因此，绩效考核方法也有差异。对于翻译项目，建议采取二级考核体系，即公司对整个项目进行考核（以下简称公司项目考核）和项目经理对项目成员进行考核（以下简称项目成员考核）。

● 公司项目考核

公司项目考核通常由公司项目考核小组负责，成员可包括但不限于翻译公司经理、项目管理部、财务部、质量管理部等部门负责人。

公司项目考核流程的设置应包含质量、进度和成本的考核情况汇报，因为"质量、进度和成本是项目管理的'铁三角'，其关系处理的好坏决定了项目的成败"（王伟、高建中，2010：48—49）。而顾客满意度情况汇报也应纳入考核流程，因为有偿翻译服务项目的目的之一是通过良好的服务赢得顾客并占领市场，从而获取相应利润，这一目的达成的决定性因素之一是顾客满意度。即在没有获得客户认可的情况下，翻译公司对项目质量、进度和成本的考核分数再高，也难以达成上述目的。此外，考虑到质量、进度与成本的成功管理又是以规范化的过程管理为基础，考核小组不仅应以项目质量、进度、成本和顾客满意度作为项目考核的主要内容，也应将质量、成本和进度的规范化执行情况纳入考核范围，并赋予它们相应的考核权重。

其流程可参照下图②设置。

---

① 参见百度文库中的"项目绩效考核的作用"。项目绩效考核的作用（DB/OL）. 2016年3月28日下载于http://wenku.baidu.com/view/29e394116c175f0e7cd1376b.html?from=search。

② 该图参考《北京航天智通科技有限公司项目考核管理办法》相关文字叙述而绘制。北京航天智通科技有限公司项目考核管理办法（DB/OL）. 2016年3月23日下载于http://doc.mbalib.com/view/9def8b551cbe7725178717a14c317936.html。

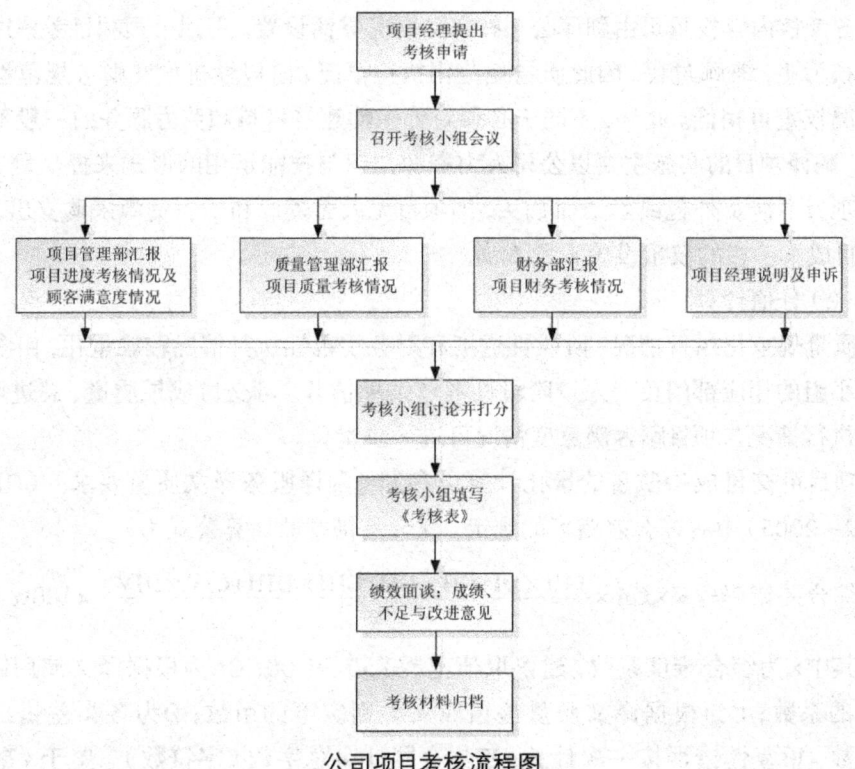

公司项目考核流程图

下面,再以笔译项目的项目考核为例,探讨考核表的设置和分值计算。

(1) 考核表设置

笔译项目考核表

笔译项目考核表[①]		
考核内容	考核内容分解	权重
质量	可交付成果质量(%)	%
	质量规范化执行情况(%)	
进度	总进度(%)	%
	阶段性进度(%)	
成本	预算执行情况(%)	%
	财务规范性执行情况(%)	
顾客满意度	——	%

---

① 该表参考《北京航天智通科技有限公司项目考核管理办法》而绘制。北京航天智通科技有限公司项目考核管理办法(DB/OL). 2016年3月23日下载于http://doc.mbalib.com/view/9def8b551cbe7725178717a14c317936.html。

各考核内容权重可由翻译公司按自身情况灵活设置。但因公司项目考核以结果考核为主，兼顾过程，因此质量规范化执行情况、阶段性进度和财务规范性执行情况权重可稍低。此外，不同于必须对外采购建筑材料和劳力服务的一般工程项目，翻译项目的实施主要以公司人力资源知识与技能运用的形式来提供服务，倘若项目不涉及外包或术语库购买，即项目无人力资源和知识资源采购支出，那么项目成本一栏的权重设置无须太高。

（2）分值计算

质量规范化执行情况、阶段性进度和财务规范性执行情况较难量化，由参与考核小组的相应部门负责人按阶段性考核结果估分。可交付成果质量、总进度、预算执行情况与项目顾客满意度情况可进一步量化。

项目可交付成果质量的量化计算可参照《翻译服务译文质量要求》（GB/T 19682—2005）中对综合差错率的规定。综合差错率的计算公式为：

$$综合差错率 = K \times CA \times \frac{(CI \times DI + CII \times DII + CIII \times DIII + CIV \times DIV)}{W} \times 100\%$$

其中K为综合难度系数，建议取值范围0.50—1.00；CA为根据译文使用目的定下的系数；C为根据译文质量差错四大类别定下的系数；D为各类差错出现的次数，重复性错误按一次计算；W为合同计字总字数（字符数）。鉴于《翻译服务译文质量要求》（GB/T 19682—2005）中规定译文综合差错率一般不超过1.50‰，所以计算所得的综合差错率如果小于等于1.50‰，则项目可交付成果质量可计为满分；如果大于1.50‰，则采取区间打分法，区间临界数值及对应分数由公司自行决定。

译文的使用目的表

译文的使用目的表 （参见《翻译服务译文质量要求》）	系数 CA
第 I 类　作为正式文件、法律文书或出版文稿使用	CA=1.00
第 II 类　作为一般文件和材料使用	CA=0.75
第 III 类　作为参考资料使用	CA=0.50
第 IV 类　作为内容改进使用	CA=0.25

译文质量的差错类别表

译文质量的差错类别表 （参见《翻译服务译文质量要求》）		系数 C
第 I 类	对原文理解和译文表述存在核心语义差错或关键字词（数字）、句段漏译、错译。	CI=3.00
第 II 类	一般语义差错，非关键字词（数字）、句段漏译、错译，译文表述存在用词、语法错误或表述含混。	CII=1.00
第 III 类	专业术语不准确，不统一，不符合标准或惯例，或专用名词错译。	CIII=0.50
第 IV 类	计量单位、符号、缩略语等未按规（约）定译法。	CIV=0.25

项目总进度以项目延期率为依据，其计算公式[①]为：

$$项目延期率 = \frac{项目实际执行时间 - 项目计划执行时间}{项目计划执行时间} \times 100\%$$

计算结果小于等于0表示项目组提前或按时完成，给予满分；计算结果大于0则表示项目组延期完成，采取区间打分法对其打分，区间临界数值及对应分数由公司决定。当然，公司也可规定提前完成的奖励以进一步调动项目组的工作积极性。

项目预算执行情况以项目预算超支率为依据，其计算公式[②]为：

$$项目预算超支率 = \frac{项目实际发生费用 - 项目预算费用}{项目预算费用} \times 100\%$$

计算结果小于等于0表示项目组有结余或无超支，给予满分；计算结果大于0表示项目组超支，采取区间打分法对其打分，区间临界数值及对应分数由公司决定。同样，公司也可规定结余情况的奖励。

最后，项目的顾客满意度得分等于对外管理中的顾客满意度调查结果得分。

此外，鉴于项目经理是项目进度、质量和成本的负责人，也是项目可交付成果的顾客满意度负责人，公司项目考核情况实际上相当于经理工作表现，因此可将公司项目考核得分视为该翻译项目的项目经理考核得分。

---

① 北京航天智通科技有限公司项目考核管理办法（DB/OL）. 2016年3月23日下载于http://doc.mbalib.com/view/9def8b551cbe7725178717a14c317936.html。

② 同上。

● 项目成员考核

顾名思义，项目成员考核指的是对项目成员在项目实施过程中的表现进行考核评价与反馈。"在项目生命周期内，项目相对独立运作，项目经理既是项目计划的制订者、任务的安排者、过程的监督者和项目工作的总结者，更是项目责任的承担者，因而项目经理是对项目组成员进行考核的最佳履行者。"[①]倘若该项目规模较大，项目经理通过下属各小组负责人来管理项目成员，那么上述考核流程中"项目经理汇总并分析员工项目任务单"和"项目经理按任务单完成情况核算员工得分"的执行人应是各小组负责人（被考核人的直接上级），即由其先对项目员工进行评价和打分，再呈交给项目经理，最后再由项目经理核算确定得分。项目成员考核可参照下图[②]流程。

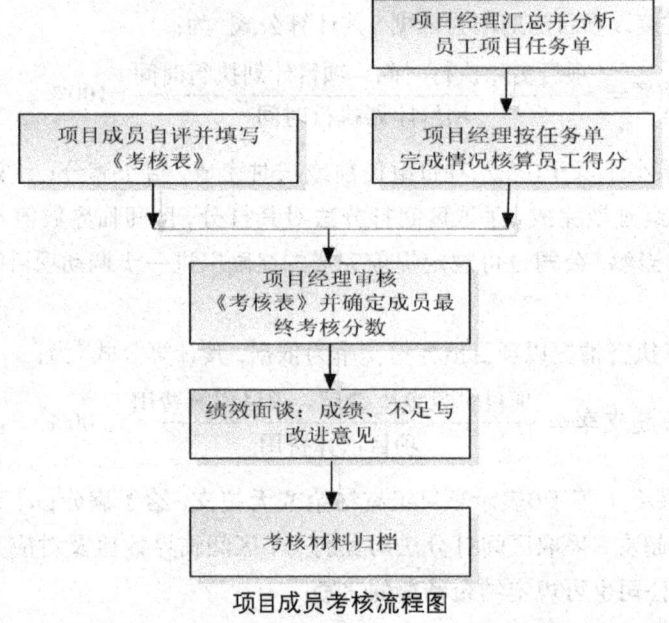

项目成员考核流程图

在考核内容和方式方面，项目成员考核与公司项目考核区别较大。众所周知，翻译项目成员除翻译和审校等实际生产人员外，还有文档管理和IT支持等职

---

① 张希君. 项目团队考核：企业绩效考核的难点（DB/OL）. 2016年3月25日下载于http://www.mypm.net/articles/show_article_content.asp?articleID=13232&pageNO=1.

② 该图参考《北京航天智通科技有限公司项目考核管理办法》相关文字叙述而绘制。北京航天智通科技有限公司项目考核管理办法（DB/OL）. 2016年3月23日下载于http://doc.mbalib.com/view/9def8b551cbe7725178717a14c317936.html.

能岗位人员，两类工作性质差异巨大，贡献也有区别。因此，应针对不同岗位人员设置不同考核重点以确定其绩效所得并由此激发其工作积极性。例如，针对文档管理和IT支持等职能岗位员工的考核应注重考察其工作态度、工作能力以及与之适应的岗位技能，而对于翻译、审校和排版等生产岗位员工的考核则应以工作成果或其他可以量化的指标参数为依据，如工作量、进度和质量等。此外，同一岗位人员也可因能力和经验等原因承担不同的工作量。忽略员工工作量差异，否定对超工作量部分的精神奖励尤其是物质奖励，未能将固定金额的绩效报酬向超工作量承担者倾斜等，势必影响多劳者的工作热情和积极性。所以，对生产岗位员工的考核应以工作量为主，兼顾质量与进度。综上所述，为体现工作性质差异和工作量差异，合理评价员工绩效表现并给予相应的肯定与处理，除精神激励与惩罚外，项目经理考核工作的重点是将手下员工绩效总额按职能切块分配，并根据多劳多得并兼顾其他的原则在同一岗位人员中进行二次分配。需要指出的是，在员工绩效总额切块时应体现核心业务优先原则，即翻译和审校等核心业务人员绩效系数应高于其他岗位人员，以保证项目核心技术拥有者得到应有的认可，从而体现绩效设置的意义。篇幅所限，此处不对所有岗位人员的考核方式进行详述，仅以翻译岗位人员为例，探讨如何对其工作量、工作质量、工作进度这三方面绩效进行量化考核和绩效分配。

  在对译员进行量化考核和绩效分配之前，项目经理需先确定翻译组人员的绩效总额，以及在绩效分配时，工作量、工作质量和工作进度各自占的权重。工作量、翻译质量、工作进度对于整个翻译项目的完成情况和完成质量有不同程度的影响，翻译公司可以根据这一点设置这三项在绩效分配时的权重，分别定为a%、b%、c%。建议工作量权重系数a的取值大于50，工作质量权重系数b的取值区间建议为$25 \leq b \leq 50$，工作进度权重系数c的取值则由公式$c=100-a-b$计算所得。在确定了权重之后，那么项目中译员可分配的三部分绩效数额就可以计算出来，分别是翻译组绩效总额×a%、翻译组绩效总额×b%、翻译组绩效总额×c%。在此基础上，某一译员的考核和绩效就可以一一算出。

  译员的工作量绩效分配的参考指标为其实际翻译字数的多少，译员工作量绩效所得是根据其翻译的字数所占翻译总量的比例来确定的。计算公式为：

$$工作量绩效所得 = \frac{翻译数字}{项目翻译总字数} \times (翻译组绩效组合 \times a\%)$$

  译员质量绩效分配的主要参考指标为质量抽检的综合差错率。参照《翻译服务译文质量要求》（GB/T 19682—2005）中对综合差错率的计算方法，以审校统计结果为基础数据，可以计算出每位译员的综合差错率。与项目综合考评一样，1.5‰仍作为临界点。如果译员的综合差错率大于1.5‰则视为不合格，不参与质量绩效分配；小于等于1.5‰的则采取区间打分法对其打分，区间临界数值及对应分数由项目经理决定。如果译员的综合差错率小于等于1.5‰，则其质量绩效所得公式为：

$$质量绩效所得 = \frac{综合差错率得分}{\Sigma 质量合格译员综合差错率得分} \times (翻译组绩效组合 \times b\%)$$

其中"综合差错率得分÷Σ质量合格译员综合差错率得分"计算的是单个译员综合差错率得分与所有质量合格译员综合差错率总分的比值，即其质量绩效系数。

译员进度绩效分配的主要参考指标为译员延期率，其计算公式[①]为：

$$译员延期率 = \frac{译员实际翻译时间 - 译员计划翻译时间}{译员计划翻译时间} \times 100\%$$

计算结果小于等于0表示译员提前或按时完成，给予满分；计算结果大于0表示译员延期完成，参照质量绩效分配方案设置一个数值为临界点，例如20%，超过20%表示译员影响了项目进度，视为不合格，不参与进度绩效分配；小于等于20%视为合格，采取区间打分法对其打分，区间临界数值及对应分数由项目经理决定。因此，假设译员甲的延期率小于等于20%，其进度绩效所得公式为：

$$进度绩效所得 = \frac{延期率得分}{\Sigma 进度合格译员延期率得分} \times (翻译组绩效组合 \times c\%)$$

其中"延期率得分÷Σ进度合格译员延期率得分"指译员延期率得分与所有进度合格译员延期率总分的比值，即其进度绩效系数。

当然，不同公司有不同的员工考核体系，但无论其考核方式如何，都应注意以下几点：

（1）公开与透明。在项目成员考核过程中应公开考核标准和程序，确保被考核者了解流程、方法和结果，增加考核的透明性，避免成员因信息不对称而产生误解与意见，从而建立良好的可持续发展的绩效伙伴关系。

（2）量化与客观。量化考核"具有简单明了、较易实施、约束力较强、独立

---

① 该公式参考《北京航天智通科技有限公司项目考核管理办法》中的项目延期率公式而拟。《北京航天智通科技有限公司项目考核管理办法》（DB/OL）. 2016年3月23日下载于http://doc.mbalib.com/view/9def8b551cbe7725178717a14c317936.html。

性较高的特点"[①]，能客观反映被考核人的绩效表现，也可有效避免后者不必要的误解。因此，应尽量以量化方式进行考核。

（3）沟通与反馈。除绩效分配外，项目成员考核的另一重要目的在于改进绩效表现，从而促进成员和企业的共同发展。因此，在面谈环节，项目经理应与成员进行坦诚沟通，使其了解考核结果的依据、存在的问题和解决方法；如有意见，也需给予后者申诉的机会，如此方能起到绩效考核的真正导向作用。

需要再次强调的是，项目绩效考核办法因公司而异，以上绩效考核方案仅是可行方案之一，仅供参考。

其二，项目组自评。

在项目可交付成果移交客户之后，可对项目实施全过程进行回顾和梳理，从中吸取经验和教训，用以指导新项目的实施。这将有助于改进公司项目管理流程并提高公司项目管理水平。

项目自评应有理有据。因此，在自评前应收集资料，可包括但不限于合同、项目计划书、进度计划表、项目进度控制文件、项目成本预测表、项目成本分析报告表、项目成本管理工作文件、项目分阶段总结报告、项目审校意见表、可交付成果质量抽检表、可交付成果验收报告和顾客满意度调查报告表等。只有在对这些成果文件、过程文件和客户反馈意见进行详细分析的基础上，才能发现项目各环节的真正问题所在，从而保证自评的准确性和有效性。

从内容上来说，项目组自评可分为对翻译项目程序工作的自我评价和对翻译可交付成果的自我评价。例如，一般笔译项目可在分析上述材料的基础上填写以下《程序工作自评表》[②]和《项目可交付成果自评表》[③]。

程序工作自评表

程序工作自评表				
评价内容	内容分解	是否瑕疵（Y/N）	瑕疵出处	原因
项目评估	对象评估			
	成本概算			
	人力资源评估			

---

① 马同华．绩效考核的定性与定量指标（DB/OL）．2016年3月23日下载于http://www.hrloo.com/rz/13790296.html．
② 该表部分参考福州译国译民翻译服务有限公司项目流程而绘制。
③ 该表部分参考福州译国译民翻译服务有限公司内部规范而绘制。

续表

程序工作自评表				
评价内容	内容分解	是否瑕疵（Y/N）	瑕疵出处	原因
项目评估	语言资产评估			
	风险评估			
项目接单	合同洽谈			
	合同签订			
项目分析与准备	总量计算与分析			
	语言资产准备			
项目执行	工作分解与分工			
	任务派发			
	文本翻译			
	译文审校			
	译文整合与排版			
	质检			
项目交货	提交验收			

项目可交付成果自评表

项目可交付成果自评表			
评价内容	内容分解	答案（Y/N）	原因
完整性	翻译是否完全		
有效性	功能测试是否通过		
一致性	术语是否一致		
	风格是否一致		
格式	标点使用是否正确		
	空格使用是否正确		
	数字翻译是否正确		
	标记符是否保留完整		
排版	排版是否符合客户要求		

此外，从翻译项目的启动到收尾，项目经理扮演着联络人、监督人、传播人、发言人、应急人、资源分配者、谈判人的角色，掌握着用人、财务、进度计划、技术质量和设备物资采购等决策权和控制权（陈铭，2005：4—10），对于项目的成败起着举足轻重的作用。鉴于项目经理的重要作用，可由项目组成员在

这一阶段对项目经理进行评价,作为项目组自评的一个部分。对于公司而言,项目经理工作满意度调查在本质上是对项目经理的考察,是保证公司业务水平和服务质量的重要环节,也是人才培养的必要环节。对于项目经理而言,调查既是压力,又是机会,从中通过组员的视角来发现自身工作中存在的问题与不足,并从中吸取教训从而提高自身的管理水平,获得成长。需要指出的是,为了避免项目成员在评价过程中背负压力并保证调查结果的客观性和真实性,该调查最好采取匿名制,并由项目组所在公司负责。这里提供《项目经理工作满意度调查表》[①]一份,以供参考。

项目经理工作满意度调查表

项目经理工作满意度调查表

亲爱的XX:

  感谢您的努力工作,使我们能够顺利完成项目的全部工作。现请您完成一份关于项目经理工作满意度的问卷调查,以对其工作进行评估。问卷大约会占用您XX分钟。谢谢您的合作!

  说明:请在"满意度"一栏填A—E其中的一个字母(A表示非常满意,B表示比较满意,C表示一般,D表示不满意,E表示非常不满意)

调查内容	内容分解	满意度
组织管理	我的项目经理以目标为依据,合理组织团队并分配工作。	
	我的项目经理对成员的工作绩效评价公正合理。	
	我的项目经理工作心态积极,是成员的榜样。	
进度管理	我的项目经理进度计划制订合理,时间节点明确。	
	我的项目经理定时对比计划进度与实际进度,找出偏差,及时采取纠偏措施。	
质量管理	我的项目经理合理编制质量计划并做好相关组织结构、组织、程序和流程安排。	
	我的项目经理定时开展质量检查,主动分析缺陷并采取相应措施进行解决。	
	我的项目经理跟踪项目问题列表直至项目问题解决。	

---

① 该表部分参考问卷调查网的《项目经理满意度调查表》内容而绘制。项目经理满意度调查表(DB/OL). 2016年3月25日下载于http://www.wenjuan.com/lib_detail_full/52aa80ccf7405b2e5a834e13。

调查内容	内容分解	满意度
沟通管理	我的项目经理在初期明确了不同信息的提供者、提供形式、提供频率和提供方式。	
	我的项目经理会和其他部门进行有效沟通，必要时得到其他部门支持。	
	我的项目经理及时向客户反馈阶段性成果和项目状况，以得到客户的支持与配合。	
风险管理	我的项目经理重视风险管理，识别并公布项目的可能风险。	
	我的项目经理制订并公布风险应对计划。	

其三，项目材料归档及管理。

文档控制是项目管控的基础，一个项目管理团队的文档控制水平是其项目管理水平的重要体现（曹海东，2013：112—115）。可见，对翻译项目各阶段产生的文档进行搜集并加以管理是翻译项目管理的重要工作之一。

翻译项目可大可小。颇具规模的项目可能存在多人多次分批提交阶段性成果的情况；其次，翻译原件形式多样，可能是图文结合，也可能是音频、视频或软件，翻译组有时需要对原件进行文字抽取方可进入实际翻译阶段，因此，过程文件中就存在多种格式文档；再次，翻译审校环节及质保期内的返修结果也意味着成果文档也分版本；此外，项目计划和执行阶段产生的各种计划文件及根据客户反馈而制定的对应方案、项目控制过程的质量检查结果和项目成员为完成项目而商讨的各种解决方案文件也颇为繁多。所以，从接单到任务分解再到生产直至质保，翻译项目的每个环节都有可能产生一个版本甚至是多个版本的文档作为相关人员工作的成果体现。在借鉴马骅的"工程项目中主要信息流动示意图"的基础上，笔者将翻译文件的产生过程归纳为下图[①]：

[①] 该图依据马骅（2015）的《工程项目中主要信息流动示意图》而绘制。马骅. 国际工程项目管理（五）——国际工程的信息文档管理[J]. 石油工程建设，2005（4）：72—76.

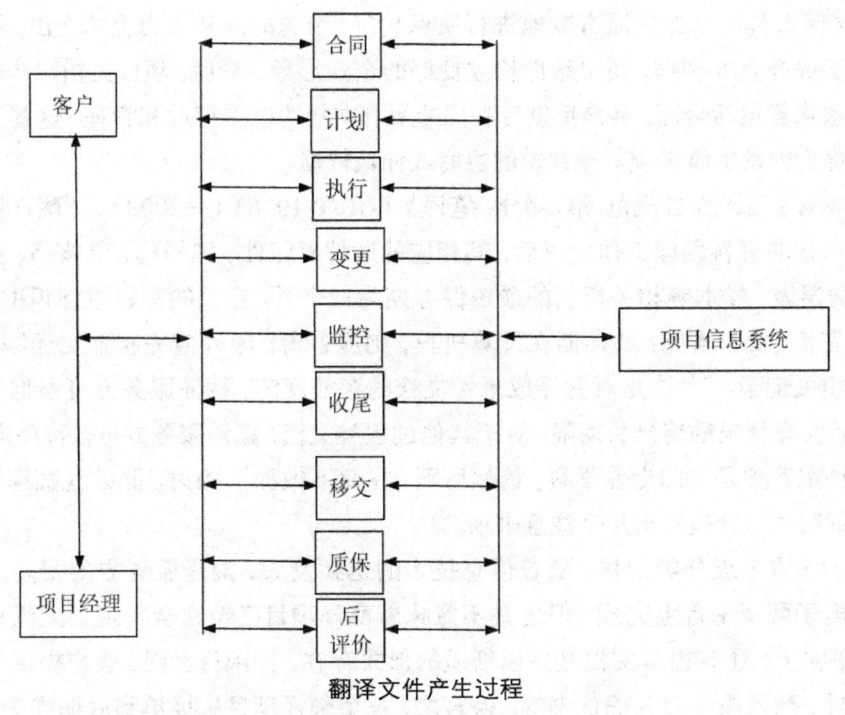

翻译文件产生过程

从内容上说，这些文档既包括可交付的成果，如译文文档、视频、音频、软件等，也包括形成这些成果过程中所产生的各种文档资料，如商务合同、项目利润测算表、项目进度计划、项目质检表、经验心得及项目沟通过程中产生的各种会议记录、信件往来甚至是电子邮件等。从形式上说，既有纸质文档，也有电子文档，而后者可能是doc格式、xls格式、ppt格式、pdf格式或纯文本txt格式等文件。

由此可见，翻译项目文档数量多、版本多、形式多，所以翻译公司在进行文档管理时会遭遇企业文档管理的常见问题，例如：海量文档存储，管理困难；查找缓慢，效率低下；文档版本管理混乱；文档安全缺乏保障；文档无法有效协作共享；知识管理举步维艰等。[①]由此可见，文档归档与管理是项目管理中不可或缺的有机组成部分，其存在对于翻译项目极具意义。首先，包括成果文件和过程文件的文档可真实有效地反映项目各环节的开展情况。通过对文档的检阅，项目经理可了解已完成项目在开展过程中的得与失，总结项目的成功经验和失败教训，为后续同类项目的运作提供借鉴，因此，项目文档是项目组织文化资产之一。其次，妥善的文档归档及管理可为翻译质保人员提供质保支持。通过文档检

---

① 赵君萍. 文档管理系统关键技术研究[D]. 武汉理工大学硕士论文, 2010.

阅，质保人员可更加快捷有效地进行质保响应，节省时间和人力上的支出，不仅有助于提高企业利润，还可帮助树立良好的企业形象。最后，项目文档归档的完整性意味着包括合同、客户反馈等在内的所有文档的统一存放和管理，这些文件是质保期内发生质量或其他纠纷的协商或仲裁依据。

根据《翻译服务规范 第1部分：笔译》（GB/T 19363.1—2008），"翻译服务方所承接的资料翻译工作完成后，其相应的原件复印件、翻译稿、审核稿、打字稿、勘误表、样本等相关资料的最短保存期为12个月。存档的资料应标识准确，资料完整，便于查阅；如存储在计算机里，则应备份。原件应完整地交还顾客，并作相关记录。"[①]这是对翻译成果性文档的存档规定，翻译服务方可根据公司或项目实际情况酌情延长期限；对于其他过程类文档，翻译服务方可自行决定。

档案管理是一门专业学科，篇幅所限，在此不做深入探讨。此处就翻译项目文档的归档与管理提出几个注意事项。

（1）按等级分类归档。随着信息技术的迅猛发展，翻译服务方的很多工作都在电子翻译平台上完成，但这并不意味着翻译项目已经完全实现了无纸化办公。事实上，还有很多文档必然以纸质的形式存在，如项目合同、客户提供的纸质原件、翻译服务验收确认书等。换言之，一个翻译项目从接单到后期维护，必然产生纸质和电子两类文档。将全部电子文档纸质化或将所有纸质文档电子化缺乏现实性和经济性。因此，建议按等级分类决定归档形式，即将文档划分为三类——核心类、辅助类和外围类，针对不同的类别决定采取不同的管理策略（志伟，2014：62—64）。对于核心类文档建议采取电子与纸质双轨制存档，一方面，电子存档保证后期查阅的快捷性和简易性；另一方面，纸质文档则保证了文件的真实性，如加盖了公章的合同和验收证明等，可作为后期纠纷解决的有效依据。在借鉴"项目文档层次说明表"的基础上，笔者将翻译项目文档归档方案简述为下表（志伟，2014：62—64）：

文档分类归档表

文档分类归档表		
层次	文档类别	归档管理
核心	成果文档（如合同、可交付成果、验收确认书等）	重点关注，必须采取纸质文档和电子文档双重归档制度

---

① 中华人民共和国国家质量监督检验检疫总局，中国国家标准化管理委员会. 中华人民共和国国家标准GB/T 19363.1—2008. 翻译服务规范 第1部分：笔译[S]. 北京：中国标准出版社，2008.

续表

文档分类归档表

层次	文档类别	归档管理
辅助	过程文档（如质量计划、进度表、绩效报告等）	主要关注，自行决定
外围	基础文档（如日常政策、制度等）	一般关注，自行决定

（2）合理设定文档管理权限。翻译项目中不仅存在文字抽取、翻译、审校和排版等等不同岗位，同一岗位工作可能还需不同人员同时协作完成。因此，应根据项目组内部小组成员的任务类型进行权限划分，明确规定电子文档的新建、查找、读取、更改、删除等权限的归属，同时规定纸质文档的读取和复印等权限归属。此外，"权限设置必须类型广、组合多，针对特殊情况具有特殊的方法来应对"[①]。通过完善的权限管理来约束相关人员的操作，不仅有助于确保文档内容的准确性与完整性，更可避免因部分权限过于分散而造成的文档损坏丢失和商业秘密泄露等严重问题。这一点对于语言资产相关文档尤为重要。

（3）纸质文档交接。对于需要进行纸质存档的核心文档，一要对文档进行编号，以保证今后文档查询的便捷；二要制作项目文档存档说明表，在资料盒或资料袋的封面标识所存文档名称及相应编号；三要填写并保存交接单，以确保文档交接的可追溯性。

（4）电子文档命名。翻译项目文档类型多、版本多、来源多，因此，项目电子文档应按统一的规则进行命名，从而提高文档的查阅效率。例如，笔译项目电子文档名称可为Proj08_Trans_Tom_Ver.1_20151203，即"项目编号—部门—作者—版本—时间"模式。后期需查询时，无论以项目编号、作者还是时间为关键词，都较容易查到。

（5）电子文档备份。信息时代的翻译服务公司已经进入了CAT时代，因此，翻译的阶段性成果及经过审校和排版的最终成果都首先以电子文档的形式存在。因此，应作好存储系统和设备的优选工作以及文档备份工作，从而确保在硬件出现问题时能快速有效地恢复数据，保证项目归档的完整性。

---

① 企业项目文档管理问题多 万不可小觑（DB/OL）. 2016年3月28日下载于http://www.agile-china.com/news/strategy/1355.html.

第二节 语言资产管理

1. 概述

近几年来,随着新一代信息技术的广泛应用,大数据与云计算逐渐崭露头角,移动互联网和物联网日益成熟,全球化程度已深入人们生活的各个领域,企业也进入了更加信息化的时代。企业的产品和服务说明、广告宣传手册、用户手册等材料呈现出类型多、信息量大、本土化需求高和语种需求多的特点。全球化的企业已然成为了语言服务需求方,而翻译公司等语言服务企业则成为语言服务的提供方。随着语言服务需求的不断增大,海量的翻译与本土化数据已经成为语言服务企业不可小觑的资产。如何统一有效地开发、应用和管理语言资产,已经成为全球化企业以及语言服务业共同关注的热点。

2015年10月,首届翻译技术与语言资产管理交流大会在南京隆重召开,大会盛况空前,吸引了来自全国各地的翻译公司与本地化公司的负责人和高管、业界精英以及高校外国语学院的院长或MTI负责人共300余人。可见语言资产的管理已引起业界的高度重视。[①]

1.1 语言资产

通常,资产是指由企业过去经营交易或各项事项形成的,由企业拥有或控制的,预期会给企业带来经济利益的资源[②]。换言之,资产指任何公司、机构和个人拥有的任何具有商业或交换价值的东西。资产作为一项资源,应为企业拥有或者控制。也就是说,企业享有这项资源的所有权,或者虽然不享有这项资源的所有权,但该资源能被企业控制。资产,按其是否具有实体形态,可划分为有形资产和无形资产。其中无形资产是指企业拥有或者控制的没有实物形态的可辨认的非货币性资产。无形资产同时满足两个条件的,才能予以确认:其一,与该无形资产有关的经济利益很可能流入企业;其二,该无形资产的成本能够可靠地计量[③]。按照这一标准,语言资产属于企业无形资产的一种形式。

语言资产的范畴可从以下方面进行界定:从广义上讲,语言资产指的是语言

---

① 王逸男,吴婵. 首届翻译技术与语言资产管理交流大会在南京隆重召开(DB/OL). 2015年4月18日下载于http://news.jschina.com.cn/system/2015/10/17/026657566.shtml。
② 资产[DB/OL]. 2016年3月22日下载于http://wiki.mbalib.com/wiki/资产。
③ 无形资产[DB/OL]. 2016年3月22日下载于http://baike.baidu.com/link?url=Db0AQOAa-3x7JUMgrKemb-hJxKC4JUNNaUXmd3PR0jovmkGmXRszOX7Lnj4C4zSOqvSiL7xZzpc36A6aY6vRgrlMMiqVN9WKwa7EvLHJeMLfmo8KApzM4L5lGu-WAClT。

服务中与语言相关且能为企业或个人带来价值的资产。根据崔启亮的定义，企业语言资产是指企业在进行产品全球化生存过程中形成的，由企业拥有或控制的，预期给企业带来经济利益的语言资源，是企业从事产品语言服务生产经营活动的基础。（崔启亮，2012：64—67）狭义上讲，语言资产指语言服务项目过程中形成的，由企业或个人控制的语言资源，包括术语库、翻译记忆库、翻译风格以及写作规范、词典库、项目案例库等等。其中，术语库和翻译记忆库是最核心的语言资产。

下面我们来看看语言资产中各组成部分的内涵。

（1）术语库

术语是某特定领域中表达某个概念而相对固定使用的词语，是一种约定性的语言符号。术语一般具有专业性、科学性、系统性等特征。[①]通俗来说，术语甚至可以是某一产品在其产品说明或广告宣传中的相对固定使用的词语，而这些词汇往往与公司企业所处的行业以及自身密切相关。比如Head & Shoulders这一短语，字面上是"头和肩膀"之意，但在日用品行业，它是宝洁公司旗下的"海飞丝"品牌。作为品牌术语，Head & Shoulders承载着丰富的品牌内涵，一旦误译将贻笑大方，可见术语的重要性。

在翻译项目中，术语一般会整理成一个文件，可以是包括单语、双语或多语的术语对照表，或者是有多重属性的词汇表文件。各个翻译项目产生或使用的术语或词汇表文件集中起来，就形成了公司的术语库资源。

术语或术语库可以由客户方在产品开发初期就创建，并于项目实施前提供给服务方；也可以由服务方从项目相关文件中提取，整理后返给客户方进行校核，最终形成项目术语库。术语文件通常由计算机辅助工具生成，或者由术语管理工具创建而成，如SDL Milti Term文件、Wordfast文件、Transit Term文件等。通常，术语库包含的数据信息有：描述术语的数据、描述概念的数据、描述概念体系的数据、用于管理的数据和表示文献的数据。下图展示了某国际化公司的术语表模板界面。

---

① 术语[DB/OL]. 2016年4月12日下载自http://baike.baidu.com/link?url=cyykd1-HhbB-h6s1viwTov5PiuSPu9P2j3O3ycDA-8GWEUV12MTh2OkUclvYMOjBMF8llZL3fTqwloIyhZ91LWr2rXWjPckS-V-hOO5Mmhq。

某国际化公司的术语表模板（王华树，2015：337）

Product category	application	Note	Term	Definition	Source	Long Note	Status	Sub-Category	Term Note	Modification

表头：EN-US

（2）记忆库

翻译记忆库，也称翻译记忆、翻译内存（Translation Memory，简称TM），是以源语言和目标语言为单位进行存储的翻译数据库[①]。这些存储单位，即源语言和目标语言对，可以是文字区块、段落、单句。与术语库一样，翻译记忆库在专业翻译领域发挥巨大的作用，显著提高了语言服务的质量和效率。在专业翻译领域，如经济、计算机、医药、法律等，翻译资料的重复率往往达到20%—70%不等。如果不参考利用翻译数据库，那么译员至少有20%以上的工作属于重复劳动（弈风，2000：11—12）。而且，不同译员对相同的翻译单元往往有不同的翻译版本，从而造成了译文前后不统一，降低了翻译质量。（王华伟，王华树，2013：120）。有了翻译记忆库，译员只需专注非记忆库内容的翻译，无须在重复内容上下功夫，也能保证相同内容翻译的一致性。而且在翻译过程中，系统还能将新产生的译文存储起来，更新到数据库中，以便将来重复使用。

当然，并不是所有翻译项目的待译内容都能与翻译记忆库高匹配度，有的翻译项目会出现缺乏现成记忆库的情况。这种情况下，可由译员抽取待译文本中重复率较高的片段先行翻译，然后创建记忆库将这部分内容导入其中，供后续翻译重复使用；或者在翻译过程中随时将翻译单元更新到已创建的记忆库中，供后续翻译参考。

（3）其他

除了翻译记忆库和术语之外，语言资产还包括了翻译风格以及写作规范、词典库、项目案例库等等。

在实际工作中各翻译公司必然会接触到不同的客户方，接收到不同的翻译

---

① 翻译记忆[DB/OL]. 2016年4月12日下载于http://baike.baidu.com/link?url=JcwAPmetvPMEG3q9S4digIbhdk-MFPA3UF73j1A80762rmTz3KlWkhWu9qra2NKooIEQ-NUfaIMysU7VFTbgRa。

项目。不同的翻译需求下，翻译风格和写作规范就必然会有不同的要求。在实践中，将翻译风格和写作规范的有关内容文字化、书面化，并进行归类，整理成库，既便于今后针对特定风格、特定要求的翻译任务开展工作，促进公司与客户间的合作，也可将这些成文的文件用于员工培训，有助于译员乃至整体团队素质能力的提升。

传统的翻译离不开纸质词典，而计算机辅助翻译离不开机器词典。机器词典，指的是一类装载于计算机中、连接着互联网、可加载各类词典的软件。在计算机辅助翻译中，译员可能随时会通过查阅机器词典来解决一些翻译问题，机器词典在计算机辅助翻译中的作用不言而喻。机器词典具有形式化、确定性和系统性的特点，且有通用词典和专业词典之分。要适应不同专业领域的翻译需求，就需要配备大量专业化的机器词典。将各类专业化的机器词典集合起来，建立集成有效的词典库是语言服务公司的一项重要资产，也越来越受重视。

项目案例库，在总结和提炼公司项目管理经营实践经验、逐步建立和完善项目管理案例体系、拓展员工项目学习手段等各个方面不可或缺。组建项目案例库的目的在于总结项目成功与失败的经验，将这些经验整理并放在项目案例库平台，供职员、译员和新成员学习。项目案例库应包含项目指示性文件和项目附属文件。具体来说，在翻译项目实施之前，一般客户方会提供项目的说明性文件，包括项目文件清单、翻译时间和质量要求、项目处理流程、翻译风格指南以及排版要求等等。在项目实施过程中，也会产生一些新文件，比如项目客户信息、项目进度、遇到的问题和解决方案、质量报告和经验总结等等。这些都可保留在专有的空间，供后续译员参考。

1.2 语言资产的管理

随着全球化进程的加快和信息技术的飞速发展，各大产业逐渐产生了数量惊人的数据，而各类数据也正得到前所未有的关注。许多语言服务公司也逐渐意识到翻译数据的重要性，开始重视并保护这些语言资产。技术的发展，又催生了翻译术语库、翻译记忆库、中央存储库、内容管理工具以及平台共享等技术，使语言资产的管理成为可能，并为语言资产管理的系统化和高效化奠定了基础。

对于以语言服务为主营业务的翻译公司而言，不仅要保存产业数据，以保证业务的顺利进行，还要对其进行保护，更要尽可能让数据发挥出价值。实际上，语言资产管理主要从三个方面入手，即保存、保护和互享。

（1）语言资产的保存。翻译过程中产生的语言资产是难以计数的。无论是创建翻译内容阶段、管理翻译文本阶段、翻译工作阶段和内容交付使用阶段，都与语言资产有关联。语言资产管理的首要任务，就是辨别何为语言资产，去伪存真，将真正有价值的正确的数据保存下来，从而进一步进行系统有效的管理。如何保存和备份翻译过程中所产生的大量数据、如何处理交叉重复的数据、如何储存归档以便于快速检索和调用等，均非易事，都属于语言资产保存时要考虑的范畴。对于已经保存的语言资产，也要进行定期的整理和维护。

（2）语言资产的保护。语言资产的管理并不仅限于保存。语言资产在翻译项目实施的过程中往往会不断地被调取使用，并随着翻译项目不断地被更新和改进。在这个过程中，译者是接触术语库和翻译记忆库等语言资产频率最高的群体，但也往往是最可能给语言资产带来破坏的人群。因此，对语言资产的保护，要注意防止因人为过失或错误操作造成对语言资产的破坏，如生成错误的术语或翻译记忆覆盖了原有的正确内容，误删已有语言资产等。其次，语言资产也可能会因为一些意外原因遭受破坏，因此要注意防范已保存的语言资产因为黑客入侵、失窃、不可抗力等情况发生数据丢失。此外，保存好的语言资产也可能会因为翻译术语库或记忆库等的外泄，再经肆意流传、减价交易而失去其价值属性。因此，语言资产的保护至关重要，既要注意对语言资产本身的保护，也要注意保护语言资产的价值属性。这方面目前比较通行的做法是：聘请技术专家对语言资产数据进行病毒黑客防护及一些必要的技术指导；与译者签订保密协议，通过内部局域网络网关和密码共享语言资产；对译者访问术语库和记忆库的权限进行区分，如赋予翻译水平较高的译员一定的权限添加术语，普通水平的译员添加术语前必须先交予负责项目的组长审阅。

（3）语言资产的互享。语言资产的互享是实现语言资产价值的另一个重要层面。语言资产的价值，除了体现在语言服务公司运用它为客户提供更高效、更优质的语言服务之外，还体现语言公司将它与其他公司的语言资产进行交换，实现语言资产互享时带来的价值。一个翻译公司往往有其专注及擅长的领域，比如金融、法律、信息、医药等，每个领域的翻译实践所积累下来的语言资产又往往具有其独特性，不可能脱离翻译实践依靠在短时间内拼凑而来。而现实中，不少翻译公司往往会接到非自身擅长领域的翻译任务，短时间内无法聘请具有该领域丰富实践经验的译员。而又有些公司想要拓宽自己的业务领域，却碍于没有先行基础，无从下手。这时候，保存和保护完好的语言资产就可以发挥其价值。翻译公司可以通过协商，交换各自擅长领域的语言资产，甚至是整合某一领域各有的语言资产，从而实现互利共赢，同时也能促进整个翻译行业的发展。因此，语言资产的管理，应包括正确评估公司的语言资产，认识其强项和弱项。强项，是进行语言资产交换互享的筹码；弱项，是进行语言资产互换的需求所在。在此基础上，寻找合适的合作伙伴，正确评估对方所提供的语言资产，判断是否为己所需，从而进行互惠互享，实现语言资产的交换价值。

在未来，随着语言服务行业的快速发展，语言资产或许也会像其他信息数据一样变得商品化，可以直接用金钱进行买卖。那时候，语言资产的价值就不限于在使用或交换中才能得以实现。但归根结底，语言资产价值的实现，都是以完好的保存和保护、恰如其分的交换互享为前提的。

2. 语言资产管理的运营

语言资产管理不仅非常重要，而且十分必要。海量语言资产的出现，要求企业提高语言资产管理的效率。但从语言资产管理的现状来看，不少企业的语言资产存在资源分散、不统一和利用效率低等不足。如果不将语言资产管理提升到公司管理的战略性高度，就很难系统发展公司业务，甚至容易产生管理混乱、责任不明、效率低下、难以持续发展等问题。克服这些问题和不足，系统高效地管理语言资产已经成为大势所趋。

2.1 语言资产的行业标准

语言资产的管理，是以遵循行业标准为前提的。符合行业标准的语言服务数据具有规范性，也因而具有长久保存的价值。规范的语言服务数据也能便于不同翻译项目间，乃至不同语言服务公司之间进行交换互享，促进语言资产的流通及实现其价值。同时，这也能促进整个语言服务行业中语言资产的有机、有效整合。

目前对于核心的语言资产，即术语库和记忆库，国际上已有统一的行业标准。其中，与翻译记忆库相关的是翻译记忆交换标准（TMX，Translation Memory eXchange）和断句规则交换标准（SRX）。断句规则交换标准SRX其实质就是文本分割标准，如果处理文本时翻译软件对语句的拆分符合这个标准，那么就算是不同的翻译软件都会拆分得到相同的源语言和目标语的语言对，这就保证了所储存的语言对能成为可交换、好调用的翻译记忆；而遵守翻译记忆交换标准TMX则是不同工具、不同公司创建的翻译记忆文件可以方便地、近乎无损地交换翻译记忆数据的保证[①]。

---

① 此处参考了在线资料"中国语言服务行业规范"和"关于几个本地化翻译中的标准"。中国语言服务行业规范[DB/OL]. 2016年3月12日下载于http://www.tac-online.org.cn/index.php?m=content&c=index&a=show&catid=504&id=118. 关于几个本地化翻译中的标准[DB/OL]. 2016年3月12日下载于http://blog.sina.com.cn/s/blog_62a1e8ed0100lzwl.html.

与术语库有关的行业标准有术语库交换标准（TBX, Term-Base eXchange）和术语交换链接标准（TBX Link）。术语库交换标准TBX，将术语与翻译记忆库中的语言对区分开来，防止术语数据存储片段过大；术语库交换链接标准 TBX Link则旨在快速判别文档中的术语、与术语库建立起有效链接，这样在术语库交换标准TBX的基础上，可以大大提高整个行业术语翻译的一致性和准确性（同上）。

由此可见，语言资产相关的行业标准，对语言资产的处理、提取和使用进行了规范，从而优化了不同计算机辅助软件和处理工具间的互操作性，方便语言资产的获取、使用和分享，保证了语言资产的交换与流通。

2.2 语言资产管理的流程

语言资产的管理流程根据翻译项目的实施流程可分为语言资产的建立（译前收集、储存和分发）、使用（译中运用）以及维护（译后的维护和处理）三个阶段。本部分将以最重要的语言资产——术语库和翻译记忆库为例，讨论语言资产管理的流程和工具。

其一，术语管理。

术语库可以以平面文字形式呈现，也可以以结构化数据库形式呈现。传统的术语管理主要采用前一种呈现形式，即词汇表（如Excel文件）。但因词汇表存在被动查询、智能性差、信息缺失和灵活性差等方面的局限性，传统术语管理已经越来越无法适应语言服务多样性的要求。（王华伟、王华树，2013：121—122）而以结构化数据库为呈现形式的现代化术语管理则可以实现全方位搜索，且更符合语言资产的行业标准，因而具有较大的商业价值和较强的竞争力。下面，来看看基于结构化数据库形式的术语管理是如何实现的。

（1）术语管理流程

针对特定专业领域翻译或者特定翻译项目，现代化术语管理从创建到维护有一套运作有效的流程，大致如下：

首先，提取术语。为了确保全面提取必要的术语，先尽可能最大化收集现有数据，从而分析现有文本，明确术语，确认概念及其名称，记录与该概念相关的信息（如语境），明确术语用法。例如前文所列的某国际化公司的术语表模板，公司对术语所属产品分类、具体应用及注释进行界定，同时还明确了术语的定义、来源、语言注释、状态、子分类、术语注解以及修改等多项内容。在成功提取术语之后，在数据库中创建一个源语言术语条目。

其次，翻译术语。根据需求，将已创术语条目从源语言翻译成目标语言。术语翻译过程不同于常规的语言翻译流程，在翻译术语时，有时候为了澄清对术语的理解，需要咨询产品开发者或者语言服务客户方，或者向该领域专家征求意见，以确定最终的翻译。同时，针对有些多义性术语，还需要添加一些使用注释，以帮助译员正确使用这些术语。比如在微软，术语翻译工作一般由术语专员来完成，而每个术语专员都有一套完善的方案来研究和确定最合适的翻译版本。

再次，使用术语。术语翻译完成之后，即可供译员参考使用。根据术语工具的不同，有些术语可以让译员联机查看，有些则可以和翻译软件连用，在同一个界面的另一个窗口查看参考。可见，术语的便利性和灵活性很大程度上取决于术语管理工具的特性，某些术语管理工具是CAT工具自带的，也就是集成的。因此在译员在这种CAT环境下使用和参考术语，十分灵活便利，更有效地确保前后或者多译员译文以及风格的统一性，提升翻译质量。

最后，维护术语。译员在具体的翻译过程中，可能会对某些术语和非术语词汇产生疑问，在经过了慎重的质疑、咨询、澄清的过程，可能某些术语的翻译需要进行适当的修改。或者理应将新的词条加入现有的术语列表当中。

（2）术语管理工具

传统的术语管理仅仅止步于创建一个存储术语的集中资料库，而现代化的术语管理除此之外，还必须深入了解译员工作和实际需求，确保术语的使用及参考简便化、快捷化，因而术语管理工具应运而生。按照使用方式不同，术语管理工具大致可以分为生产型和参考型。

● 生产型术语管理工具及应用

顾名思义，这类术语管理工具能够根据已有文本生成术语数据文件。目前，很多成熟有效的术语管理工具都属于这一类别，如常见的国外软件SDL MultiTerm, Dictionary Manager, TermFactory, TBX Maker, XTM Terminology, BeeText Term等等，而国内的则有雪人计算机公司、中科朗瑞、传神（术语云）以及语智云帆（术语宝）等语言技术企业开发的术语管理工具。

这些生产型术语管理工具中，既有独立的术语管理系统软件，也有一些是自带术语管理功能的计算机辅助翻译（CAT）工具。前者如以SDL为代表的语言技术公司为企业的术语管理提供的一系列管理工具，包括MultiTerm Extract（术语提取）、SDL MultiTerm Server（术语服务器）、SDL MultiTerm Online（在线术语工具）、SDL MultiTerm Desktop（桌面术语工具）、SDL MultiTerm Team（团队术语管理工具）、SDLPhraseFinder（术语识别工具）、SDL Author Assistant（写作助手）等。企业根据不同层面的需求，可利用上述系统，整合结构化或非结构化的术语资源,全方位管理术语。后者如MemoQ,这一款颇受业界欢迎的CAT工具,集成了翻译编辑、资源管理、翻译记忆、术语库等功能,并且可以在这些功能上方便的切换,既可以服务于翻译,也可以应用于术语管理。

生产型术语管理工具主要目的在于生产,同时也方便译员在实际生产过程中进行术语查询。这种类型工具因其快捷便利并且个性化(针对不同文本),颇受语言服务企业和译员的欢迎,成为术语管理工具中的主流。

● 参考型术语管理工具及应用

参考型术语管理工具的主要目的在于提供术语参考和查询,多为有语言服务需求的企业内部管理术语时使用。以微软为例,微软为了更好地满足自身的语言需求,专门建立了术语门户网站(Language Portal)[①],成立了一个完善的术语管理系统。微软对自身各种产品的语言术语管理工作都是通过这个系统来实现。该系统有一个搜索界面(如下图),可以查询已发布的软件产品环境中使用的词汇,还可以规定在特定的环境中查询。不过,该系统只针对一般客户,因而所提供查询的词汇更新时间略有滞后,还缺少一些元数据。针对语言服务合作伙伴,微软还提供了一个专门的系统TRES(Terminology Research Engine System)。对比语言门户而言,TRES系统包含所有微软产品的词汇,更新速度较快,适合专业语言服务人员参考使用。对于有语言服务需求的企业,构建公司自己的术语管理系统,其主要目的也在于参考查询,以保证公司内各个部门遵循同一套用语,维持企业产品术语统一性和规范性。

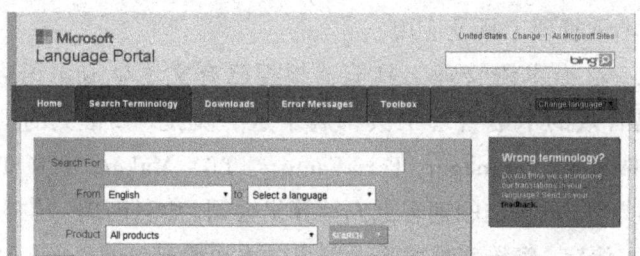

微软术语管理系统的搜索界面

综上所述,语言服务公司会使用生产型术语管理工具,而语言服务客户方则会使用参考型术语管理工具。对于语言服务公司来说,运用生产型术语管理工具也可以将客户通过参考型术语管理工具提供的术语转化为可在生产型管理工

---

① 微软术语门户网站,http://www.microsoft.com/Language/en-US/Search.aspx。

具上使用的术语，方便进一步的术语管理。而有些语言服务客户，会根据自己的语言服务需求，使用生产型术语管理工具进行产品的术语管理。比如很多客户就将SDL MultiTerm Online视为现成的建构术语管理系统的解决方案，通过Web浏览器来访问和共享术语。

其二，翻译记忆库管理。

翻译记忆库，最适合应用于重复率高的文本文件，如使用手册和技术文件等。通常，译者打开源语文件，并使用翻译记忆库，选择"完全匹配"或者"模糊匹配"，可以即时提取记忆库内容放置于目标文件中。在记忆库中储存的数据内容越多，使用记忆库的译者翻译效率将越高。但若未及时对翻译记忆库的文件进行管理，运作效率会随着文件的增加而下降。

（1）翻译记忆库管理流程

目前，管理翻译记忆库的通行做法中很重要的一环是项目经理在与客户沟通的基础上，根据客户的需求做出全局的规划。如果翻译公司的软硬件条件允许，一般都会选择直接遵守履行客户提出的要求。但是，一些规模较小的翻译公司如果条件不够成熟，软硬件系统尚未配置完备或使用的记忆库版本兼容性较低，那么公司通常会选择与客户事先进行相关方面的协商，避免在导出翻译数据和同步项目文件的收尾阶段出现混乱。

翻译记忆库管理的主要流程如下图：在开始项目前，译员根据项目经理的安排和要求设置相关的翻译项目记忆库，或者项目经理基于前期产品部、市场部的需求调查直接进行设置。通常包括新建翻译记忆库、载入现有记忆库或导入原有记忆库、加载插件予以辅助、编辑记忆库（添加、删除、合并等）、设置记忆库基本属性（库属性、匹配率、非译元素、权限、备份等）。

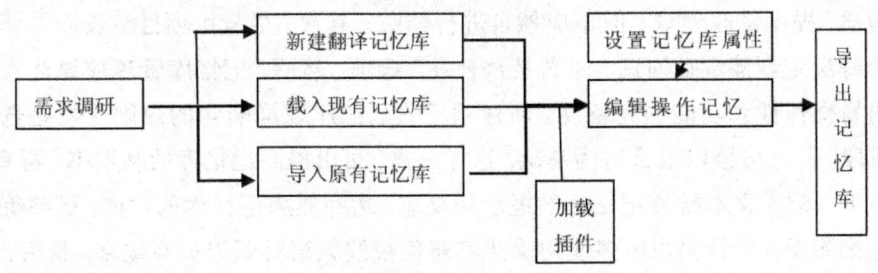

翻译记忆库管理主要流程图

如果记忆库资源不足，可以对记忆库进行转换与扩展。比如，可以将Microsoft Word中准备好的语料做成翻译记忆库，并导入记忆库系统。翻译记忆库不同版本之间一般无法直接使用，需要依据翻译记忆库标准，通过TMX格式文件才能实现各个版本之间的转换。此外，记忆库的扩展还可以利用一些翻译软件自带的特别功能，比如通过MemoQ中的网络搜索（web search）功能集成常用网址，甚至请专业技术人员将其与各辞典相连接，扩大记忆库数据。

管理记忆库不仅仅是简单的导入、导出、新建，项目管理者还必须注重记忆库的校阅和核验。通过翻译记忆库自带的检测维护工具或者专业编辑软件可以检查译文质量，清理错误信息，从而保证内容信息的正确度，提高翻译质量。

项目经理还需在综合考量的基础上，设置记忆库权限。通常一个翻译项目不仅包括一个记忆库，还需要同时配合多个记忆库。根据不同记忆库的用途，设定不同的权限。一些规模较大的公司在不同的地区设有分部，或者很多公司选择将部分业务外包，这样的情况下，如何对翻译记忆库的访问权限进行配置，是语言资产管理中必须重视的一个问题。不仅如此，在具体调用记忆库的过程中，还需要注意对实时访问进行多方协调。比如，出现新译文时，是修改、接受并覆盖还是选择保留记忆库推荐的匹配译文？是自动更新，还是人工更新？出现译文差异时，以何人、何种翻译为准，需要专门权限人员通过咨询权威专家后及时进行处理、调整和更新。

保障记忆库的安全性也是管理中需要关注的焦点之一。通过设置对翻译记忆库访问者的登录权限、设置系统白名单、安装杀毒软件和系统防火墙、定时备份库、专人专门团队管理维护等方式来保护记忆库免受外来攻击，从而保证数据的安全和操作的稳定。

管理和使用翻译记忆库还应注意如下事项：首先，翻译记忆库必须与所搭配的术语库保持一致。如果发现记忆库内容存在错误时，项目管理者应该及时与客户沟通，提出修改建议，但不应擅自进行修改。其次，尽量由项目组长而非译员来统筹决定新建项目勾选"原文是否合并"选项。然后，记忆库管理应该注意规则的易操作性和功能的完备性。新建项目的记忆库取词断句的规则主要是选择句或段，并且应该以语言对为基础，这样一来，可以提高记忆库的利用率。再者，译员可以输入文本检测记忆库的提示和反应，达到熟悉记忆库的功能。已熟练掌握记忆库操作的译员可以多使用快捷键避免视线频繁跳跃以提高效率。最后，使用记忆库辅助翻译时不要运行杀毒或清理内存，否则计算机清理缓存容易误删文件。

（2）翻译记忆库管理工具

现今较为常用的翻译记忆库软件有Trados, MemoQ, Déjà Vu, SDLX, IBM

Translation Manager，雪人CAT，雅信CAT、Transmate等。翻译公司可以自己设计开发程序，也可以结合运用TurboCMS，CmsTop，TRS等内容管理系统（Content Management System）来管理记忆库中的信息，使得即使在脱离具体上下文的情况下也能够非常快捷高效地进行翻译。此种管理系统一般需要做到覆盖客户需求、内容和文件的审核、规范的制定、宗教法律政策文化的审查、数据库的安全和管理等方面。

除此之外，云计算技术的发展给自由职业译者和翻译公司提供了另一种记忆库形式——云翻译记忆库，可以节省大批量购置数据储存空间的费用，同时可以与他人共享"翻译单元"资源，节约输入、翻译的精力和时间成本。比如，Lionbridge（莱博智）自主研发了基于云技术的翻译管理系统——Translation Workspace，将Live Assets™（实时资产）与审校文件包等性能相结合，用户付费订购其系统后，就有权使用核心记忆库及技术。国内的译群网[①]有提供这样的云端翻译记忆库服务：用户先安装客户端，通过由网站提供的账号、密码远程连接客户端，进而使用共享记忆库。这样的模式类似于一种托管产品，可以节约开发、升级、维护的时间和成本，可以支持多达数千的用户异地、同时在线使用。

（3）翻译记忆库管理案例

传统的记忆库管理方式比较单一，现今的主要方式已经向中央存储库、云计算逐渐过渡。出于商业保密条款，以下案例中，提供语言服务的翻译公司用T代替，T公司拥有总部和几个其他地区的分公司。用户企业是一家网络有限公司，用Z代替。Z公司主要希望T公司将其一款产品的中文内容转译为英文。

初始阶段：T公司在了解Z公司的需求基础上，负责该项目的经理拟订相应的项目实施计划并安排译员布置任务。由于Z公司希望英文版能够尽快发布，T公司项目经理利用公司内部管理平台分配访问权限，使参与项目的各地译员能够共享公司的翻译记忆库。

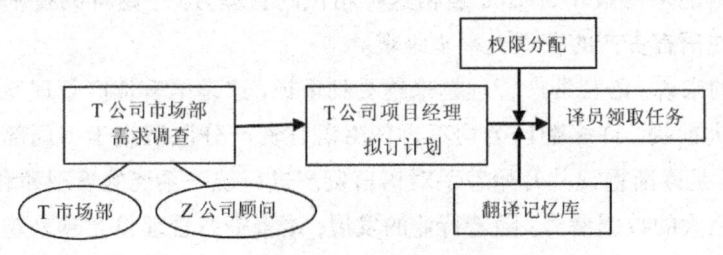

初始阶段主要流程图

---

① 译群网官方网站：http://www.1qunwang.com。

翻译阶段：借助公司的在线平台以及翻译记忆库，译员开始进行翻译，即使在不同分公司，也能进行实时交流。项目经理同时进行项目的实时把控。

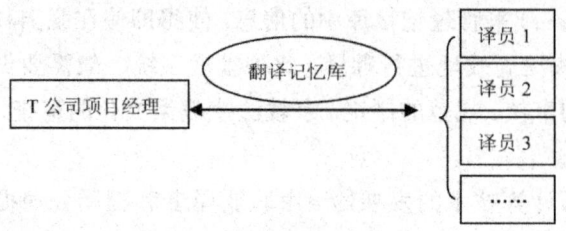

翻译阶段主要流程图

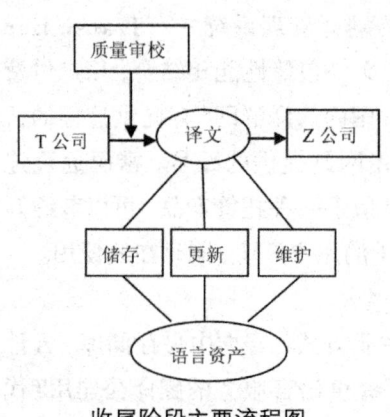

收尾阶段主要流程图

收尾阶段：T公司审核后向Z公司提交译文。T公司对语言资产进行储存、更新和维护。

3. 语言资产管理前瞻

3.1 语言资产管理的现状

现如今，真正意义上对语言资产进行系统化管理的翻译公司数量较少，且管理效率不高。极少公司能够做到既使用专门的语言资产管理工具，又聘用专门的语言资产管理人才。有一些翻译公司只是通过微软的Access、Excel、Visual Basic或金山WPS等表格工具对语言资产进行简单的存储和管理。不少翻译公司的资产管理仍较为薄弱，且存在一些亟待解决的问题。比如，小型翻译公司存在资金缺口、技术缺口，很难做到完全自主开发，多是基于第三方工具来构建语言资产管理的系统，甚至有的只能采用微软的Excel表格这样粗浅的管理方式，这样的技术鸿沟使得小型公司在语言资产的管理上举步维艰。

但总的来说，语言资产管理越来越受到重视，这是语言资产管理逐渐发展和完善的一大前提。许多翻译公司不再任由语言资产分散沉寂于不同部门的各个文件中，而是逐渐重视并开始着手对语言资产进行统一系统的管理和利用，从中挖掘发挥巨大的数据潜力。随着行业的发展，语言资产管理将会越来越完善。

3.2 语言资产管理的发展趋势

翻译活动已经随着经济的全球化不再仅仅处于"满足交际需求的语用层面"，而是"提升到增强客户企业竞争力的战略层面"（王传英、闫栗丽、张颖丽，2011：55—59）。王华树认为，跨国企业对文档和网站内容的本地化需求以及"多语言内容平台"为中心的"全球信息管理"模式促使"计算机辅助翻译系统、翻译项目管理系统和企业内容管理系统"加速联合交融，语言资产管理模式的趋势是从"分散式管理"向更为"科学、高效"的"集中式管理"转变。（王华树，2015：370）崔启亮建议各个企业"根据产品特征、市场分布和业务发展的实际需要"，"采用标准化、信息化、结构化、层次化的方式构建企业语言资产管理平台"，将"企业语言资产管理平台""企业信息全球化管理系统"与"企业资源计划系统"三者有机结合。（崔启亮，2012：64—67）

互联网新模式的云计算为语言资产管理的集中、高效的转变奠定了坚实的基础。云计算与随之应运而生的云服务器为翻译公司和译员们提供了更为可靠、多样化的存储方案，其强大的弹性扩展能力有助于企业减少购置软、硬件的数量、优化语言资产管理成本投入，其后台设计可以使数据能够及时得到恢复，可以随时增加带宽提高速度。

互联网和计算机的变革给未来的语言资产管理带来无限发展的可能。云计算和虚拟投影技术的进步将云端与各种用户终端（计算机端、手机端、平板端）更紧密地相连，操控将更为便捷，对用户更为友好化。

3.3 语言资产管理平台的发展

在如今大数据时代，将创新科技融入语言服务领域，与大数据、云计算完美融合才是未来发展趋势。对于个人、团体翻译以及小型语言服务公司来说，语言资产可以和大数据、云计算融合，使之成为管理海量语言资产的解决方案之一。

以译库[①]为例，其亮点是通过大数据、云计算、深度学习等核心技术，进行资源整合，致力于解决数据孤岛问题。它主要包括机器翻译、CAT辅助翻译、平行文本和语言资产管理四大工具，兼具开放式语言资产共享的功能特点。译库整合了各种语料资源并进行专业加工，最终汇聚了一个亿级资源的专业语料库。开创了开放式语言大数据资源共享交换平台，用户可在线使用语言资源，也可以上传分享自己的语言资产进行交换，平台还提供语言资源的管理、检索、分享、交换和评价工具。我们可以预测语言资产的交易也可以在这个平台实现。

针对大型企业，高效的语言资产管理解决方案通常包括企业信息化管理系统、内容管理系统以及语言资产管理系统的一个无缝衔接的平台。这种平台在企业局域网内搭建后，将企业内部所需的包括术语、记忆库以及其他语言资料在内

---

① 译库官方网站：https://www.yeekit.com。

的语言资产存放在中央服务器上，建立中央语言资产数据库。专业人员按照资产的类型，对语言资产进行分类存储和管理。部署中央语言数据库之后，无论是内部工作人员，还是外部供客户或项目相关人员，在协同翻译时可以通过公司内网或VPN实时访问该库，提供了可靠的资产共享功能，最大范围内实现翻译一致性和重复利用。同时，可以通过访问权限设置，限制语言资产获取人群，确保语言资产的安全性，有效保护了知识产权。

一些语言服务企业在提供集中化语言资产管理系统方面走在前列，还提出了全球信息管理战略，在全球范围内实现信息化语言资产管理。以语言服务提供商美国莱博智公司为例，其研发的Translation Workspace是基于"软件即服务"（SaaS）的开放式翻译平台，将翻译记忆库和词汇表存储在一个安全的中央存储库，可同时支持数千个用户访问（王华树，2013：11—14）。通过Translation Workspace，客户、翻译人员和外部语言服务商可以根据需要访问、分发、管理企业动态更新的语言资产，并查看每个项目的进度和每批译文的提交，确保语言资产最大化地被利用，达到翻译质量和节约项目成本的双重目的。当然，系统设置了具有不同级别的访问权限来确保语言资产的安全。

3.4 语言资产管理面临的挑战

基于技术发展的语言资产管理，在未来会不断完善，但也面临着不少挑战。其一，翻译数据的安全问题。如术语库、记忆库的数据是否会丢失，是否会被泄露，是否会被非法访问。其二，操作的便利性和标准的统一性问题。不同的云端是否允许交互操作，数据或程序是否能够迁移，等等。其三，网络的稳定性问题，包括服务器的带宽是否充足，系统是否稳定，用户端的网络通信是否顺畅等。这些挑战，不容小觑，而技术发展本身或许也能为这些挑战找到应对之策。

第六章 口译项目管理

我们谈翻译，往往谈论的是笔译。本书的前几章，就是侧重从笔译的角度去谈论翻译的基本准则和具体要求、计算机辅助翻译的工具、团队管理、项目质量监控和后期管理等内容。这些内容，有不少也适用于口译工作的管理。但口译，毕竟不同于一般的翻译或是笔译，口译工作的组织和管理与笔译项目管理存在很大的差别。因此，本章重点探讨口译项目管理。

口译工作，往往给人一种单打独斗的印象。译员各自为政，单独完成口译任务。要说对口译工作进行管理，似乎无从下手。但是，随着翻译服务业向语言服务业的转型、行业整体规范化水平的提高和翻译项目管理理念的引入，口译服务的形式正在悄然发生着变化。首先口译行业也出现了相关的规范化文件，如美国材料与试验协会发布的《口译服务标准指南》（*Standard Guide for Language Interpretation Service ASTM F2089-01*）和我国制定的国家标准《翻译服务规范 第2部分：口译》（GB/T 19363.2—2006）。其次，原先提供"散兵游勇"式的口译服务的语言服务提供商们也逐渐意识到规范化的口译项目管理的重要性。口译项目管理，不仅可以及时、高效、科学地协调、组织和调配有关资源，更能保质保量地完成客户交办的口译任务。涉及大型赛事、文体活动、交易会、会议时更是如此，因为程序上或环节上的任何缺失都可能给各方带来不可预期的损失。

根据PMI《项目管理知识体系指南》（王勇、张斌，2009:1），项目管理过程通常可以分为五大阶段：项目启动阶段、项目计划阶段、项目执行阶段、项目监控阶段和项目收尾阶段。口译项目管理过程通常也包括这五个阶段（王华伟、王华树，2013:1—3）。在本章，笔者结合口译实践经验，将五大阶段整合为三大阶段，即：项目启动与计划阶段、项目执行与监控阶段、项目收尾阶段，从这三个阶段对口译项目管理进行阐述[①]。

---

① 本章侧重谈论口译项目的各个阶段，不对小型口译项目和大型口译项目做进一步的区分。

第一节 口译项目启动与计划阶段

在项目启动阶段，作为需求方的客户已经表现出购买欲望，但是双方尚未就具体的实施方案达成一致。作为口译服务提供方的翻译公司，当务之急就是要确定客户需求。唯有确定了客户需求之后，双方才能朝着达成一致协议并顺利完成项目的方向共同努力。

1. 确定客户需求

启动阶段的主要任务是确定客户需求。只有确定了客户需求，口译提供方才能有的放矢地提供相应的服务。但是并非所有的客户都能清楚地说明自己需要什么样的口译服务。有的客户经常聘请口译员，对相关流程了如指掌；而有的客户对于自己的需求可能都不甚了解。比如，有客户找到翻译公司说要聘请两名"同传"，在翻译公司给出报价之后大为愕然，称别的公司开价低得多。在仔细询问和引导下才得知，原来客户需要的其实是交替传译译员。客户误以为"同传"就是一个概称，指代的是所有口译译员。又如，客户有时候并不是需要全程同传，而是交叉使用，在大会发言时使用同传，期间的互动使用交传，弄清楚这些细节既便于口译服务提供方组织开展工作，也利于制定双方满意的、合理的服务价格。可见，对于不确定自身需求的客户，项目经理予以适当引导、确定其需求是十分必要的。

一般来说，在需求确定阶段，我们需要理清楚4个W——Who, What, When和Where，即梳理清楚客户和服务对象、服务内容、服务时间和服务周期，以及服务地点相关的细节问题。需要与客户确认核实的问题有很多，列表如下：

4个W	分类	问题
Who	客户和服务对象	●客户是谁？来自什么样的行业？是个人还是企业客户？ ●客户所需要的是一对一、一对多，还是多对多的服务？ ●口译服务对象的国籍是哪里？是来自单一国家的客户，还是来自多个国家的客户？是为外国客户还是本国客户提供服务？是为政府代表团还是企业代表团提供服务？ ●关键联系人是谁？具体的联系方式是什么？

续表

4个W	分类	问题
What	服务内容	• 口译方式：需要现场口译，还是远程口译服务？是电话口译服务，还是视频口译服务？是交替传译，还是同声传译？是全程同传，还是交叉使用交传？（如大会发言使用同传，期间的互动使用交传）是视译，还是耳语翻译？译员是否需要同时提供笔译服务？客户是否打算支付笔译服务费？
What	服务内容	• 服务领域：涉及哪方面的领域？是否有背景材料？是否有往年的会议资料？是网站、电子文档，还是纸质材料？ • 场合：正式程度如何？是高层论坛、行业高峰会议，还是普通的业务洽谈？是大型还是小型会议？是演讲，还是培训？是全程摄影、摄像，实况转播，还是内部会议？
When	服务时间和服务周期	• 口译服务的具体起止时间是什么？译员应何时到岗、何时离岗？ • 具体是哪一天？几点钟？持续时间多久？ • 译员是否有时间准备？准备时间多长？ • 译员的具体工作安排有哪些？每天的工作时长是几个小时？超出部分是否支付加班费？ • 译员的交通与住宿如何解决？什么时候可以拿到全部会议材料？客户何时可以付款？付款周期是多长时间？
Where	服务地点	• 地点：是在本地，还是在外地？是在省内，还是在省外？是在国内，还是在国外？ • 口译场所是在企业、政府部门，还是在酒店？是在宴会厅，还是在报告厅？ • 译员是否可以就座，还是需要站立？是坐在台上，还是坐在台下？是站在台上，还是坐在台上？宴请时，译员可否上席？ • 会见时，译员的位置在主宾的哪一侧？是固定的同传间，还是移动式口译厢？同传间的具体位置，口译厢的摆放位置是怎样的？ • 可否看得见发言人及PPT？同传间内是否有可播放PPT的小电脑屏幕？

为了更好地了解客户的需求，可以通过表格等形式获取所需信息，如客户委托单：

口译项目客户委托单[①]

口译项目客户委托单				
客户姓名（单位）		电话（手机）		
经办人		E-mail		
口译类型		口译语种		译员数量
单价（时/天）		预付款/定金		付款方式
服务起始时间				总金额
服务终止时间				付款日期
服务提供地址				
备注				

甲方：（签章）   乙方：（签章）

    年 月 日   年 月 日

---

① 本表由译国译民翻译服务有限公司提供。

2. 资源与成本评估

确定客户需求后，口译服务提供方需要对资源和成本进行评估，之后才能决定是否要举全公司之力赢取项目。资源评估主要包括三个方面：其一，需要投入什么样的资源；其二，需要投入多少资源；其三，何时投入、何时撤出资源。而成本评估主要涉及人员与设备。

举例来说，假设客户准备举办一个为期一天的"城市水资源保护论坛"，需要英汉、汉英双向交传译员，会议在福建举行，开幕式和闭幕式都在主会场举行，开幕式后分主会场、分会场两个会场同时进行。在这一情况下，所需的资源和成本投入预计如下：

资源类别	技能要求	译员需求	到位时间	退出时间	备注
口译资源	英汉、汉英交传经验	3（主会场2名，分会场1名）	一整天	一整天	
跟会人员	口译项目管理经验	1	一整天	一整天	

由于是交传，会场已经自备麦克风、音响等设备，口译服务提供方只需核算人员投入成本，含交通、餐饮、加班费等。交传报价通常按天和人头报价。当然，口译服务提供方还应考虑译员变更等风险，将风险成本加入预算，以留有余地。

3. 赢取订单并签订合同

在确定客户需求并对资源与成本进行评估之后，就可以和客户进行深入洽谈了。如果双方达成了一致，赢取了订单，下一步就是签订合同了。当然，大型口译服务的业务洽谈要复杂得多，通常需要经过严格的竞标程序才能获得，此处不赘述。

口译服务提供商通常都有现成的合同模板：一份是口译服务提供商与服务需求方（客户）之间的合同，另一份则是口译服务提供商与译员之间的合同。有时，由于口译内容涉及商业机密，客户还会要求译员签署一份《保密协议》。口译服务合同一般包含以下内容：口译服务内容、双方责任权利、重要约定、口译服务价格、付款条件、违约责任、不可抗力条款、其他条款等。《保密协议》通常包括保密义务、保密的范围、保密信息的使用、违约责任、争议的解决办法等。在签订合同时，口译服务提供商在保证公司利益的同时，还应该为译员争取尽可能好的工作条件，为译员收集尽可能多的背景资料，尤其是会议材料，并为译员争取合理的加班费和休假安排。

4. 确定译员

合同签订之后，口译服务项目就正式立项了。口译服务提供商需要为每一个立项的项目建立一个档案，内容可包括：项目名称、编号、内容、语种、需求日期、口译日期、口译方式、口译地点、关键联系人等。之后，口译服务提供商就可以根据自身的资源储备和调配情况，从全职译员或兼职译员库中挑选出符合条件的译员担任相关工作。

填写口译项目管理档案的时候，有不少细节问题要注意。具体如下：

（1）在填写付款人时，可以附带备注上开具发票的细节。

（2）填写客户（接受口译服务的对象）一栏时，应备注客户的英语水平或其他相应的语言能力。

（3）填写需求方时，除了姓名，还应具体地附上职务、联系方式（含手机号）。

（4）关于口译的准备时间，并不一定每次口译项目都有涉及。但对于会议口译来说，准备至关重要，写明准备时间也是必要的。

（5）服务提供模式指的是现场口译或远程口译（视频会议或电话会议）。只有当参与者进行远程会晤时才采用远程口译。

（6）口译的领域应写明，例如：外交、联络、会议、媒体、商务、劳动关系、社区、社会服务、医疗健康、教育、法律、安全、军事、赈灾和人道服务等等。

（7）口译的场景有：一对一、集体聆听、演讲、会议、审判、媒体、作证等等。

（8）口译的场所可以是：会务中心、会见厅、法庭、矫正中心、警察局、拘留中心、教育场所、办公室、剧院、电视台/电台、健康机构、商业/企业综合体、农村/户外等等。

（9）在填写所需的口译员数量时，要充分考虑口译工作的难度和强度，合理安排译员数量，因为承担高强度口译工作的译员的可持续工作时间有一定的限度。对于交替传译来说，为了保证口译质量和准确性，工作时间2个小时以上，复杂主题、技术性较高或专业程度较高的口译，应聘请两名口译员。对于同声传译来说，持续时间超过1小时的任何活动，每一个语种都应聘请两名口译员。如口译团队需要进行双向同声传译，则应配备三名口译。而影响信息的复杂性与密度，从而影响口译工作的强度和难度的因素有：语速的快慢、是否遵照书面稿、是否有视觉辅助工具或事先录制好的录像等、是否是技术类主题等，这些都应在确定译员数量时综合考虑。

（10）在填写口译员资格的认证时，要注明译员具备何种及哪个等级的口译认证证书。近年来，随着翻译资格证书考试的普及，是否具有口译资格证书也逐渐成为选拔译员的一个必备因素。中华人民共和国国家标准《翻译服务规范 第2部分：口译》就要求译员应该"有国家承认的有关部门颁发的口译资格证书或有相应的能力"。而目前市场上通用的证书有翻译专业资格（水平）考试（CATTI）证书、LSCAT证书、上海外语口译岗位资格证书、厦门大学英语口译资格证书等。除此之外，还要注意的是，一些领域的口译员还需有特殊的认证，如从事的是法律口译工作，应聘请经过认证的法庭口译员；医疗口译应聘请经过认证的医疗口译员。

（11）为了保证口译质量与准确性，口译员应事先获得会上可能讨论或提及的材料，或参加译前吹风会，如议程/日程安排、书面演讲稿、已翻译的讲义、PPT、上一届会议资料等。这些都应注明在"背景或支撑材料"这一栏。

（12）在"工作条件"这一栏，要注意对音响的要求。如果说话者使用麦克风，译员会听得更清晰。交替传译时，口译员也可使用别针式麦克风和讲台。口译工作对于能见性也有要求，译员应该有很好的视线，看演讲者时应该不受阻碍。另外，如果是为视频会议做口译，屏幕要大，这样才能看得清演讲者。

（13）在"设备"一栏，要注明具体细节。如：通过耳机，口译员应该只听到演讲者的声音，不能听到口译员自己的声音。音量可由口译员自行调节。口译员的麦克风或扬声器最好配有可调节的开/关键与咳嗽键。对于无线设备，应该每个语种配备一个传送器，每个译员配备一个接收器、一个麦克风和一个耳机，并且最好每种设备都能有一个备份，以备出现故障或其他意外情况时可以及时调用。如果需要口译员上台，则需要为口译员准备别针式麦克风，在有讲台的情况下要为口译员再准备一个讲台。在表格中，还应注明现场技术人员的联系方式，以便及时沟通。

（14）"文件准备"一栏，要写明是否需要为与会者提供书面翻译，如会前笔译、会后笔译。如果需要，则要开出独立的笔译订单。

（15）在"付款条款"一栏，可选的付款方式有EFT、支票、信用卡等。有时候，客户会要求出具IRS表W-9（纳税人身份证号及认证）、USCIS表I-9（可雇佣核准），这些也要在表格里加以注明。

口译项目管理档案示例[1]

口译项目管理档案		
派单号		
付款人		
客户		
需求方		
联系人		
最初需求日		
接受日		
口译日	日期	
	准备时间	
	开始时间	
	结束时间	
	地点	
服务提供模式		
口译领域		
语言与方言		
语对与方向		
口译场景		
场所		
所需的口译员数量		
口译员资格	认证	
	安全许可	
	HIPAA 认证	
	免疫	
背景或支撑材料		
工作条件	音响	
	能见性	

---

[1] http://blog.gauchatranslations.com/wp-content/uploads/2015/10/Helen-GT-Interpreting-specs-rv-oct-2015.pdf (DB/ OL), 2016年7月1日下载。

续表

口译项目管理档案			
设备	声音	耳机	
		麦克风	
	口译间	静音通风	
		隔音	
		写字台，光线充足，适于阅读	
		静音椅子	
	技术支持	配备技术人员，负责口译间、音响设备的安装、拆除和监控	
	无线设备	传送器	
		接收器	
		麦克风	
		耳机	
		备份设备	
	台上	麦克风	
		讲台	
文件准备			
付款条件		每小时的口译费用标准	
		最短持续时间	
		缺席	
		临时取消	
交通		公里数	
		旅行时间	
		停车、摆渡、过路费	
		其他	
付款条款		时间点	
		付款方式	
		需要的文档	

无论是一般生活场合或一般工作场合的口译任务，还是正式的会谈口译、会议口译、同声传译，口译服务提供商都应该充分考虑公司、客户、译员的利益，尊重客户的意见，为其遴选出最合适的译员。通常，对于正式的会谈口译、会议口译、同声传译而言，其译员的遴选过程则更为严苛。客户不仅会索取译员的简历，而且对译员的口译能力、教育程度、职业素养、外形气质等都可能会有更高的要求。

5. 风险预控

口译项目具有即时性、现场性、不可逆性等特点。口译项目在施行过程中，难免会遇到各种各样的风险，包括译员变更风险、译员相关主题知识匮乏的风险、突发性口译任务风险、口译技术设备风险、译员流失风险、译员人身安全风险、成本或预算风险。因此在口译项目执行阶段之前，要预见各种风险并事先做好预案、备案。

5.1 译员变更风险

译员变更风险可能是由译员，也可能是由客户引起的。承担口译任务的译员可能因为身体不适等原因，临时要求他人代为完成口译任务。而客户也可能临时提出更换译员。比如，曾有口译项目的客户会在活动开始前突然间要求口译员必须是声音柔美的女译员，这时先前派去的男译员就得临时被更换下来。有时候，译员在现场表现欠佳，也可能会被客户退回。又或者，客户可能临时改变计划，译员已经派到现场，但无口译可做。此时，为了保证现场活动的正常进行，可选择先行退回，再由公司出面协调。

5.2 译员相关主题知识匮乏风险

口译主题因任务的不同而不同。出色的口译员应该是百科全书式的人物，应该"上知天文，下知地理"。但是由于学科分类越来越细致，这只能是一种奢望。译员的外语能力和翻译能力一般较为出色，但是专业知识、主题知识则会因个人涉猎范围以及个人侧重点的不同而不同。而口译项目最大的挑战之一就是译员会遇到各行各业的各种专业知识。如果译员无法在短时间内扎实掌握这些知识的话，势必会造成口译过程的巨大障碍，严重影响口译项目的质量。

5.3 突发性口译任务风险

在执行口译项目的过程中，可能会出现突发性的口译需求。这时可能因为现场译员不足、未配备相关语种译员、人员权限不足、车辆无法调度等原因，无法得以有效处置和应急处理，其产生的结果将是极其严重的。

5.4 口译技术设备风险

在口译项目的执行阶段,如果出现设备不足、音响出错等问题,则可能会严重影响口译服务的质量。

5.5 译员流失风险

大型赛事口译项目任务繁重,持续时间较长,工作强度较高,译员容易流失;同样,外派条件艰苦地区或国家的译员也可能产生畏难情绪,申请回国。

5.6 译员人身安全风险

外派译员,尤其是外派至国外及省外的译员应购买人身保险。如果是派译员前往疾病高发区、灾区、不安定地区,则需要事先和客户沟通好安全保障措施,避免发生人身或财产损失。例如,曾有援外翻译赴非洲某国担任驻外译员,因该国发生兵变,连夜辗转回国,险遭不测。

5.7 成本或预算风险

从项目经理的角度出发,由于存在上述风险,所以在核算成本时,应当适当考虑不可控因素和变更译员的风险,并将其计入成本。这样才能留有余地,在出现风险时进行译员变更。

综上所述,风险无所不在,但是如果事先口译服务提供商能够做好应急预案,多加投入,就能有效避免相关问题。

第二节 口译项目执行与监控阶段

1. 执行阶段

在口译执行阶段,译员是口译活动当之无愧的行为主体人。译员提前到达口译现场后,应马上告知客户和公司,并及时请客户在考勤表[①]上签字。按照惯例,在会前一天,通常要求译员到现场熟悉场地、调试设备,并确定执行口译任务的具体地点。有时,译员还会本着高度负责的精神,参与内外宾的接待工作。这对于熟悉内外宾的口音、获取最新的会议材料都颇有帮助。如笔者承担的一场高规格口译活动中,某国际组织官员甚至要求译员事先和他一起演练中英文书面稿,以便更好地把握演讲的语气和风格,更好地调动现场参会者的情绪。

---

① 本表由译国译民翻译服务有限公司提供。

口译服务人员现场考勤单

客户名称 Name of the Customer	中文			译员姓名 Name of the Interpreter	中文			
	English				English			
日期 Date	到岗时间 Time of Arrivals	离岗时间 Time of Leavings	服务时间 Service Time	异常情况说明 Irregular Situations			客户当天负责人确认 Confirmation of the Customer
				迟到 Lateness	事假 Personal Affairs	病假 Illness	

客户代表签字：
Signature of the Customer:
年　月　日
Date:

1.1 突发状况

在口译项目执行阶段，最忌讳的是"我以为……"。比如，2016年5月18日，在联合国首届海陆丝绸之路城市联盟大会"城市推介会"环节，伊朗伊斯法罕市市长一上台就侃侃而谈，但口译厢里的同传译员马上愣住了。这不是因为译员准备不充分，或者是译员水平不够，而是因为该市长说的是波斯语，而人人都以为演讲者都会说英语。现场并没有波斯语译员，同时，现场也没有人将其翻译成英语，让译员接力翻译成汉语。幸运的是，当天的译员是接受过欧盟口译培训的专业英汉口译员，她反应非常敏捷，根据事先准备好的讲话提纲，并根据PPT上显示的内容，大致猜出演讲者可能谈论的内容，将事先准备好的讲稿有选择地读出，使得该环节得以顺利进行。

现在堵车已经成为困扰许多城市的大问题之一。曾经有位担任美国FDA举办的培训的口译员，虽然主办方已经安排了酒店住宿，但她认为培训地点是同城，自行驾车绝对没有问题，坚持回家住宿。不料第二天开车前往时，由于某领导来访,部分道路被封,只好由同事代为完成部分口译,她只能在活动开始1个小时后才赶到现场,对会议的进程造成了一定的影响。一般建议译员在接受口译任务时,要提前1个小时左右到达现场。

1.2 临时救场

在口译项目的执行过程中,有时突发事件几乎是无可避免的。比如,在涉及诸多参会者的大型会议口译项目中,会议议程临时变更是常有的事。如果事先预留了一定的费用,那么就可能请所有译员从会议一开始就到场待命。否则可能因为人多事杂,会务陷入杂乱。如在一次大规模的国际会议上,每个口译员负责同一分会场的不同发言人的口译工作。但是,由于有些发言人尚未抵达,会议进程进行了大幅度的调整,导致本应负责某场口译工作的口译员未能及时到场。在这种情况下,只能让在场的口译员临时替补,但是这几位口译员事先并未接触相关演讲内容,只能临时抽空恶补一下相关材料,匆忙上场。但碰到此类突发事件,哪怕译文质量有待提高,也比耽误了会议进程要好。

2. 质量监控

中华人民共和国国家标准《翻译服务规范 第2部分:口译》中规定:"在口译服务过程中出现问题,口译服务方应与顾客密切配合及时予以处理。"所以,为了保证口译的顺利进行,口译服务方应派员到现场配合口译员开展工作。我们称这类人员为"跟会人员"。跟会人员主要负责与客户、译员及时沟通,保证项目在可控的范围内正常运行。跟会人员要填写《口译跟会人员工作清单》,从该表我们可以看出,跟会人员的工作也贯穿于整个口译项目执行过程的始终:从"前期准备"到"中期评测",再到"后期总结",跟会人员始终都在口译项目现场,为整个口译项目的顺利实施做出了重要的贡献。同时,跟会人员也是一个重要的评估者。他的评价和最终用户的评价一样,会对译员未来的接单产生重要的影响。可以说,口译跟会人员肩负着质量监控的重要责任。

比如,在特奥会的某个同传现场,有志愿者来到同传间,表达了对其中一名同传译员的不满,要求首席译员更换人选,或由志愿者上场。由于首席译员此时还在工作中,无暇处理此事。此时,如果有跟会人员出来协调,就不容易影响现场同传,更不会出现会议议程中断的情况,跟会人员可以及时请求公司另派人选。而当时出现这样的情况,原因之一是译员水平确实有限,信息传递不足,致使现场听众对口译员的资质产生怀疑。原因之二是在同传间听原语发言和在现场听口译完全是两码事。首席译员请志愿者现场同传了一两分钟,志愿者马上出现极度吃力的情况，不得不退下场来。另外，放置于会场后方的口译厢有时会被理解为休息一角，时常会有与会者躲到口译厢边上聊天、打电话，直接影响了口译员的工作状态。这些都需要跟会人员协调解决。

口译跟会人员工作清单[1]

口译跟会人员工作清单					
[前期准备]					
工作内容	达成情况				备注
同传设备检查	□正常	□不正常			
^	^	□维修	□更换	□更改口译形式	
确定交传译员座位	足够	□是	合理	□是	
^	^	□否	^	□否	
交传设备调试	足够	□是	□正常	□不正常	
^	^	□否	^	□维修 □更换	□调整译员座位
译员着装得体	□是			□否	
译员手机关闭	□是			□否	
译员就餐安排	□餐票	□就餐时间	□就餐地点	□就餐习惯	
译员参考资料	□齐全				□不齐全
^	□原文	□译文			^
^	^	□客户方	□译员	□我方	^
与主持人、发言人事先沟通	□是			□否	
[中期评测]					
会议名称				译员编号	
会议时间	年 月 日 时 分 — 年 月 日 时 分				
语种			项目类型	□同传 □交传 □陪同 □其他	
评估种类	类别	评分点	说明（满分120分，优5分，良3分，一般1分，差0分）		分数
过程评估	职业技能	可信度	译语信息转达完整、准确、忠实于原文内容		
^	^	可接受度	译语表达层次分明、逻辑清晰、确切到位、遣词造句贴切，发音清楚，听众容易接受		

---

[1] 金雅玲. 我国大型体育赛事口译项目过程管理研究[D].《体育文化导刊》，2013：30—31.

续表

口译跟会人员工作清单					
过程评估	职业技能	简明度	发言人的风格、说话方式能在译语中准确反映，译语简洁明了	
		多样性	适应不同口音，明悉不同题材，了解不同专题的发言	
		瞬间记忆能力	对于长句的瞬间记忆和掌握能力	
		口译笔记能力	对于发言人讲话要点快速笔记能力的熟悉程度和规范程度	
		数字转换能力	数字翻译的准确和快速	
		信息掌握能力	无错译、漏译现象	
		术语掌握能力	对于行业专业术语的应用准确程度	
	职业技巧	心理素质	现场工作压力的承受能力和紧张度	
		应变能力	对紧急情况的应急策略和应对措施	
		反应速度	在短时间内应付难题，即时转达交流双方信息的能力	
		设备应用能力	麦克风运用、不同语言声道调节、耳机应用技术的熟悉程度	
成果评估	效果测量	工作语言掌握程度	熟悉掌握两种工作语言的口、笔语，包括术语、流行语和方言	
		工作语言转换程度	能运用正确的口译技巧，在两种工作语言之间准确流利的转换	
		对所译专业知识的掌握程度	了解所译专业的相关程度和特点	
		双方文化背景的熟知程度	熟悉双方文化背景，洞悉跨文化差异	
		仪容仪表	职业举止、交流艺术、控制场面的能力	
	职业道德	保密	不对第三方泄露任何需要保密的信息和数据	
		公正	保持中立，忠实传递讲话者的意图，准确表达讲话者的精神实质	
		按时	守时服务，不迟到早退	
		尊重客户	尊重讲话人，不因种族、肤色和宗教信仰而歧视讲话人	
		公平交易	不接受任何形式的馈赠	

续表

		口译跟会人员工作清单		
成果评估	职业道德	诚实	不接受超出自己能力的口译任务	
		自我学习能力	对于参考资料的准备和掌握能力	
总分				
[后期总结]				
译员总体评价	客户			
	译员			
	跟会人员			
小结	译员	序号	出现的问题	正确解决方法
	管理人员			

第三节　口译项目收尾阶段

1. 译后验收

口译员在离岗前应告知口译组织方和客户，请客户在考勤表上签字，并对整场口译任务的完成情况做出评价。这对于合同的履行、尾款的收取、争议的解决都有重要意义。有学者指出："口译服务项目的收尾工作基本包含下列环节：服务验收、异议处理、收款、译费结算、项目总结、成本核算、质量评估、过程评价、客户满意度调查。项目经理在项目结束后，请客户方在服务单上签字，确定服务结束，对服务质量满意，以免后期纠纷。如果发生客户不满意的情况，要请客户方注明原因，必要时，需要提供证据或者第三方证人，以行使申请法律仲裁。在可能的情况下，为避免纠纷，译员或者项目经理应该做现场录音。"[1]

客户反馈与评价也是重要的一环。例如有一次某高校教师介绍一位口译能力较为出色的同学去完成一场较为正式的口译活动。事先主办方还提供了书面材料。但是这位同学认为既然有材料了，自己口译能力也不弱，没有费心费神去认真准备。事后，主办方与该教师取得了联系，并发了一封邮件，指出该学生尽管有材料也没有认真准备，影响了口译项目的质量。

---

[1] 吕乐，闫栗丽. 翻译项目管理[M]. 北京：国防工业出版社，2014：141.

外派译员服务综合评估表[1]

外派译员服务综合评估表

请您对我公司外派译员＿＿＿＿＿＿＿的服务作出中肯评估，在适合栏上打勾。

评价\项目	优	良	中	差
着　装				
谈　吐				
专业知识				
职业素养				
总　评				
备　注				

2. 档案管理

建立好口译项目档案不仅有利于项目管理和检讨，而且会给未来的译员提供参考。口译项目档案主要分为项目档案、译员档案和业务档案。

项目档案应记录每次口译项目完整信息，包括项目内容、口译类别、需求方信息、项目开始时间、结束时间、项目时长、口译类别、语种要求、口译方向、口译对象、口译涉及的专业、主题、具体要求、译员和跟会人员安排方案、现场控制方案和应急处理方案等。

译员档案包括译员简历、译员资质、证书复印件、身份证复印件、译员在本次项目中承担的具体工作内容和表现。

业务档案包括上述的《口译跟会人员工作清单》、考勤表、评价表，还包括项目小结、总结记录等。

---

[1] 该节曾在2016年"第二届《外国语》翻译研究高层论坛暨全国'特色翻译教育探索'学术研讨会"宣读，微缩版见岳峰，林世宋. 在线实习：福建师范大学翻译教育校企合作特色. 外国语，2017（5）.

中篇 案例

第七章

教学案例

第一节 福建师范大学经验：在线实习、流程训练与科研对接[①]

翻译专业的本科生、硕士生需要实习来实现与翻译职场的无缝对接。但是，从严格意义上说，高校翻译实习基地因场地与自身业务等原因基本无法满足实习需求。鉴于此，福建师范大学与实习基地——福州译国译民翻译有限公司联合开发了在线实习项目，使公司容纳实习生的能力无限制增长，实习时间大大延长，并突破了地域限制。该系统已率先在国内运营，接纳了全国各地高校大量的实习生。实习中，流程训练与专业翻译被放到重要的位置上。在长期合作的基础上，福州译国译民翻译有限公司与福建师范大学老师联合编写教材，推出了有相当规模的实用型前沿翻译系列教材，逾三百万字，书中有同类教材较少提及的翻译职场经验，如项目管理、机辅翻译、法律法规等，也涉及同类教材中较少谈及的行业。校企合作是未来中国翻译事业的新生力量。

1. 背景

福建师范大学（以下简称"福建师大"）是一所具有一百多年翻译传统的高校，是省部共建重点大学。1996年福建师大外国语学院成立翻译系，在全国居领先地位。2008年，外国语学院翻译课被评为省级精品课程，翻译教学质量得到了广泛认可。该学院翻译硕士专业学位点是全国第二批经国务院学位委员会全国翻译硕士专业学位教育指导委员会审核通过的，拥有口译、笔译两个方向的硕士点。同时，作为全国高师院校首批四个英语语言文学硕士点之一，外国语学院硕

[①] 该节曾在2016年"第二届《外国语》翻译研究高层论坛暨全国'特色翻译教育探索'学术研讨会"宣读，微缩版见岳峰，林世宋. 在线实习：福建师范大学翻译教育校企合作特色. 外国语，2017（5）.

士点的一个重要研究方向就是翻译理论与实践。该学院已拥有外国语言文学一级学科博士和硕士授权点以及博士后流动站，培养的博士研究生亦包括翻译方向。拥有强大师资队伍、多次以译著与翻译研究获得省政府奖，一直承担着福建重大外宣活动的翻译任务，比如省电视台与政府文件的翻译。福州译国译民翻译有限公司是福建最大的翻译公司，也是全国十大翻译公司之一。公司主要承接25个语种、32种主流行业的文字翻译、大型国际会议同声传译、网站翻译、多媒体翻译等业务，为国际大会和电视台提供优质同声传译服务与同传设备。从2010年起福建师范大学外国语学院与福州译国译民翻译服务有限公司合作建立翻译培训基地，然而，问题很快就出现了。

虽然译国译民的办公面积超过2000平方米，但如果一下子涌进100多名实习生，公司会拥挤不堪，而这些实习生大多喜欢"扎堆"进来，因为只有寒暑假或者某个教育实习时间才能参加实习。译国译民要接待的不仅是来自福建师大的学生，还有其他学校的实习生，其数量超过了接待能力。

福建师大也有其他的基地，但是容纳实习生的能力到不了这种程度，而且要求不一样。在很长一段时间，最强的学生，包括博士生、最优秀的研究生在福建电视台做新闻翻译，由专家联合指导，圆满完成了一些重大翻译任务。[①] 经过在电视台的锻炼，这些研究生在翻译水平方面突飞猛进，均在高校任职。但电视台容纳的翻译人数不会超过30人。

全国高校的翻译教育都面临实习机会不足的问题，而且翻译教育发展速度极快。2006年，3所高校试办翻译本科专业（BTI），截至2015年，已有196所高校开设这一本科专业；2007年，首批翻译硕士（MTI）试点高校共计15所，截至2014年7月，206所高校开设了MTI专业[②]，2015年MTI毕业生超过8000人。所以翻译实习已经到了告急的时候。通过校际交流可以知道，翻译实习造假的情况很多，比如说，有学生号称担任某中学外事翻译，实际上该学校根本没有外教与对外交流；也有学生声称在某医疗机械厂担任翻译，但其实该厂根本没有进出口资格。

还有同样严重的问题，高校翻译课程赶不上市场变化。诚然，高校的翻译教

---

① 有关情况请参看：岳峰，陈榕烽. 从译审到翻译——MTI传媒翻译逆序教学法探索. 中国翻译，2014（5）.

② 翻译硕士专业学位培养院校名单，http://www.zyxw.cn/article/cdetail/2670，下载于2016年1月，后经过专家评估小组的严格审核，取消了一所院校的MTI办学资格，到2016年9月为205所。

学内容在不断转型与发展，但总体来说无法适应市场需求，目前在很多学校的教学中，文宣语篇的教学居多。但是我们所服务的市场涵盖经济、法律、金融、文宣、工程以及机械等各种领域。译国译民的客户遍布全中国200多个地市，共有1万多家企业客户，其翻译领域分布有一定的典型性，如下图：

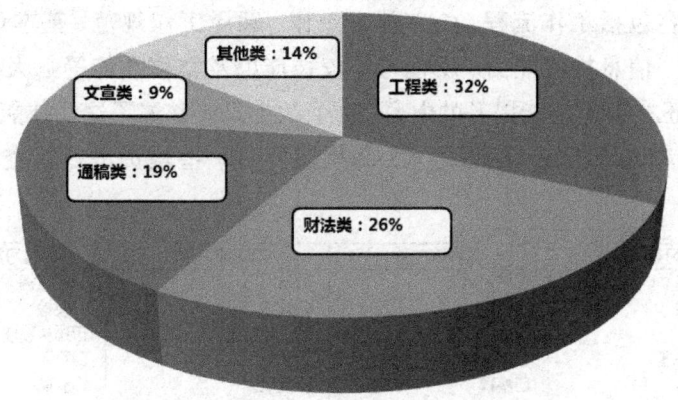

2015年译国译民英语翻译各领域比例

从中可见，文宣类仅占9%，而对外工程以及财经法律类占比将近60%，这很契合中国近几年"一带一路"的政策布局和发展局面。2015年，中国对外投资7350.8亿元，同比增长14.7%，我国对外承包工程业务完成营业额9596亿元人民币，同比增长8.2%。①这些对外业务需要大量翻译支持，否则投资方无法做市场调研，无法签订合同，更无法在现场施工。中国将在5年内成为对外投资第三大国②，按照当下的发展势头，中国成为世界第一投资大国也只是时间的问题。因此，未来能适应市场经济的是实用型翻译人才，现在多数高校满足不了这个要求，要靠实习来补足。

2. 在线实习系统的开发与管理

为了解决实习机会匮乏的普遍现象，为了使学生所学即所需，福建师大与译国译民联合开发在线实习。公司设立一个服务器，各校实习生在宿舍里就可以通过宽带或wifi连接到公司系统进行学习。培训师通过互联网可以面对100个甚至

---

① http://finance.ifeng.com/a/20160120/14179137_0.shtml，下载于2016年1月2日。
② 中国将在5年内成为继美国、英国之后对外投资第三大国，http://mil.news.sina.com.cn/dgby/2016-02-01/doc-ifxnzanh0487850.shtml，下载于2016年2月5日。

1000个学员进行授课。在有限的时间里，大大提高教师的教学效率，这样培训师可以把更宝贵的时间花在评阅学生作业上。同时，提高学生的学习效率，减少路途时间，并且不用考虑住宿问题，减少学生的成本。福建师大与译国译民联合设计课程、授课与答疑。

学习内容包括工作流程、CAT基本操作、翻译工作规范、基本计算机与办公软件使用、信息检索能力、质检与审校技能以及整稿技能等七大类，共58个小类，此外还有翻译技能提升的内容。每个学生只要掌握了这些技能，就可以从翻译公司或者客户接活。培训之后，每周还要对一些培训进行复查和评估，如下表：

	实习第一周		实习第二周		实习第三周		实习第四周	
实习内容	□入职基本技能培训 □练习稿 □质检 □语料整理 □录入 □整稿 □正式1.0项目 □正式2.0项目		□练习稿 □质检 □语料整理 □录入 □整稿 □正式1.0项目 □正式2.0项目		□练习稿 □质检 □语料整理 □录入 □整稿 □正式1.0项目 □正式2.0项目		□练习稿 □质检 □语料整理 □录入 □整稿 □正式1.0项目 □正式2.0项目 □正式3.0项目	
	评分细项	得分	评分细项	得分	评分细项	得分	评分细项	得分
实习评价	翻译量（字）		翻译量（字）		翻译量（字）		翻译量（字）	
	翻译速度（10分）		翻译速度（10分）		翻译速度（10分）		翻译速度（10分）	
	交稿时间（1分）		交稿时间（1分）		交稿时间（1分）		交稿时间（1分）	
	格式排版（1分）		格式排版（1分）		格式排版（1分）		格式排版（1分）	
	低级错误（2分）		低级错误（2分）		低级错误（2分）		低级错误（2分）	
	术语统一（1分）		术语统一（1分）		术语统一（1分）		术语统一（1分）	
	翻译质量（15分）		翻译质量（15分）		翻译质量（15分）		翻译质量（15分）	
	工作技能（15分）		工作技能（15分）		工作技能（15分）		工作技能（15分）	
	工作效率（15分）		工作效率（15分）		工作效率（15分）		工作效率（15分）	
	责任感（5分）		责任感（5分）		责任感（5分）		责任感（5分）	
	主动性（5分）		主动性（5分）		主动性（5分）		主动性（5分）	
	学习能力（5分）		学习能力（5分）		学习能力（5分）		学习能力（5分）	
	行为规范（5分）		行为规范（5分）		行为规范（5分）		行为规范（5分）	
	本周总分（50分）		**本周总分（50分）**		**本周总分（50分）**		**本周总分（50分）**	

当然，实际操作中，在线实习也会遇到一些困难。因为不是面授，培训者或者培训教师无法真正监控学生是否在上课，还是在浏览网页等。同时，不在一起实习很难产生热烈讨论的氛围。不过，这些困难是能够在我们的实际操作中被注意到并采取措施予以避免的。

其一，如上图，我们会要求学生进行考勤。因为笔译课程会涉及很多练习，我们会每次评价学生的练习。这样，学生听完老师的课程，然后就开始练习，做完练习我们又开始讲评，在这个过程中学生的习得可以得到巩固。在线实习期间，学员每天都要求写实习日志。

其二，我们会在学生当中设置组长和班长等岗位，除了辅助教学管理之外，他们还负责组织在线讨论。我们会适当布置一些讨论课程，有一些作业需要大家一起完成。当然，我们还会召开一些在线班会，让大家用英文自我介绍，甚至唱歌等活跃气氛。

其三，在学生关注的实习协议等方面给予方便。在学生完成在线实习后，我们会签署这些协议，然后快递给学生。同时，我们每次还会评选优秀实习生，让表现优秀的学生有荣誉感。

在课程设置方面，我们还会进行职业化的训练，让学生熟悉公司，熟悉企业文化，并且也让学生能够知道职场是怎样的。

上课时间	星期节次	星期一	星期二	星期三	星期四	星期五
8:30–9:45	一	实习课程介绍	文宣类练习（英中）	文宣练习讲评	质检测试	打字练习与测试
9:50–10:50	二	报告类练习（中英）		证件类练习（中英）		
11:00–12:00	三				证件练习讲评	质检测试讲评
午休（12:00–13:30）						
13:30–14:25	四	报告类练习（英中）	公司企业文化	证件类练习（英中）	综合考试	翻译职业与职业翻译
14:30–15:25	五					
15:30–16:25	六	文宣类练习（中英）	报告练习讲评	质检技能讲解		综合考试讲评与结业
16:30–17:30	七			质检技能操练		

新人培训部第一周在线实习课程表（2016年1月18日）

在线实习系统在短短几个月声名远扬，报名人数大大增加。现在全国各地的高校都有实习生参加培训。

3. 流程训练[①]

学习各种课程之后，实习生在实习期间必须经历整个团队翻译的完整流程，了解派单的基本原则，学会使用翻译的辅助工具，统一术语，具备难点、疑点与易错点的发现能力与解决能力，同时学会与客户沟通互动。另外，实习生还需养成译后自审的习惯，掌握校对的程序、要点，以及学会如何处理其他相关情况。

3.1 派单

翻译公司的项目流程大致如下：接单→派单→组织翻译→翻译过程监控→审校→交稿（及售后服务）。派单是指销售部门接到客户文件后分派给公司内部全职译员或外部兼职译员的步骤。接单时有关人员应该了解稿件背景：弄清翻译或校对的稿件的来源、文体、所涉及行业、专业程度、译文的使用者等，从而对难度有一个大体的估测；同时要明确客户的需求，了解所要翻译或校对稿件的文件份数、字数、交稿时间、目标读者和用途、译文的专业性程度要求、排版要求；还要了解客户接洽人员是否懂英语，因为如果客户接洽人员既懂其本公司专业知识，又有一定的英语水平，则更容易沟通，便于协助解决相关问题。

派单是一个看似简单却相当关键的环节，失误有时会导致严重后果。比如2014年年底某翻译公司为全球某知名公司翻译质量管理程序类文件，由于翻译过程中未及时反馈和沟通交流，翻译完成后客户发现译文术语不专业、不准确，从而导致十几万中文译文全部返稿修改，且失去后续合作机会。

派单伊始就要对文件进行严格命名，比如"原文件名-译员姓名-译文"，如果是返稿修改后再次提交的文件，则可以命名为"原文件名-修改稿-修改日期"。如果未经训练，实习生可能完全无此概念。有个在某高校外事处实习的学生，参与文件的反复修订，就是因为未严格按规定给文件命名而造成混乱，使一批人几天辛辛苦苦做出来的最终稿一夜归零。

派单时要判断原文件难度，比较难的是章程、合同、财会报表、专业科技文件、文学性较强的文件。派单负责人要确认难度与长度是译员能够承受的。去年某高校外事处急着翻译一个合作办学文件，其中包括合同与学校介绍，因单位缺少翻译，就把任务完全交给了一个女实习生并要求几天内完成，原文难度与长度完全超出她能承担的极限。想通过实习进入该单位的实习生硬着头皮接受了任务，万般无奈中用了网络翻译，然后试图自己去修改。结果可以想象，译文根本不

---

① 该部分基于岳峰、曾水波. 翻译硕士生实习解析. 译苑新谭. 成都：四川人民出版社，2016.

能用。

　　大稿件需要多人协作翻译，但通常必须事先统一专业词汇与排版格式，并在翻译过程中沟通。实习生在初始阶段常忽略统一的问题，各自为政，于是术语五花八门。主管应特别注意监控协作翻译的进程，及时抽检或全检，发现并解决问题。但是并非所有的长篇稿件都适合多人协助。比如，曾有一份关于水文地质资源的报告，里面包括全省各地的情况，一个地区一份。初看是大部头，其实里面每份的句型都是一样的，只是数据与名称不一样。这种情况下，一个人翻译效率更高，节省了统一术语等工序需要的时间。

　　对于中低难度的应用文，比如专利、行业报告、证明与出国材料等，建设得比较好的翻译公司，都有译文模版。实习生做的其实就是改动名字、名称、日期与数字等细节。像这样的工作，我们甚至可以让程度比较好的高职学生来做，比如华南女子职业技术学院英语专业的学生就有承担过这项工作的。而福建电视台的英语新闻是由中文翻译过来的，因为涉及国际影响，这类文字质量要求很高，所以翻译队伍中的非在职人员实际上多是福建师大与福州大学在新闻翻译方面最强的研究生，其经验随着实践发展得到大量积累，翻译水平迅速提高，甚至超过了一些高校普通英语教师。

3.2 术语、数字与句子译法的统一细则

　　以下细节都是翻译硕士实习生易犯之错。实习生可能不知道应当主动向客户索要并统一使用术语表，即使客户不一定有。而客户提供的术语有可能不准确，这时应修正并及时通知客户。客户提供的词汇是有限的，必须借助网络来统一术语。翻译硕士必须清楚地认识到网络与网络词典[①]有一定数量的中式译法与不正确的译法。所以，翻译时应多查阅数个网络词典与中外文献及纸质权威大词典，看译法是否一致。翻译硕士中有一部分学生是跨专业考上来的，比如本科时是学传媒、教育或理工类专业的，他们中有的会拿网络翻译当标准，这点实习指导老师应注意。

　　对于组织机构职务职称，《北京市组织机构职务职称译法通则》与同类工具书及各机构官网都是重要依据。译员有时还必须研究相关翻译规律。对于中国

---

① 网络词典历史短，收词量大，动辄达数十万甚至上百万词条，而维护人员又偏少，有些词条的解释甚至是网民加上去的，很多未经证实，甚至还存在错别字或漏字等现象。网络上的译文，则严谨性更差，很多问题的回答，其实就相当于普通人日常对话的记录，有些甚至直接就是机器翻译的结果，可靠性比网络词典更低。

人名，要注意有人可能会因各种原因而有特别的译名，不能简单地用现代汉语拼音，如孔子（Confucius）。东亚和南亚有的人有中文名，西方人也有这种情况，尤其是明清和民国时期来华的，比如意大利耶稣会会士Martin Martini（1614—1661）的汉名是卫匡国，字济泰。对于地名，除了遵循其官方译法翻译的原则，还要注意有些地名可能有多个译法，但官方译法与其他常用译法有区别。如缅甸有Myanmer和Burma的译法，但官方名称则为Myanmer，而Burma则为英国殖民统治时期的名称，缅甸政治流亡分子或美英等国广播公司喜欢该用法，但在缅甸不受欢迎。有些中国地名是按少数民族语言进行音译的，如拉萨：Lhasa。亚洲很多地方也都有中文名，如：仁川（Inchon）。

实习生翻译有些外来词句和外来文章时要切记："从哪里来，回哪里去。"随着我国国际化程度的不断提高，越来越多的国际科技、法规、标准、贸易方面的信息的英文原文被译成中文在中国传播。这些信息有些以译文中词或句子乃至语篇的形式，在国内广泛使用，如欧洲危害物质限用指令（RoHS）的条例文章、国际标准化组织（ISO）的标准文件等。对这些词句和文章的翻译，实际上就是回译，即从源语译成外语后又译回源语，所以必须到各种词典或网络上找到正确的源词、源句或源文。

有的实习生对于数字的统一译法没有概念，一篇译文易出现不同的译法。通常小于10的数字译成英文，大于10的数字直接用阿拉伯数字表示。如果是大数字，通常可以译成阿拉伯数字加中文（或英文）的形式，这样更容易看清楚，如：10 billion（100亿），1000万（10 million），或者写成容易看清楚的阿拉伯数字加数字分隔号的形式，如：1,000,000。有些经验从实战而来，即使熟练译员也未必知道。比如，笔者曾用英文、俄文为中俄双方的公司做翻译，发现俄罗斯人有时会用点，而不是逗号来分开数字。比如，6.123，这到底是六点一二三，还是六千一百二十三？如果根据上下文无法确认，就要询问对方加以确认，否则会差之毫厘，谬以千里。译者在处理翻译倍数的增减时要注意英语与汉语的差别。网络上常有人提这类问题，有些回答的人实际上自己没有理解清楚。比如，有人说"A is twice bigger than B."的意思是"A比B大两倍"，"也就是A是B的三倍大"，把中英文表达倍数的用法混淆起来了，其实这句英文的意思等于"A is twice as big as B."而倍数减少，比如，"decreased by 3 times"的正确译法为"减少了2/3"或"减至1/3"。

另外，对于一些关于金额细则，实习生虽然见过，但还需要他人提醒才会使用。比如用大写文字重复金额。对于汉英翻译，如果是章程、合同、协议等正式文件，通常应在用阿拉伯数字表示的金额后，加个括号，以英文重复该金额，前面加上"in words"，相当于中文的"大写"；在最后加上"Only"，意思为"整"。必须注意：小写与大写的金额数量必须一致。"公司须每月向AAA支付工资美元6,000元整。"可以译为"The Company shall pay AAA a monthly salary of US$6,000 (in words: US Dollar Six Thousand Only)." 中文金额英译时，必须注意区分并正确使用各种不同的货币符号。"$"既可代表"美元"，又可代表其他某些地区的货币；而"£"也是不仅代表"英镑"，也可代表其他地方的货币。当金额用数字书写时，金额数字必须紧靠货币符号，例如，Can$123,456不能写成Can$ 123,456。

对于稿件中重复出现或者相近的句子，必须保持前后一致，尤其是完全相同或者相似度较高的句子，更应采用相同译法。有些客户甚至会要求不同时期的不同文件里出现相同或类似句子也使用相同的译法。保持相同或类似句子前后一致最有效的办法是使用翻译辅助软件，在多人协作翻译时更是如此。一些世界知名企业的产品说明书，在更新的时候只变动了几个词。翻译的时候就是在上次翻译的基础上做，非常快，与文学很不一样，后者需要变化。所以实习生要弄清楚翻译的是文学还是非文学文献。

3.3 辅助工具

翻译已经成为依托电脑与网络的行业，因此实习生必须熟悉各种办公软件。要知道，在一张桌子上用纸、笔写出译文的方式其实离行业实操已经很远了。目前应用较广的在线词典工具有：金山词霸在线词典（http://www.iciba.com）、海词词典（http://dict.cn）、中国译典（http://chinafanyi.com）、谷歌金山词霸合作版以及谷歌翻译（http://translate.google.cn）。在使用以上词典的基础上，结合搜索引擎，可以解决翻译中大部分的查词问题。

在翻译和校对的时候，总免不了要进行查词和网络搜索等操作。但是，很多人都会碰到一个困扰，如果使用Internet Explorer查找时，总会觉得窗口开太多，开关或切换窗口很麻烦，会影响到翻译和校对的整体进度。实习生应学会使用多窗口浏览器，如Maxthon、Firefox、TT（腾讯）、360、TheWorld（世界之窗）等。这些多窗口浏览器都有一个共同特点：同时打开多个网页，易于开关，却只使用一个窗口，易于缩放，阻止广告弹出等。

分屏功能对于翻译和校对来说都很重要。如下图所示，我们可以通过Word文档里的"窗口"—"拆分"将Word屏幕分成上下两部分。这样，在翻译和校对时，就不会为首尾不能相顾而烦恼了。

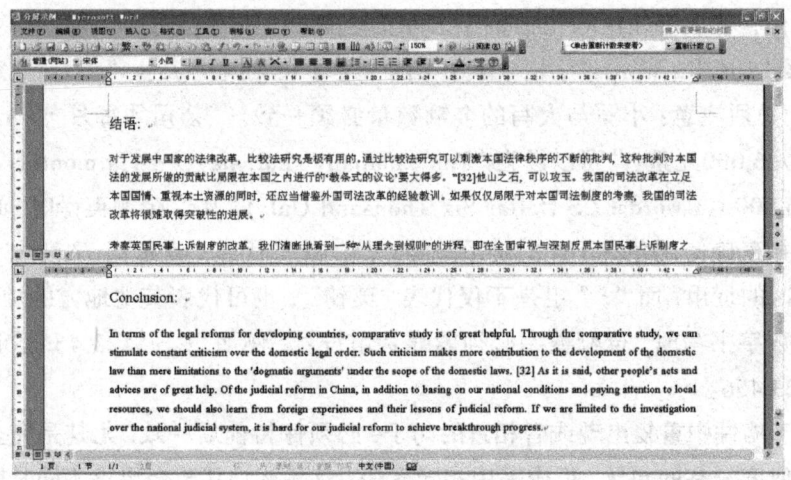

对于图片文件译文的校对,我们也可以直接将图片复制,然后粘贴到Word里,也可用分屏功能进行对照翻译或校对。分屏功能可以减少我们消耗在Word/Excel操作的时间,也可以减少由于这些操作而导致的错误。在福建电视台做翻译的这批年轻人实践一段时间后都可以熟练使用各种网络工具与Office工具。

3.4 难点与疑点

翻译过程中,即使是整个稿件的难度不高,也难免会碰到一些翻译疑点、难点和易错点,这是指导老师一开始就应该向实习生强调的问题。

难点指词典与网络都查不到的词汇与难句。对于难词,可以先借助网络搜索查出其中文或英文原文的意思,然后再根据原文意思进行翻译,甚至自己组合造词。对于连原文意思都不明确的,则必须通过对上下文来反复理解。比如:Neither cromons nor inhaled steroids, other than flunisolide administered in double-blind fashion according to the experimental design, were allowed for the duration of the study. 实习生到处都无法找到本例中的cromons。指导老师考虑到其最后一个字母是s,推测其可能为复数名词,但cromon同样查不到。后来,直接使用英英查法,"what is cromons",其中有个链接如下[①]:"**Best answer: Cromolyn Sodium, is a drug used to treat asthma and allergic bronchitis. It is administered by inhalation, may cause throat irritation.**"(网上最佳译文:"色苷酸钠,一种用于治疗哮喘与过敏性支气管炎的药物,可通过吸入而起作用,并会

---

① google的搜索结果会随时间而变,当时的搜索结果可能与现在不一样。

引起咽喉刺激。"）另一个链接内容如下：**Cromons (cromolyns) — benefit to many people (**<u>Form</u>**: Nasal spray)**。具体内容为"What is their mode of action? They inhibit the cells to release histamine. Other than elimination of allergic symptoms, they have effect on the inflammation itself, preventing the development of respiratory difficulties."从以上内容可以看出，cromons与cromolyns同义，而cromolyn是"色苷酸（钠）"的意思。从这两个链接中，我们可以确定cromons是"色苷酸钠"的意思。

有的实习生认为原文总是对的，其实未必如此。有时要存疑，要推敲原文是否有笔误。比如，我们翻译生物基因文献时，遇到Mitochondrio一词。在网络上查不到Mitochondrio的中文意思，但在google里输入Mitochondrio时会发现自动出现Mitochondrion，这时，我们可以对Mitochondrion进行搜索，就可以很容易发现这个单词是"线粒体"的英文笔误。有些提法也要注意。笔者曾在福建电视台的新闻里看到"福建农村成了千万富翁"的表述，由于身处福建知道不可能有这种情况，于是进行查询，后来发现记者是把450个行政村一年的总收入模糊表达成"千万富翁"，翻译的时候则实事求是地进行处理。

如果实习生无法通过工具解决碰到的疑难点，而熟练译员或专业人士也无法解决，则可以尝试与客户沟通，询问原文意思或者译法。但是，一般情况下内部能解决的自己解决，尤其是原文内容本身明确无误时，语言服务方不轻率求助于客户。当然也有客户会主动合作的。我们在给原福州时代电脑有限公司做翻译的时候，公司指派两个年轻的助理工程师解决专业术语解释问题。我们在福建电视台做新闻翻译时，所有相关单位都会热情解答翻译中的疑问。

3.5 审校

审校包括自审与校对。自审指译后自我校对，目的是为了发现漏译等低级失误及时改进并润色译文。Trados或雪人软件等翻译辅助软件可以帮助隐藏已翻译的原文或显示成原文与译文的对照格式，译者能够更容易发现整句整段的漏译，但词和句子成分的漏译则需译员自己仔细检查。自审的另外一个重要目的就是及时修正翻译过程中出现的笔误，这可以用Word的拼写检查功能协助检查。证件类型文件，翻译好后一定要做打印预览，因为证件类型的稿件通常都是要打印并盖章的，如果打印不完整或排版不佳，就会给客户和校对人员带来很多不必要的麻烦。

实习生同样要学会校对，这与翻译一样重要。基地与高校派出的指导老师在校对方面发挥的作用是关键的，直接涉及用人单位向客户提交的终稿的质量问题。实习生首先必须态度严谨认真，一丝不苟。其次，做好校对的准备，包括术语、客户要求与各种工具，严格按照校对流程做事。再次，多看原文和译文并在必要的时候与译员或客户多沟通。

不同类别稿件所要求的校对方法侧重点不同，但都必须遵守客户要求，数字、日期、人名、地名、机构名、职务职称和其他有固定译法的词语翻译绝对不得出错；重复出现、意思相同的词语前后绝对一致；排版尽量与原文保持一致，并要求美观大方。对于专利类与高要求专业技术类稿件，每个字、词都必须很准确、很专业地译出，确保不漏译。法律合同类特别要求重复出现的意思相同的词语前后绝对一致。

原则上，所有校对都必须做成修订格式，校对完成后，内部稿件一般要求返回原译员，让原译员学习或再检查有无错误校对等；但最后交给客户的稿件不可再保留修订格式。校对过程中，对于预料到译员可能不知道修订原因之处，建议在原译文相应位置加以批注。对于需要多人联合校对的稿件，在多人联合校对完成后，最终还要将校对稿合并到一起，但要注意，要将两份或多份校对稿，即两个文件合到一起且保留修订格式，有一个小窍门：在两个文件都不处于修订状态下，就可以通过简单的复制和粘贴将二者合并到一起。

总体上，校对新手的译文速度较慢，每小时2000字或更低，而校对水平高的熟练译员的稿件，可以达到每小时3000字左右。在校对过程中，如果译文质量很低，问题很多，就需要和派单人员或者相关主管沟通，必要时，将译稿退给翻译人员，重新翻译稿件，或者建议另外派单。笔者在福建电视台做译审时，校对的速度必须很快，因为一篇稿子从送到译员手中到审稿、录播整个流程只有约20分钟。电视台的译员翻译水平通常比较高，但有时候会突然出现一个新手的译稿，审稿人一看稿子就知道要通篇改。如果发生这种情况，就要看熟练译员是否在场或在线，迅速集结他们并立即分配协作重译；如果大家都忙不过来，则由审稿人亲自翻译，否则可能来不及。通常，每天在电视台里的译员至少有四个，而在电视台英语节目制作时段，即下午三点半到四点半，其他译员多数在线，表现出这个翻译群体很可贵的合作互助意识，保证了福建电视台英语新闻节目的运作。

对于实习生翻译的每份稿件，在校对完成后，应对译文作出简评，涵盖措辞与术语、语法修辞、专业性、简洁性、地道的程度等方面。对于校对时碰到的比较大的问题点，要及时到专门的文件里回查；碰到典型问题应收集，待以后作为案例分析。以下方面的问题都可以记录。其一，译员方面：译员翻译没做好，包括翻译水平低、低级失误多，或者排版等非翻译能力方面的其他较突出的问题。其二，派单方面：如启用或再次使用被判定为不合格的译员，未交代清楚翻译要求等。其三，销售方面：如稿件太急，原文模糊处没有及时澄清，扫描件边角不全，或者其他干扰翻译和校对的事项。其四，管理方面：没有及时了解翻译进度。如此，实习生完整地经历了整个流程。

4. 科研合作

译国译民翻译公司在翻译项目管理、计算机辅助翻译、科技翻译等方面有丰富的积累，在相关方面指导福建师大学生；福建师大教师在译审意识、翻译质量、语言修养等方面培训公司员工。在长期合作的基础上，译国译民翻译公司与福建师大老师联合编写教材，推出了有相当规模的实用型前沿翻译校企合作系列教材，在市场颇受欢迎，因为这些教材中有些内容在同类教材中比较少见。翻译教师与一线译员联手，针对市场而写作、言之有物、切实到位。校企共同承担的课题有：福建师大本科教学改革研究项目、研究生笔译案例库、福建省教育厅创新创业教育与专业教育融合类课题、MTI教指委课题，以及福建省社科重大项目与国际横向课题，即亚联董（United Board）2015—2016财政年度课题：Proposal for Publishing a Textbook on Project Administration & Computer-Assisted Translation。

2010年以来译国译民翻译公司与福建师大联合编写了校企合作教材与学术著作七本：

序号	书名	出版社	出版年	字数（万）
1	《职场笔译进阶》	福建科学技术出版	2012	40
2	《商务英语笔译》	厦门大学出版社	2014	42
3	《商务英语口译》	厦门大学出版社	2015	40
4	《职场笔译：理论与实践》	厦门大学出版社	2015	73
5	《职业翻译岗前培训教程》	厦门大学出版社	2017	73
6	《翻译项目管理》	北京大学出版社	2019	34
7	《行业笔译案例库：汇编与解析》	福建人民出版社	2018	29

《职场笔译：理论与实践》的序里写道：

很长一段时间以来，在翻译行业中，人们常会有意或无意地划分出"学院派"和"江湖帮"。"学院派"立足高校，雄踞象牙塔；派中多研修"翻译理论"，长老云集，高手如林，实力雄厚，广授门徒；而所谓"江湖帮"，则指社会上的各类翻译公司、机构以及专兼职译员和自由译者。帮里以"翻译实践"为重，能人异士颇多，自成气候。虽然数十年来这一派一帮共举翻译大旗，开创出一片壮观的行业景象，但二者鲜有往来，更各据所长，互有不服。然即便双方实力有消有长，"学院派"始终占据话语权，统领译林；但是，多数外宣资料却是由身处一线的"江湖帮"执笔翻译的。而今，大家终于发现，若二者强强联合、优势互补，既能避免翻译研究与实践的脱节，又可进一步加深从业人员的知识储备。于是，翻译行业最终从各自为战的状态，进入高校与企业合作的时代。这也正是《职场翻译》一书问世的宏大背景。（岳峰，2015：1）

　　这段话奠定了校企合作系列教材的重实践、重市场的基调。在各教材里，我们都有其他教材较少论及的内容，《职场笔译：理论与实践》第一章由翻译公司总经理介绍了中国翻译产业现状与未来，亦包括翻译公司的运营模式、专职与兼职译员生存状况，以及翻译产业发展的八大趋势，为本书一大亮点。此外，本章亦对计算机辅助翻译进行介绍。《商务英语笔译》也有关于办公室自动化与翻译软件的论述。《职业翻译岗前培训教程》是国内第一本系统全面的行业培训教材，本书上篇"翻译行业知识与译者职业及素养"，"结合我们这几年对行业以及对译员培养的认识做了一些简要描述，让想从事翻译工作的人都可以轻松入门，因此，语言较为浅显，内容也较为琐碎。编写上篇各章节的作者均为我司管理人员以及支持部门员工，他们不一定还在做一线的翻译工作，但对于翻译的管理工作和翻译的后勤服务有一定的认识，均是各个领域的行家里手，这些总结可是他们在实战中千锤百炼所得。此次，他们竭尽所能与大家分享自己的心得体会，希望能够为大家修桥铺路。"（岳峰，2017b：1）上篇包括六章：翻译产业现状、翻译生产模式和管理运营、翻译基本规范、翻译辅助软件介绍、译者的职业素养和生涯规划、翻译与校对常用工具和技巧。这些知识，包括关于翻译法规的介绍对上岗翻译有重要的借鉴价值。至于具体的各领域、各行业，该系列教材涉猎比较全面，比如财务与审计、招标文件、中西医学的翻译，写法上完全注重实践性。一个特色是注重术语，术语译法包括讲述音译与东方传统文化的关系、名词翻译与历史意识的相关性、中国菜名的翻译、中医术语的翻译、中国古建筑术语的翻译、武术术语及其语境的翻译以及公共场所部分英语用语辨析。（岳峰：2017a：82）

　　实际上，除了上述直接成果，校企合作的间接成果也很多。比如，我们的译著《耶鲁大学图书馆馆藏日本侵华战争珍稀档案汇编与翻译》，60万字，由厦门大学出版社在2015年出版。该书是根据笔者在耶鲁神学院图书馆拍下的档案照片整理出来的，翻译项目管理与计算机辅助翻译软件Trados发挥了重要的作用，否则不可能在两个月完成，及时赶上纪念抗战胜利70周年庆，被中宣部重点立项并获得国家出版基金资助。

总体说来，在人文社科领域，这种实质性的校企合作是不多见的，校企合作很大程度上推进了产学研的发展，校企合作势必成为中国翻译事业的新生力量。

第二节　山东师范大学经验：高校翻译项目管理教学情况

1. 基本情况

山东师范大学（以下简称"山东师大"）翻译硕士专业学位点是2010年设立的，2011年开始招生，有英语笔译、口译两个方向。专业设立几年来，这里的MTI学生在学位点几位导师的帮助和指导下，承接了地图出版社、电子工业出版社、机械工业出版社、湖南科技出版社等一系列出版翻译项目，陆续出版了几十部译著，题材涉及旅游、商务、历史、科普等专业。这些出版翻译项目极大地锻炼了学生的翻译综合素质，也成为山东师大MTI建设的一个亮点。

1.1 好的开端

在取得了一定成绩之后，回顾山东师大的翻译硕士专业建设的经验，首先应该庆幸的是，专业建设有一个好的开端。

山东师大是翻译硕士专业的第三批培养单位，起步比较晚。但是设立之初，研究生院就对该专业的建设提供了很好的支持，也给予了较为灵活的政策，使得该专业能够放开手脚，按照翻译实践能力培养的规律办事。获得翻译硕士专业学位授权后，学校专门召开翻译硕士专业学位的研究生教育工作会议，对所有研究生导师进行了硕士专业学位教育方面的培养，厘清了专业硕士和学术型硕士之间的关系。学校坚持将专业学位硕士的培养放在与学术型硕士同等重要的地位，从未出现"学术硕士高于专业硕士"这样的思想倾向，实践中也一视同仁。由于措施得力，认识到位，山东师大的翻译硕士专业建设，从一开始就走上了正轨。

1.2 立足实践

山东师大的翻译硕士专业设立之初，一共有四名专业导师。在跟国内同行交流的时候，笔者喜欢强调，我们这四个人的超小型导师队伍，有这样的特点：每个人都有口笔译实践，都有多部译著出版。可以说，这一点很多院校的MTI并没有做到。除了四名专业导师，其他为MTI授课的老师，也都要有相应的实践经验，至少要有正式的译著出版（笔译教师），或者是参与过正式会议会谈的口译（口译教师）。

翻译教师团队的核心成员包括笔者和贾磊老师等。我们两个人从20世纪90年代末开始，就专注于翻译实践工作，先后与多家出版社建立了较为稳固的合作关系，如山东画报出版社、湖南科技出版社、中信出版社等。

近两年来笔者参加了MTI年会等相关教学研讨会议，交流过程中经常有其他院校的老师咨询我，如何获得出版翻译的项目。这其实真的是一个"22条军规"问题：要想获得出版翻译项目，你就得有译著证明自己的能力；而要想有译著，你就得先获得出版翻译项目。尤其是中国加入并全面执行国际版权公约以后，基本上断绝了五四以来直到20世纪80年代之前，文学翻译可以"自我生长"的模式，即直接找一本自己喜欢的书先翻译，然后期望有编辑能"慧眼识珠"。因为几乎所有近年来引进的翻译作品，都必须先进行版权交易才能进行翻译。基于这一点来看，这个专业能够聚集足够多的有正式译著出版的导师，真的不是想想就能做到的。

笔者个人能够走上翻译道路，一是靠师长、朋友无私推荐，二是靠自己孜孜以求，不懈地努力。翻译是一件艰苦的差事，出版翻译更是如此。具体说来，其苦主要有以下几点：

第一，高危：留下文字为证，任凭他人指摘；同时，译者也要冒出版计划取消、稿酬泡汤的危险；

第二，稿酬低：译书的稿酬低到让做翻译的往往不好意思跟外人道，且多年来增加很少；

第三，周期长：很多出版社也战战兢兢，审稿往往很严格，致使整个翻译出版周期漫长，有时甚至遥遥无期。

记得笔者的第一本译书就无疾而终。那是本科时的恩师侯明君先生带着师兄贾磊和笔者一起翻译的一本书。书稿完成后不久，出版社的编辑无比歉意地告知我们，他们社把版权搞丢了，该书的中文版版权被另外一家出版社抢走了。好在稿酬支付了大部分，只是失去了正式出版第一部译著的机会。

笔者较为重要的一部早期译著是2000年前后山东大学李绍明老师带笔者一起翻译的《宇宙为家》，是湖南科技出版社著名科普品牌"第一推动丛书"中的一本，笔者负责翻译后半部。据该书的责编透露，他们的副社长在看了译稿后说:"以后多联系这个译者。"此外,她还告诉笔者,李绍明老师和笔者是"第一推动丛书"译者中极少数外语专业出身的译者。这些动辄涉及天文学、理论物理学等前沿领域的书,好多外语专业的译者不肯接(不敢接),但是非语言专业的译者,往往在面对复杂句、微妙的修辞等的时候,力有不逮。能找到语言表达好,同时能准确把握科学理论前沿内容的译者,非常不容易。

第一本严肃科普书翻译成功,笔者也跟湖南科技出版社建立了比较稳固的合作关系,这些年又陆续翻译出版了《爱因斯坦的宇宙》《艺术宇宙》等多部跟"宇宙"有关的书,以及《救命的数学》等畅销科普图书。

同事贾磊老师的翻译道路跟笔者类似,只是他的着力点更多在艺术和文史领域,近年来出版了《建筑之书》《电影之书》等图书。

正是基于丰厚的图书翻译经验,山东师大的老师们在担任翻译硕士导师之后,除了有大量的翻译实例可供教学研讨,更重要的是,能够取得编辑的信任,为优秀的愿意投身翻译工作的MTI学员争取到出版翻译的项目。可以说,出版翻译,哪怕只是一部旅游手册、一本科普画册,其对于MTI学员的教学价值,也远远超出普通的公司文件的翻译实践。每当笔者提及这一点,几乎总是会得到同行的赞同。

1.3 技术领先

笔者是国内高校中最早使用CAT工具,并研究CAT技术、CAT教学等的人,是CAT研究学院派中的先行者。当然,使用CAT,最初完全是无心插柳,笔者的目的并不是要专门研究它,而是要为自己的翻译实践服务。

在翻译《宇宙为家》的时候,笔者就萌生了"翻译记忆"的原生思想:彼时笔者还没有接触过"翻译记忆"这个术语和概念,但是基于较为熟练和全面的电脑应用技巧,笔者充分挖掘了Word的"宏"等功能,结合一些第三方小软件,帮助解决译书过程中遇到的术语问题。

等到笔者和贾磊、刘在良等翻译《文明的五个纪元》的时候(2001年开始),就开始正式使用专业的CAT工具了。所以,从21世纪初,我们就配合翻译实践,开始探索使用CAT技术,主要是通过自学和团队交流,自发形成了一个以徐彬、贾磊为核心成员的懂CAT、用CAT的青年教师团队。

CAT的应用,反过来极大地促进了山东师大的翻译实践工作。被常人视为畏途的科普、文化等题材(术语多,统一起来困难重重,多人协作更是如此),在CAT的帮助下,难题迎刃而解,翻译效率不断提升。(CAT应用是个滚雪球的过程,积累越多,效率越高。)

技术领先的另外一个特征，是笔者对CAT的研究动手较早，对其认识较为深刻，能将其更好地与MTI的培养目标结合，与周边课程优化整合，提高教育质量。2005年以来，笔者在国内重要的外语类期刊上，发表了十余篇CAT技术以及翻译教学方面的论文，逐步形成了独特的应用型翻译人才培养思路。课程建设设计阶段，教师们认真学习了国家有关政策、文件，充分吸取欧盟笔译硕士等项目的先进经验，注重实用性，突出翻译技术在整个MTI培养中的基础性地位，形成了独具特色的课程体系。

2. 山东师大MTI的教学理念

山东师大的教师们对于专业学位教育的认识比较到位。从开展翻译专业硕士培养之初，即认识到这是国家为了培养应用型人才，扭转过去翻译方向研究生培养的各种偏差（唯理论化、纯理论化）的重要举措。根据这种认识，具体到翻译硕士专业的建设，山东师大有以下做法：

第一，不复制英语语言文学专业的教学模式和内容。

翻译硕士不是英语语言文学硕士下翻译方向的复制品。翻译硕士强调实践性，对教学方法、教学内容以及导师制度等都有新要求。开展翻译硕士专业的教学，不能简单复制英语语言文学专业的课程。

第二，翻译硕士导师和专任教师的遴选强调实践性。

传统上，英语语言文学专业的导师在教学中注重理论研究，缺乏实践性，尤其是缺乏足够的翻译实践。山东师大翻译硕士专业导师队伍的组建，特别强调实践性。专职任课导师，全部出版过高质量的翻译作品，总文字量达到了近千万字。如此规模的实践积累在全国都是罕见的。

第三，强调校企合作。

语言服务机构积极参与，与高校互动，给MTI的健康发展带来了新鲜的血液。其中最值得一提的是于2011年10月在北京成立的"中国语言服务产业联盟"。山东师大翻译硕士教育中心一直积极参加联盟活动，并于2014年正式加入该联盟。联盟单位包括双泽翻译公司、中央编译局翻译部等翻译机构，这些机构都为学生提供了大量实习的机会。

第四，持续加强专职导师以及教师队伍建设。

由于多年的翻译实践积累，山东师大跟多家出版社有着比较稳定的合作关系。通过承接出版翻译任务，山东师大有意识地扩充翻译的队伍，把身边越来越多有志于从事翻译事业的同事拉进来。而且只要是参与山东师大的项目，都必须接受山东师大的流程，这包括术语的统一、工具的应用、翻译质量控制等等。这样一来，山东师大通过翻译实践，高效率且扎扎实实地培养了多位青年教师，使其既懂得翻译技术，又能从事翻译实践，其中优秀的也能胜任较为复杂的项目的全面管理。

3. 课程设置的主导思想

山东师大翻译硕士专业的培养目标定位为培养适合现代语言服务产业需要的翻译人才以及高级语言技术人才。基于这一定位，经过近几年的探索，形成了如下的课程设置特色：

3.1 将翻译技术设置为核心课程

山东师大虽然是第三批MTI试点单位，在翻译技术教学和研究领域却较为领先，并且可能是国内最早为英语专业本科生和硕士研究生开设CAT课程的院校。自2005年始，笔者与贾磊老师等就在本科三、四年级开设的《翻译理论与实践》课程中加入了翻译技术的基本介绍与CAT使用技巧等内容；并从2007年开始，分别在本科和研究生阶段开设了《计算机辅助翻译》课程。教师们之所以不避艰难，力主为英语专业的学生开发建设这门课程，是因为作为经常参与出版翻译的译者，教师们对CAT在翻译流程管理、质量控制、效率提升方面的效能拥有第一手的经验和较为深切的体会，认识到这是帮助译者减轻工作压力、提高效率的最好手段——它不能雪中送炭，也无法把译者的水平从二流变成超一流，但却可以锦上添花，让合格的译者译得更好更快。

由于前期山东师大已经建立起独具特色的CAT教学体系，有较为丰硕的教学与科研成果，到了MTI课程的设计阶段，教师们就大胆地把CAT从教指委的建议选修课调整为MTI的"专业核心课"，好及早让研究生了解CAT技术，帮助他们尽早掌握并享受技术带来的便利。

这样做是基于以下考虑：

第一，CAT高级应用能力，尤其是涉及项目管理能力的培养，是一个长期的过程。教师们认识到，在有经验的教师给予较好指导的情况下，从开始摸索CAT软件的使用到掌握较高层次的CAT项目管理技术的学习过程可能缩短到1年。但是，要想从零起点达到高级CAT用户的过程不太可能大幅度缩减到6个月或更短。MTI一般采取2年学制，只有从入学开始就学习CAT，才能保证大多数学生能学会、用好，在此基础上有望成长为高级的项目管理员。

第二，CAT较早介入，可以将CAT技术尽早地应用到其他笔译基础和专业课的作业训练中，使学生的译文形成可追溯的双语语料，更易于建立个人的翻译档案袋（Portfolio），帮助学生更早养成数据管理的思想，从而积累起有用的术语库（Glossaries）。

第三，CAT较早介入，可以使学生尽早融入当代翻译服务机构生产流程，在翻译的社会服务和实践中锻炼能力、增强才干。目前，几乎所有正规的翻译公司在翻译服务中都要用到各种翻译工具。这些工具的主流设计以翻译记忆为核心功能，具有术语管理和自动查询功能，各种软件之间具有较高的相似性。只要掌握了CAT的三大基石并深入了解其内在关系，熟悉计算机操作的学生就能迅速独立摸索出新软件的基本应用技巧，较快地投入到翻译生产流程中。从这个角度看，把CAT类课程只作为选修课程并不合适，延迟到最后一个授课学期学习则更显失当。现已经有多名毕业的学生反馈：在接洽翻译项目的时候，对方首先要确认该译员必须已经掌握某种翻译工具，否则免谈。MTI的建立，就是对曾经走过弯路的"学术型"翻译方向培养的纠正，就是要应对语言服务产业的需求。因此，我们把市场最关注、最依赖的技术设置为MTI培养计划中的一门重要的基础与核心课程，就是适应了这种社会需求。

事实证明，只有先学会CAT技术，才能融入现代化的翻译流程中。具体说来，就是参与到导师所指导的出版翻译项目中。没有基本的CAT应用能力，就无法有效地跟团队协作，像术语管理、质量控制等，也就无从谈起。CAT技术先行，保证了每一届MTI学员，都能参与到大中型的项目中，在项目中获得翻译能力和CAT应用能力的实训，真正成长为语言服务企业乐于聘用的专业人才。

3.2 注重通过实训培养项目管理等实践能力

CAT发展的趋势，从主要为个体译者提供语料辅助（翻译记忆）的单机版软件逐步转向为综合性语言服务机构提供完整的流程管理和项目管理功能。MTI所培养的学生，应具备初步的项目管理意识，接受过基本的项目实训。这种"实训"让学生真正作为语言服务的提供者，面向市场，而不是在虚拟的计算机和网络环境下的模拟训练。在这两种模式中，译员所面临的压力，所需要调动的智力和情绪能力，是截然不同的。

在需要多人合作的多个中大型翻译项目中，CAT的核心能力早已经不是翻译记忆、术语管理等微观技术，而已演变转移到项目管理的宏观技术上了。某个CAT软件可以将源语文本生成为目标语文本，这可能带来20%—30%的效率提升。但是从整个项目协作的角度讲，优秀的CAT系统辅以实时网络协同等各种计算机应用，则可能会给项目实施带来成倍的效率提升。比如对于翻译图文并茂的科普图书，笔者就开发设计了完整的计算机辅助翻译和项目管理流程，整个翻译出版流程（从翻译到完成目标语的排版）可以节约近50%时间（徐彬，2012：71-75）。从这个角度讲，当代CAT系统的核心应是其项目管理功能。基于此种认识，在"翻译技术实践"课上，教师们反复跟研究生强调，作为国内较早一批学习CAT技术的人，大家尤其应重视学习、掌握各种CAT的项目管理技能。这样，日后就职于翻译公司才能在众多译员中脱颖而出，迅速成长为项目经理等管理人员。这也是山东师大MTI培养的重点之一。

几年来，教师们不断根据学生的反馈，调整教学内容和方法，发现必须通过大量模拟和实际项目来操作演练，让学生经历翻译实践各个阶段的真实检验，才能真正掌握CAT的全部流程。真实项目案例的教学效果远远好于传统的流程和理论概念讲解方式，也好于模拟案例。比如，2011年招收的第一批翻译硕士研究生，在学习了高级文字处理技术、文本扫描识别、CAT核心理念、DVX应用之后，就参与了6份出版物的翻译。多数出版物是图文并茂的印刷书籍，由出版社提供原书，学生需要经历扫描、识别、格式调整、翻译项目创建、术语库管理、翻译、导出等各个过程。接受此项目时，学期已经进行了三分之二，各种基本技能已经讲解练习完毕。但是在执行这一完整流程的时候，许多学生仍在OCR、源语文档的重新编辑和版面清理、现有术语库和词汇表的优化汇总、项目术语表的提取等方面遇到了各种各样的问题。许多问题的处理方法课堂授课中都已经讲过，甚至是重点讲过，但实际运用中问题仍然反复出现，充分说明软件应用不能单纯靠课堂教学来传授。操作能力必须反复演练才能达到纯熟，实战才能检验实际掌握情况。此外，学生在翻译规范方面，还反复出现标点符号的使用、专有名词的处理、是否需要注释等方面的疑惑。这些问题都需要经历真实项目的演练，才能最大限度地消除。实践证明，哪怕是较为简单的真实翻译项目，其实训练的效果也远高于大多数的模拟项目。

由于山东师大翻译硕士指导教师翻译经验丰富，长期以来与诸多出版社和翻译机构建立了良好的合作关系，因此能够为本校的MTI学生引介充足的翻译实践业务。2012年以来，我校翻译硕士研究生共参与了DK家庭图书馆科普画册系列、"孤独星球"系列、国家地理旅游丛书等数十本图书的翻译工作，总文字量超过了1000万。这些都为学生提供了大量的实训机会。

3.3 深入进行校企联合

远在建设MTI专业之前，山东师大外国语学院就跟双泽翻译咨询有限公司等国内优秀的语言服务产业单位建立了良好的合作关系。结合MTI专业建设，山东师大更是将这一合作提升到了战略合作伙伴关系的高度。山东师大将行业知识逐步纳入培养体系，邀请双泽公司的总裁以及高级译员等来学院给MTI学生讲课；双泽公司则为山东师大提供充分的见习和实习机会等。2013年夏，双泽公司与山东师大外国语学院联合举办了山东省首届翻译技术培训班，取得了丰硕的成果。

4. 翻译技术实践的教学内容

4.1 教学计划

CAT课程最忌讳被教师上成某一款软件的应用培训课，而这种现象在相当一批MTI院校存在着。一些MTI院校，由于缺乏师资，现有师资往往是经过短期培训即开始教授CAT课程。他们的典型表现是，能够讲清楚某一款或多款CAT的基本使用流程，但是一旦操作者遇到"疑难杂症"，就无法解决，因此，也就难以放心地将CAT投入实战。

此外，还有一些教师，虽然熟悉CAT，也能解决大部分的应用问题，但是可能并不从事翻译实践，或者本人都不是翻译专业的教师，因而在讲解CAT软件应用的时候，进度较快，学生感觉跟不上；而且由于缺乏实战项目相配合，难以取得应有的效果。比如，在北大的CAT慕课"计算机辅助翻译原理与实践"网页上，有个在线学习的学员留言说：

> 研究生阶段接触过机翻［其实应该是CAT］，当时觉得帮助有限。究其原因：一是当时只介绍了翻译记忆一个维度且点到为止，觉得从广度和深度都不够；二是当时的技术不及现在，觉得机器翻译想法很好，但还有太大的空间可提升；三其实是最重要的，即我没有真正去做过某一个翻译项目，理论的东西不走心。……但去年……翻译了两本书，另组织译员翻译了三本书。这周上［北大CAT在线］课，大呼"要是早一年上此课就好了！"①

这样的经历非常典型。这个学员虽然在学校学习过CAT，但是由于没有和翻译项目相结合，所以没有真正掌握，导致真正做起翻译来，未能从一开始就有效使用CAT工具。

下面所列，是笔者在讲授"翻译技术实践"课程的时候，一般会覆盖的模

---

① MOOC学院，计算机辅助翻译原理与实践（DB/OL）. 2016年下载于http://mooc.guokr.com/course/875/Principles-and-Practice-of-Computer-Aided-Translation。

块。这里有三点说明：

其一，各个课程模块在不同的教学年份，结合实际的翻译需求，可能前后顺序有所调整。实际上，2011年以来，笔者所教的每一届翻译硕士在学习这门课的时候，都伴随有相应的出版翻译的实训机会（参见"翻译实践"小节中所列的内容）。这些实际的出版翻译项目，对于夯实学员CAT应用能力、促进翻译职业素养的形成、培养基本的项目管理思想等，都起到了极为重要的作用。

其二，这些课程模块的内容，一部分是由笔者来讲授，但相当一部分采用"翻转课堂"的模式，布置给学生课下学习，结合实际的翻译任务，在课堂上展示翻译项目的进展，讨论项目实施过程中遇到的技术问题以及实际翻译问题。

其三，模块中包含Word高级技巧等内容。笔者在不同的论坛中见到一些译者或教师，对于在CAT课程中包含Word应用表示不解甚至反对，认为这些内容太"小儿科"了。实际上，电脑应用方面的专家往往持有著名的"80/20"观点：80%的Word用户只掌握了该软件20%的功能。Word是现如今所有文字工作者事实上的标准工具，多数译员70%以上的工作量也涉及Word文档。很多Word高级技巧，包括大量跟翻译工作息息相关的技巧，如果没有高级用户的点拨，完全靠自己去"碰"，几乎很难有机会掌握。

模块	课程	内容
MODULE 00	翻译技术绪论	翻译技术的发展 应用翻译技术的必要性 翻译技术教学与MTI培养 CAT应用概要及案例展示
MODULE 01	机器翻译 vs 翻译记忆	机器翻译介绍及研究述评 网络翻译工具 翻译记忆的概念 国内外翻译记忆软件介绍
MODULE 02	译者的常规计算机软件	Word高级技巧：拆分视图、并排比较、拼写检查、语法检查、宏、电子文档修订及批注、合并修订结果 电子辞典和百科全书
MODULE 03	文本数字化及文档格式处理	扫描及存档 光学字符识别（OCR）英/汉 后期编辑、格式化

续表

模块	课程	内容
MODULE 04	Déjà Vu 应用	DVX 的基本流程 建立自己的第一个项目 输出、编辑翻译作业 提交翻译记忆与术语库 提交电子版作业
MODULE 05	术语管理及网络搜索	利用记事本、Excel、Trados 等软件进行术语管理 搜索网上的翻译资源，建立自己的资源库（利用浏览器书签管理） 利用网络搜索查询术语 建立翻译博客
MODULE 06	文本对齐和术语提取	对齐文本：DVX Aligner、Abbyy Aligner 等工具 手工及自动提取术语 制作分类术语库
MODULE 07	memoQ 应用	memoQ 的安装 memoQ 应用基础：创建项目、编辑译文、导出译文 memoQ 应用进阶：团队协作、双语文件导出导入、批注、版本管理……
MODULE 08	Trados 应用	Trados 应用基础：创建项目、编辑译文、导出译文 Trados 应用进阶：团队协作、双语文件导出导入、批注、版本管理、网络版项目管理……
MODULE 09	常见 CAT 软件的高级技巧	共享翻译记忆和术语库 大项目管理 拆分及合并项目
MODULE 10	Google 翻译平台及其他在线翻译平台	使用 Google Translator Toolkit/MateCat/MemSource 等进行翻译并做课堂展示
MODULE 11	翻译的质量控制	术语一致性检查 自动翻译质量检查 人工审校及流程

续表

模块	课程	内容
MODULE 12	总结	CAT工具及其他软件在翻译项目中的整合应用 计算机辅助翻译研究及技术的发展 国内翻译记忆研究述评

4.2 翻译实践

山东师大MTI专业创办以来，在笔者的带领下，多位翻译硕士导师通过多种渠道，为学生争取了大量的出版翻译实践项目。近三年来翻译硕士专业的研究生参与的翻译实践活动主要有：

"孤独星球"系列旅游书籍的翻译。迄今已经翻译完成《希腊》《纽约》《中亚》《越南》《斯里兰卡》《牙买加》等6部，共约500万字，其中《希腊》和《越南》已经出版。DK旅游系列丛书中的《中国》和《欧洲》2部，共约200万字。DK目击者家庭图书馆科普图书近20部。DK口袋图书8部。其他实用专业书籍，如《支付战争》《移动营销》《写给大家看的InDesign设计书》等。

这些翻译出版项目在助力翻译教学的同时，社会效益也非常显著；基于这些项目，笔者等还取得了相关的教学及研究成果。例如，"孤独星球（LP）旅游丛书翻译项目"获得了2015年山东省专业学位研究生优秀实践成果奖；DK旅游系列丛书中的《中国》的翻译，则催生了《出版翻译中的项目管理》一文，发表在《中国翻译》上等。

5. 结语：山东师大MTI教育的特色

5.1 翻译技术纳入核心课程，研究走在全国前列

设计翻译技术或是CAT课程，最忌讳局限于一种软件，把CAT课程办成了某软件的应用培训。现实情况是，不少院校缺乏翻译技术课程的师资，为解燃眉之急，派个别青年教师接受某款CAT软件的培训后即回来给学生讲授相关课程，或是期望借助某种笔译教学平台的训练代替翻译技术课程。显然，这些做法都有极大的局限性。

教师在缺乏全面而深入的CAT应用体验之前，很难"说服"学生相信翻译技术的价值，更难以把翻译技术课程上成有深度、有内涵的研究生层次的课程。王华树就曾指出："高等院校中翻译理论与实践兼备的教师往往缺乏在语言服务

企业历练的一个过程,对实际翻译项目操控流程把控不足,对CAT工具现学现卖,项目实战经验甚少,不能解决深层次问题。"(王华树,2012:57—62)而且依据我们的经验,在真正的语言服务的第一线,处理起真实的翻译项目来,各种各样的应用问题层出不穷,绝不限于传统上翻译所面临的文本层面的问题,经过短期培训就上岗的老师,根本无力解决这些复杂的应用问题。

此外,我们注重跟踪新技术、新趋势。CAT专用软件的开发与应用,至今不过20多年的时间。这20年间,计算机领域的技术进步日新月异。近几年,随着移动计算、云计算等的出现,CAT软件开始逐渐朝便携、跨平台及云计算的方向发展,随着语音识别技术和语音合成技术逐渐成熟,CAT也开始出现与口译相结合的趋势,有朝一日,计算机所能辅助的,可能就不仅仅是笔译,甚至能包括口译。而且技术的进步总是在呈现一种不断加速的过程,老的技术标准、文档格式、操作流程等的淘汰速度也不断加快,应用翻译领域的研究者和教学者,应该紧紧跟上翻译技术发展的趋势,才能培养出真正符合语言服务产业需要的人才。过去的经验是学校在翻译新技术的吸收与利用方面总是落后于企业。学校没有为产业提供指导指南。我们在这方面锐意进取,在教学中注重引领学生关注新的翻译技术,将新技术充分应用到翻译实践中。

5.2 MTI教师队伍专业化、重实践

翻译硕士专业的教师应该具有较高的翻译实践能力,根据专业方向的不同,在口笔译实践上各自应有较为深厚的积累。国务院学位办(2007)19号文《关于申报开展翻译硕士专业学位教育试点工作的通知》中,对于翻译硕士专业教师就提出了如下要求:"翻译硕士核心课程及重要必修课程的任课教师中具有口译或笔译实践经验的比例不低于70%;笔译教师应承担过30万字以上的正式笔译任务,口译教师应担任20次以上的正式场合的连传同传任务。"

根据我们的调研,目前,在一些高校的翻译硕士专业,对翻译硕士专职教师以及导师的准入门槛进行了降低和"模糊化"处理,标准坚持不严格。也有一些高校,MTI教师和导师并非专职,而是直接将传统的英语语言文学专业的导师全盘"移植"过来,这些导师短时间内往往难以准确理解和把握翻译硕士专业学位教育的基本特点,他们参与到翻译硕士的教学和指导工作,不免使翻译硕士专业的发展出现一些偏差。该校在遴选翻译硕士专业导师的时候,坚持重视翻译实践能力,同时也考虑教师的科研能力,为本专业配备了实践与科研能力均较强的专任教师队伍。这支队伍了解翻译产业的实际,能够指导研究生毕业后参与到语言服务产业的实践,为社会的发展贡献力量。

5.3 校企充分互动，建立双赢、互惠的合作模式

在校企合作中，我们认为，学校应做的工作，是提供宽松的环境和优化的课程结构，更加面向语言服务产业现实；提供优质毕业生，端正毕业生就业态度；鼓励教师到语言服务产业一线挂职。而对于企业而言，是要积极为培养单位提供见习、实习机会；提供同步模拟项目操演（对于非保密性的翻译项目，可同时让学校组成项目团队，同期同步工作，让研究生在平行项目中了解自身差距）。山东师大翻译硕士中心和山东省外事翻译中心、双泽咨询公司等均建有良好的合作关系，相关各方对上述理念具有较高的认同度。

5.4 MTI对MA翻译方向研究生教育起到反拨作用

英语专业从本质上讲，是一种"短线"专业，大部分毕业生需要的就是掌握扎实的语言运用能力，去做实际的工作，要学以致用。而这个"用"，不言而喻，总要和"译"有牵连。2011级翻译硕士"翻译技术实践"课程的翻译作业量就达到了平均每人近5万字（其中优秀学生的译作还会获得出版的机会，这样每个参与者会得到额外的5—10万字的翻译实训）；2013级本门课程的翻译作业量更是达到了平均每人近10万字，单纯这一门课的实践量就近乎达到了教指委对翻译硕士毕业生的要求。

在实际工作中，山东师大注意把MA的翻译方向学生也纳入MTI的课程和团队，与MTI学生一起做项目，取得了很好的效果。摸索出了一些把MTI培养和MA教育相互融合、优势互补的做法。山东师大的做法，不是像某些院校那样，以MA替代MTI（一些院校这一做法在MTI的评估工作中受到了评估专家的批评），而是把MTI培养中积累的经验，拿到MA的翻译方向学生培养中，一定程度上扭转了MA培养过于偏重理论，实践能力严重欠缺的弊端，使我校MA翻译方向研究生的培养，与MTI产生了良好的互动。其突出的表现，就是MA同学的毕业论文选题越来越贴近实践，"穿靴戴帽"的论文少了，基于实践和实证，关注翻译实践教学、翻译技术教学，以及翻译服务产业等话题的论文选题逐渐增多。这些都是MTI的经验对MA翻译方向发展所起到的积极反拨作用。

第八章

日语翻译管理案例[①]

第一节　重复率案例：从局部到全文的日语翻译

重复率处理是项目管理中的重要环节。本章通过中译日的"银行翻译项目"案例对重复率处理进行解析。这是一个约8000字的银行客户委托的中译日翻译项目，客户的目的是在日本开设银行网点，因此客户对于译后的日语语言精确性要求极高，要求"母语审校+日语二审"，同时要求将此次翻译任务作为4.0难度级别进行翻译和母审。

1. 判断是否需要重复率处理

项目经理W一接到单子，便将原文发送给软件处理部门，软件处理部门将原文导入Trados软件进行重复率测算，结果发现自身重复率高达20%。于是接下来由相关职能部门人员进行重复率确认，并挑选出高频词汇作为术语表。

2. 术语表的整理与翻译

下表是经过Trados软件处理之后得出的高频词汇，具体出现次数已列出。项目经验W从软件中提取出这份术语表之后，请译员进行翻译，翻译完之后请日语母语审校员进行审校，确认结果如下图所显。负责人将这份术语表提交给客户确认。

[①] 基于作者的硕士论文《关于日语翻译质量管理标准的研究——基于日语翻译行业现状的分析》修改成文。

重复率处理术语表

术语表			
原文	最终译文	出现次数	状态
原密码	変更前のパスワード	4	统一
验证码	認証コード	6	统一
借记卡	デビットカード	5	统一
刷卡获取	カードを通す	4	统一
收款额度	入金限度額	3	统一
交易明细	取引明細	3	统一
交易撤销	取引のキャンセル	4	统一
还款金额	返済金額	4	统一
复核	照合	24	统一
当日交易	当日取引	4	统一
付款	支払 / 売上	43	需同客户确认
银行卡账户	口座 / 銀行口座	3	不同语境下选择不同译法
冠字号列表	記番号一覧	2	统一
电子现金	電子マネー	3	统一
商户开通页面	店舗開設ページ	3	统一
笔	回 / 件	20	需同客户确认
充值	チャージ	21	统一
最大转账金额	振込限度額	1	统一
指定账户圈存	指定口座預金	3	统一
额度充值	限度額チャージ	4	统一
当前额度	現在の限度額	4	统一
充值金额	チャージ金額	4	统一
密码页面	パスワードページ	3	统一
列表页面	一覧ページ	2	统一
付款金额	支払金額	5	统一
信用卡	クレジットカード	12	统一
手续费	手数料	7	统一
手机号码	携帯電話番号	5	统一
银行列表	銀行一覧	3	统一
业务	業務	19	统一
修改密码	パスワード変更	4	统一
注册	登録	6	统一

续表

术语表			
原文	最终译文	出现次数	状态
支持银行查询	銀行で確認できる	3	统一
余额查询	残高確認	8	统一
备付金余额	支払準備金残高	4	统一
自助取款	セルフ引出	7	统一
商户	店舗	50	统一
农产品付款	農産品支払	5	统一
电子现金余额查询	電子マネー残高確認	2	统一
收银员	レジ係	20	统一
银联商务有限公司	銀聯商務有限公司	5	统一
刷卡	カードを通す/カード支払/カードによる	13	需同客户确认
手机	ケータイ/携帯	18	需同客户确认
查询	確認/検査	23	统一
IC卡交易	ICカード取引	5	统一
取款金额	引出金額	23	统一
卡号	カード番号	4	统一
加载	読込み	10	统一
需同银联商务签订协议	銀聯商務と契約を締結してください	3	统一
忘记密码	パスワード忘れ	5	统一
商户专属	店舗専用	3	统一
手机充值页面	ケータイチャージ	2	统一
订单确认页面	オーダー確認ページ	2	统一
支付	支払	27	统一
成功	完了/確実にする/できます	43	不同语境下选择不同译法
元	円	40	统一
商户优惠券	店舗優待券	4	统一
交易	取引	127	统一
电子签购单页面	電子オーダーシートページ	5	统一
错误	エラー	11	统一
商户付款	店舗代金支払	11	统一
信用卡还款	クレジットカード返済	5	统一

续表

术语表

原文	最终译文	出现次数	状态
新密码	新パスワード	7	统一
银联商务	銀聯商務	17	统一
提供上门开通服务	訪問による開通サービス	5	统一
实时转账	リアルタイム振込	7	统一
冠字号	記番号	14	统一
电子现金交易	電子マネー取引	14	统一
转账金额	振込金額	7	统一
尚未申请开通	未開通	5	统一
商户收款页面	店舗代金受取	3	统一
根据易POS提示刷银行卡	簡易POSの指示により銀行カードを通す	4	统一
农产品收购	農産品買取	5	统一
IC卡	ICカード	27	统一
收款	代金受取 入金 受取	43	不同语境下选择不同译法
IC卡服务页面	ICカードサービスページ	4	统一
自助取款页面	セルフ引出しページ	3	统一
银行卡	銀行カード	36	统一
银行	銀行	74	统一
易POS	易POS	50	统一
页面	ページ	62	统一
确认	確認	91	统一
请输入有效	有効な**を入力してください	18	统一
交易页面	取引ページ	9	统一
电子现金	電子マネー	33	统一
手机钱包	お財布ケータイ	2	统一

客户对上表进行确认后，日语项目经理W将上表导入Trados软件，将全文重复出现的上述单词统一替换，再由译员继续翻译。此步骤的目的，一是为了避免术语不统一，二是为了和银行专业人士确认这些重要词汇的译法，避免专业术语不够规范。

3. 预翻译处理

术语表翻译完成之后，将术语表导入Trados软件，进行全文预翻译。预翻译后导出的结果为部分译文已自动翻译，部分译文未翻译。将导出的内容以WORD文档格式发送给派单人员发给译员进行翻译。

第二节　流程案例：日语翻译质量管理

日语作为我国对外交流中仅次于英语的第二大语种，在翻译公司的各语种业务量中占比也仅次于英语。为满足广大日语学习者的要求，本书特地列举日语语种的翻译案例以加深读者们对翻译质量管理流程的理解。下面以网络小说《回旋木马的忧伤》的中译日项目为例。

首先让我们回顾一下翻译流程。翻译流程主要涵盖三个阶段——译前、译中、译后。"译前"包括客户需求确认、交付风险分析、正式下单翻译、译前CAT处理、派单生产安排；"译中"包括译员正式翻译、中途返稿检验、译中项目变更、译员译完提交；"译后"包括质检基础质量、审校润色质量、组长整稿提交。

翻译流程中的每一个步骤皆作用于译文质量。为了得到令客户满意的译文，我们必须关注翻译流程三个阶段中每一个环节对最终译文所产生的影响。在下文中笔者将《回旋木马的忧伤》的翻译过程代入每一个环节进行具体分析。

1. 译前

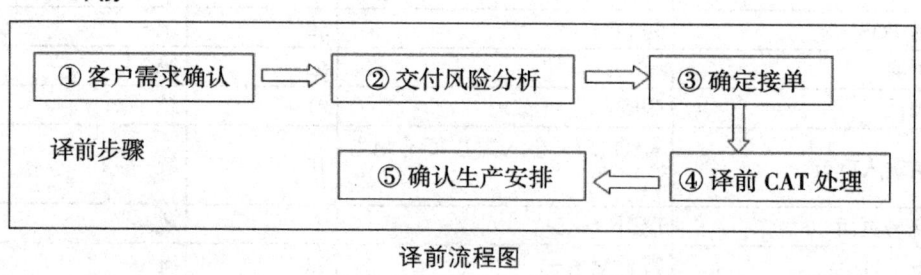

译前流程图

步骤一：客户需求确认

客户把翻译需求告诉销售经理X，X将客户需求制成表，并将客户需求、翻译原文和资料一起发送给日语项目经理W，由W对翻译任务进行需求再确认。

《回旋木马的忧伤》是一部20万字的网络小说，客户方要求将中文翻译成日文，目的是登载于日本网站，受众是日本人。销售经理X发来的派单表格中标注了翻译要求：译文与原文意思相符，语句通顺流畅，符合日本人的表达方式，语言风格要结合人物特色，必须安排精通汉语的日本人进行中日对照审校及润色，20天交稿。

步骤二：交付风险分析

质量管理部门对稿件类型及专业难度进行判断。《回旋木马的忧伤》部分原文内容如下：

> 她正为车窗外那栋半隐于火红枫叶之间的别墅啧啧称叹。最妙的是下面的木板到巨石之间居然有一帘小小的瀑布清澈流出，把这栋别墅衬托得闲适又写意。

由此可见，稿件内容具有文学性，使用目的为出版，日语项目经理W判断此订单难度为出版级（译国译民4.0标准），其综合错译率必须≤1‰。同时，4.0级别的稿件，必须配备高级审校人员，事实上客户也做出了必须配备日语母语审校的要求。

交付风险由日语项目经理W进行判断，判断的内容为：是否有能够保证翻译质量的译员和审校人员，是否能够按时交稿。

W在"日语译员信息库"里寻找能胜任此次任务的译员并一一咨询他们近期的时间安排。最初联系的是两位具有小说中译日经验的自由译员，但她们均表示手上任务已满，此次任务无法合作。最后联系了四位拥有文宣类稿件翻译经验的备选译员，他们的平时翻译风格与此次翻译任务比较接近。经确认这四位译员在时间方面能够满足此次任务。随后联系了公司的兼职日语母语审校老师，确定时间。由此W确定无交付风险。

W向销售经理X反馈交付风险结果，并告知翻译成本。销售经理X确认能接单后，向客户报价，向项目管理部提交派单表和翻译原文。

步骤三：正式下单翻译

销售人员将派单表和相关文件提交给项目经理，项目经理安排译员。

步骤四：译前CAT处理

经过Trados重复率分析，重复率仅占约1%，重复部分集中于人名。因此没必要使用Trados进行重复部分的翻译。

如果是重复率较高的稿件，应该由项目经理在翻译辅助软件上进行项目创建，筛出重复部分，重复的内容整理成项目包发给项目人员处理，这部分由资历较深、翻译准确度最高的译员进行翻译为佳。其中3.0以下稿件和3.0以上稿件分别由组长和审校员判断语料质量并进行校对，质量极不理想的语料需令译员重新翻译，翻译后再由组长/审校校对。

步骤五：派单生产安排

销售员向翻译部门进行正式下单，翻译部门安排翻译人员、审校人员、翻译进度。必要时根据客户要求，对翻译人员、审校人员进行培训。

在这一步骤中需要确定译员人选。20万字中译日，20天完成，为了同时确保翻译质量和进度，项目经理W决定由两位译员合作完成。于是让四位备选译员进行500字试译，试译译文提交给客户，客户看了四篇译文后决定采用译员A和译员B。项目经理W通知由译员A和译员B进行翻译，母语审校员S进行审校。如此一来人员确定。为了确保译员A和译员B翻译的统一性，派日语质量组组长C进行跟踪把关。

2. 译中

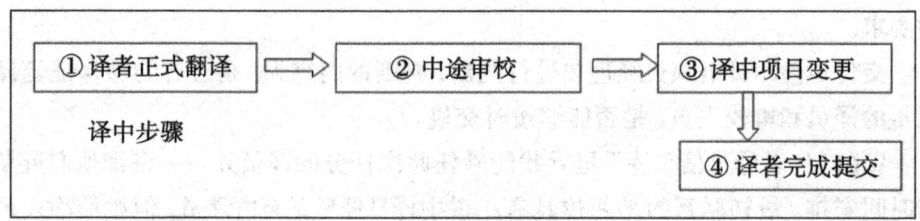

译中流程图

步骤一：译员正式翻译

在这一环节中译员根据组长C的安排进行翻译工作，组长对译员的译文进行抽检、答疑。

该书共240页，组长安排译员A从第1页开始翻译，译员B从第120页开始翻译。其次组长对译员的译文进行抽检、答疑。项目组长C邀请译员A和译员B进入QQ群讨论组。关于翻译内容，有任何疑惑都在讨论组里讨论，组长答疑。

步骤二：中途审校

由于翻译量大，必须进行中途审校，以避免审校时间过紧，翻译与审校需要同步进行。组长C规定翻译中途定期交稿，《回旋木马的忧伤》为每周一和每周四交稿一次，译员A和译员B分别交给组长C。C将其交给审校员S，审校员S确认译员A和译员B的翻译质量，万一翻译质量出现严重问题，审校员S有权力和义务通知组长C中止译员作业，重新安排译员。如果没重大问题，则由审校员S进行审校，之后把审校后的译文发给组长C，项目负责人再将译文返回给译员A和译员B，让A和B进行确认是否同意审校员的修改，如果存在不同意之处，需要互相沟通商榷。有必要时，审校员S需制作一份词汇统一表发送给译员A和译员B。审校环节一直贯穿整个翻译过程。如果翻译量小，则可全部译完后再交给审校员进行审校。

步骤三：译中项目变更

客户在翻译量、翻译时间、翻译质量方面提出新的要求，销售部需传达给项目部，并协商处理。这种情况并不常见，《回旋木马的忧伤》没有出现项目变更。如果遇到项目变更，销售部和项目部需协同处理。例如客户要求提前一周交稿，那么需要销售部及时联络项目部，项目部及时通知译员，组长C要重新制订译员翻译进度。

步骤四：译员完成翻译提交

翻译完成，译员将最后的稿件交给组长C。组长C将译文交给质检部门。质检部门进行排版，质量检查。如果翻译量小，则在这个环节进行审校，不进行翻译中途审校。

3. 译后

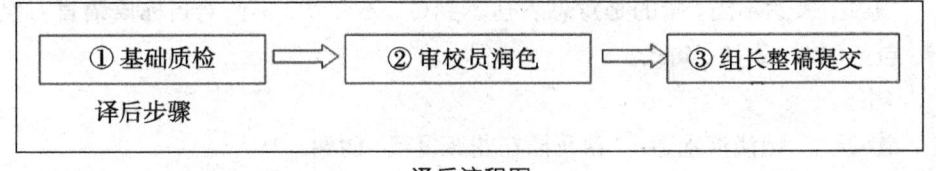

译后流程图

步骤一：基础质检

质检部门对完整版的《回旋木马的忧伤》译文进行排版和初级质检。若此时发现质量问题严重，可以退稿给译员重新翻译。

初级质量检查结束后，组长C将译文提交给审校员S，进行二次审校。

步骤二：审校润色质量

审校员S进行最后的审校。由于中译日的小说在面向日本读者时，对日语语言要求很高，因此审校是非常重要的环节。审校过程完全由日语母语审校者S进行，通过原文和译文的句句对照，进行修改。这其中的过程难以进行考察，我们只能从审校结果中观察审校过程。

通过对审校后的稿件的分析，发现译员所犯的错误类型包括以下三类。

错误类型 ｛ ① 基础语法错误
② 表达不当
③ 表记错误 ｝

接下来，通过实例介绍各种错误类型。

首先，基础语法错误。指的是译文中明显的语法错误、不合逻辑的毛病，也包括时态、标点符号等错误。

例：

① 原文：半夏出宿舍的时候，窝在下铺的小幽突然喊她。

原译文：半夏は寮を出ようとするところに、ベッドの下段で横になっている小幽が急に声をかけてきた。

审校后：半夏が寮を出ようとするところに、ベッドの下段で横になっている小幽が急に声をかけてきた。

② 原文：一直盯着楼下的凌小姐突然回头看着半夏。

原译文：ずっと一階の状況を見ている凌さんは急に半夏のほうを向いた。

审校后：ずっと一階の状況を見ていた凌さんは急に半夏のほうを向いた。

其次，表达不当。指的是意思表达不到位、不贴切，不符合目标语语言习惯等，包括词汇、语法、句式。

例：

① 原文：她淡淡地道："帮我插在花瓶里吧。谢谢。"

原译文：彼女はあっさりと言った。「花瓶に挿してください。ありがとう。」

审校后：彼女はあっさりと言った。「花瓶に挿してください。よろしくね。」

② 原文：很好奇，高原温泉到底是什么样子的？

原译文：高原の温泉がどんな貌をしているのか見てみたかった。

审校后：高原の温泉がどんなようすなのか見てみたかった。

③ 原文：我兴趣索然地坐在台下，听校长长篇大论。斜前方不远处坐着简惜然。

原译文：私はつまらなそうに観衆席に座っていて、学長の長いスピーチを聞いていた。前の斜めの方向には、簡惜然が座っていた。

审校后：私はつまらなそうに観衆席に座っていて、学長の長いスピーチを聞いていた。斜め前の方向には、簡惜然が坐っていた。

再者，表记错误。指的是该使用平假名的地方未使用平假名，或单词拼写错误。

例：
原文：没敢随她下楼，只是站在二楼的楼梯边。
原译文：ついていくしかなかったが、一階までついて行くのはためらって、二階の階段の所で立ち止まった。
审校后：ついていくしかなかったが、一階までついて行くのはためらって、二階の階段のところで立ち止まった。

译员所犯的这三种错误类型的分布，详细如下表所示。

错误类型的分布比率

错误类型	基本语法错误	表达不当	表记错误
错误个数	84	460	57
比例	14.0%	76.5%	9.5%

由上表可见，审校过程发现的错误中基本语法错误占14.0%，表达不当占76.5%，表记错误占9.5%。这是母语审校的结果。其中占76.5%高比重的表达不当又可以再细分为三类：用词不当、成分多余、成分缺失。经统计，在《回旋木马的忧伤》翻译中，用词不当占了这三类的56.2%，具体如下表所示。

"表达不当"细分表

错误类型	表达不当		
	用词不当	成分多余	成分缺失
错误个数	338	32	90
比例	56.2%	5.3%	15.0%

由上表可见，审校发现的错误里面，用词不当占所有错误的56.2%，这也能从侧面反映，在运用最贴切的词汇表达方面，译员仍有待提高，贴切的表达也是审校时的重要关注对象。

第九章

调查案例

第一节 调查案例：翻译公司常见问题

本章是译员谈及的一些问题，可以说是译员的心声，在此整理成文，为管理提供进一步借鉴。无论是以何种形式组织完成翻译任务，都应该保证作为生产活动的主体——译员所受的干扰最少、效率最高。如果没有很好地处理以下有关问题，翻译的绩效就有可能打折扣，增加成本付出。

1. 审校与译员如何协调

无论是在何种翻译组织中，都难免存在各译员水平参差不齐、语言风格和用词迥异的情况，从而造成翻译成品质量不稳定的问题。另外，译员的译文可能存在着许多译员自己看不出来的错漏，翻译时的情境往往造成译员第一遍翻译时先选择"信"，也就是贴近原文进行翻译，而较少考虑到目标语言的使用习惯、规则和本地化。这点在译员自己担任审校时体会最为明显，甚至在第一遍翻译、自校完成后，过几天再来审视自己的译文，都会发现很多毛病。因此审校的存在成为必然。审校在协调统一上述问题、提高成品的质量方面起着关键的作用。

实际语言服务过程中，翻译工作的时间分配是非常紧凑的，客户永远希望在最短的时间内获得质量最高的翻译稿，而译员的数量则永远有限；审校人员数量更是少于译员，相对更加忙碌。也正因为如此，审校出现问题的现象不足为奇。在操作过程中，审校人员应注意以下几个方面。

1.1 审校对自己也没有把握的翻译应持谨慎态度

例如下图中的这份核电厂网络安全方面的文件原文与审校稿的部分截图：

An overall cyber security defensive strategy for a site must employ defense-in-depth strategies to protect CDAs from cyber attacks up to and including the DBT. One acceptable method for achieving this goal is

其中DBT是一个关键的缩略词，反复出现，但文件中没有标出全称。审校直接将一个常用的术语"数据库技术"（database technique）引申出"数据库存储系统"，进行修订。然而根据上下文可判断出，DBT从属于cyber attacks（网络攻击），并且在网络攻击中属于很高级的一种，绝不是"数据库存储系统"。那么DBT究竟是什么呢？

以"核电厂""网络安全""网络攻击"和"DBT"为关键词进行搜索，可找到许多该方面的文件。

请看下面的文件：

安全防护防御体系架构结构

在针对在网站的建立的整体网络安全防护防御策略，保护包括数据库存储系统（DBT）在内的关键数级别应包含设计基础威胁（DBT）的防护。为达成此

Chatham House Report

Caroline Baylon with Roger Brunt and David Livingstone
September 2015

Cyber Security at Civil Nuclear Facilities
Understanding the Risks

在这份文件中，发现术语表中出现：

DBT	design basis threat
DDoS	distributed denial of service

另外在其他类似文件中也有印证：

NRC Cyber Security History

- **2002-2003**; NRC included the first cyber requirements in Physical Security and Design Basis Threat Orders

译员基于以上所有论据，才推出了"设计基础威胁"的正确译法，然而审校未经核实就推翻，反倒还需要译员花费时间搜集证据向审校说明，矛盾就此产生。而这样的错误几乎每份审校稿里都会出现，另外加上对审校做出的某些无谓修改不满，有的译员因此对审校稿持有一种十分消极的态度。在译员水平较高的情况下，这种现象对译员和成品质量都会造成损害。

一般而言，审校人员的经验比译员丰富，水平高于译员，但也难免疏忽大意。而译员资历较浅，但更舍得付出时间和努力，对于不懂的问题多加查证。二者合作时，此间存在着一种微妙的平衡。谁都不应该使用"我很忙，我的任务很多"这样的托辞，因为在时间紧张和忙碌这个问题上，大家是平等的。

1.2 责权安排应合理

对译员工作中所出现的错误，往往有规定明确的量化责任标准和制度与之相挂钩。然而对于同样能够左右最终成品质量的审校人员，制度却不完善。如果审校人员做出了错误的修改，只有以下两种结果：其一，译员阅览审校稿时发现错误审校，经上级管理人员或直接向审校提出，知会审校，再由译员修改回去；其二，译员阅览审校稿时未发现错误，或者未仔细阅览审校稿，审校的错误就成为定稿的一部分，最终影响使用，招致客户批评，译员因此承担审校出错的责任。

另外，审校常常过迟介入。举例：某房屋出租合同，其中有"Landlord"和"Tenant"这两个词语，在译员交流讨论的时候审校并未出现，而在译员已使用"房东"和"房客"一天后，审校才表示：用"出租人"和"承租人"，请译员修改。虽然只需进行简单的替换，这类过于迟滞的术语统一问题造成译员诸多麻烦，严重降低译员的工作效率。

2. 工具和非专业领域的工作

进行翻译工作的时候，使用用户友好的工具是非常重要的。现在市面上常用的翻译软件数不胜数，而且大同小异。导入、记忆库、术语管理等都是需要注意的细节事项，以下是一些可能消耗译员最多时间的工作。

2.1 整稿

必须将翻译软件里破碎的句段导出为符合交稿格式的文档。如果事前项目人员的整稿有问题，或者导入时有错漏，都会给译员带来麻烦和困扰。虽然译员必须参照原文，但应该明确一点，译员只对翻译软件里已有的句段负责。另外在多人合作大型文件时，通常有专人负责整稿，而做小份文件的时候，则要由译员来进行。整稿有许多规定的标准和模范，属于技术含量较少、较为机械的工作。另外对于译员而言，无论文件大小，查阅资料等前期工作所需的时间和工作量是相同的。由于小文件做多了会大大降低译员效率，而且工作量的计算标准一般是无论何种文件都是一样的，那么译员就有可能对小文件产生抵触心理。

2.2 字数统计

译员工作量的计算方法主要是字数统计。简单而言，字数统计就是将译员翻译出来的文件总字数，减去文件锁定的预翻译（记忆库中已经有的匹配句段）部分字数。然而在进行翻译的时候，有很多可能导致锁定部分字数发生变化的情况，比如预翻译部分有误，需要译员修改。

译员一般工作量很大，因此字数统计需要耗费很多时间。一名译员每个月翻译的不同文件，数量可以多达30份，每份都要分开计算。

3. 二次翻译

原文为法语、德语、意大利语、西班牙语乃至非拉丁语系语言（甚至中文本身）的文件，常常会有客户先使用粗暴的机器翻译成英文，再交由翻译公司的英语译员进行汉化的现象。这一类文件的客户往往也不求甚解，要求不高。而对于译员们而言，虽然翻译这些文件可以从一定程度上锻炼逻辑思维能力和检索能力，但同时也会给他们造成很大的困扰。

4. 插稿

当接到交稿时间较晚、翻译时间充裕的文件时，就不可避免地会出现插稿。很多时候，译员刚刚查完资料开始做一份这样的文件，急稿就插进来了。译员虽然可以做好安排，说明"不可插稿"，但是仍然无法阻止"十万火急"的插稿发来。有的时候，在翻译一份时间较为充裕的文件的过程中，最多可能会被五六份"急稿"插入，更有甚者，"急稿"其实也曾经是时间充裕的文件，只不过一直被拖延到最后才发来。如此种种问题，其实都是上游环节的时间安排上出了纰漏，而最后压力都由译员和审校人员承担。

译员完成翻译任务的效率和速度有一定的曲线效应。查过相关资料之后，随着对文件熟悉度的增加，翻译的速度和效率会逐渐提高。中断后重新开始，则再次沿着缓慢的增长曲线加快速度。因此插稿其实会带来非常大的麻烦，如果计算起来，对于译员而言，绝对是得不偿失的。

5. 成体系的翻译公司与翻译网站的区别

翻译网站（互联网工作平台）是近年来兴起的新型翻译工作形式。

翻译公司与翻译网站之间最大的区别在于：功能齐备的翻译公司，会择优选择具有资格、能力较强的译员，有侧重点地分配任务，安排擅长文件所述领域的译员合作完成翻译工作，照字数计酬；而翻译网站的翻译人员水平参差不齐，主要为学生和社会人员，任务分配的方式为先到先得、逐句拆分。当然，还有一种情况就是，有些翻译公司有自己建立的翻译网站，也从中承接一些业务。

审校是翻译网站做得最糟糕的部分。翻译网站的特征是将一般翻译公司的所有部门的业务都交给网络上的闲余人员完成，由于前面提到过的人员资质良莠不齐，审校是个很大的问题，而翻译网站还偏偏向几乎所有级别的人员开放审校的资格，另外还将质检和审校两个环节混淆在一起。

两种翻译工作形式中，对文件难度和优先度的处理也完全不同。翻译网站和翻译公司虽然都会分出不同级别（如1.0、2.0、3.0等），但在翻译公司，实际上每种级别对于译员来说并没有太大的差别。3.0稿件虽然标榜要比2.0更加重要，但是既然计算报酬（字数）方面与2.0几乎没有任何区别，还额外多出一些麻烦（例如需要填写回执，效率更低，需要更加仔细自校），对此译员不太可能愿意做3.0的文件。与之正相反，在翻译网站上，不同级别之间的稿件句段差别巨大，字数相差无几的句段之间的价格差甚至达到了10倍以上，因此在导致译员争抢的同时，也促使译员提高翻译质量。

对于翻译人员而言，在翻译网站工作的投入更低，时间更自由。在翻译公司工作则周期长、报酬相对低些，但有培训和保障。

6. 加班

无论是在周末或是译员的休息时间，都随时可能有需要翻译的稿件进来。超时工作和周末加班对于译员而言几乎是家常便饭。翻译公司可以对应采用"弹性工作时间"和轮班的制度。只有让每一位译员都得到充分的休息，才能更好地提高译员工作的效率和质量。

第二节 调查案例：目前国内翻译市场的流程探究①

在翻译市场中，翻译活动以翻译流程的形式呈现出来，至少包括译前、译中、译后三个阶段共18道环节。通过随机分析、对比161家国内翻译公司的翻译流程和环节发现，当前国内翻译市场在翻译流程设置方面存在流程总体不完备，"译"和"审"重视程度不匹配，翻译流程各环节互动和反馈不足，以及企业语言资产意识薄弱等问题。翻译企业应重视翻译流程，相关机构、组织应通力合作，尽快就此方面推出相关的标准、规范或指南，进一步规范翻译公司和译者个人的翻译流程，加强翻译质量的保证，让翻译市场更加有序。

1. 引言

翻译活动②是翻译市场的主体活动，其活动主体除了译者，还包括语言服务提供商（如翻译公司）、委托人（如企业客户）以及相关的所有人员（如项目经理、术语专家、桌面排版专家）等。但在现实中，人们往往会将翻译活动看作仅仅是译者单方的行为和结果，将其简单地等同于翻译过程（Translation Process）。

所谓翻译过程，根据《中国译学大词典》的定义，是指"翻译活动所经过的程序，一般认为包括三个阶段：理解原文、用目的语表达、校验修改译文"，"主要是理解与表达的过程，即认识与实践、分析与综合的过程"。（方梦之，2011：11—12）由此可见，翻译过程主要指译者进行翻译工作的具体步骤。无论是理解表达，还是校验修改，大部分都只涉及译者自身将源语言转换为目的语之过程中的思维、信息重组等活动。20世纪80年代以来，国内外学者借助有声思维法（Think-Aloud Protocols, TAPs）等方法，试图解密译者头脑中整个翻译过程的"黑匣子"，并且取得了较大的进展。

与翻译过程联系紧密，有时甚至互用的另一个概念是翻译程序（Translation Procedure）。奈达认为翻译程序不仅仅只是译者进行翻译工作的具体步骤，还包

---

① 原文为《目前国内翻译市场中翻译流程探究：问题及对策》，刊于《外国语文研究》（2016：01），作者岳峰、黄杨勋。
② 本章所讨论的翻译、翻译活动、翻译流程等概念，若无特别说明，均指笔译。

括了许多因素,如译者能力、翻译方向、受众类型、译文用途,乃至时间期限、团队协作、译文测试、翻译技巧等(Nida, Eugene A, 2001: 97)。他还进一步将翻译程序分为技术程序和组织程序,不仅涵盖译者转换源语与目的语文本的过程,还包括译者个人与团队组织翻译的过程(Nida, Eugene A, 2001: 241)。然而,不论是翻译过程还是翻译程序,其主体都是译者或审校人员,其核心都是"语言之内"的转换过程;但在翻译市场上,对翻译活动效果同样起到重要作用的主体,除了译者及审校人员,还包括项目人员、排版人员,甚至客户,其过程则并不一定总是"语言之内",也可能是"语言之外",例如项目管理、排版、计算机技术及工具的使用等。

在翻译市场上,翻译活动更多地以一种流程的形式呈现出来。所谓流程,《ISO 9000: 2005质量管理体系——基础和术语》中的定义是"一组将输入转化为输出的相互关联或相互作用的活动"。那么,翻译流程(Translation Workflow)就是一组将源语文本输入转化为目的语文本输出的相互关联或相互作用的活动。翻译流程涵盖译前、译中、译后等各项步骤的计划安排,以接受客户订单为流程开始,以产生符合客户预期或要求的结果,包括产品和服务等,并实现客户预期的价值为流程结束。一套完整的翻译流程中,同译者密切相关的翻译过程只占了其中的一个部分。因此,要考察翻译市场中翻译活动的真实情况,就必须了解行业和企业的翻译流程是如何设置、是否完备、如何保证运作,以及需要哪些改进。①

2. 国内翻译市场翻译流程调查

根据《中国语言服务业发展报告2012》(以下简称"报告,2012"),截止到2011年底,我国语言服务企业总数达到37197家,从业人员约119万人(报告,2012: 9)。虽然企业数量多,但投资规模均比较小,注册资金在10万元以下的企业占总数的46.8%(报告,2012: 17),而这些小企业的消亡率又高达35.0%(报告,2012: 19)。

我国翻译行业的现状决定了一大部分的企业还处于非常初级的经营与生产状态之下,其特点就是集中度低,公司化程度不高,翻译流程不健全等。据笔者观察,在行业中还存在着大量的小作坊(特别是以低价承接翻译项目的翻译团队)、夫妻店,甚至黑公司(以骗取客户报酬和译者劳动所得为主要目的)。此

---

① 本章所讨论的翻译流程主要集中在传统翻译公司上,并不包括本地化公司或以本地化服务为主的新型翻译公司,因为后者的流程体系有所不同。

外,还有两类"伪翻译公司":名为企业实际背后只是个体译者的公司,以及不在内部完成翻译,而仅限于管理外包项目并从中抽取佣金的公司(报告,2012:90)。这些公司本身并不是规范的经营实体,很难想象其有任何完善的翻译流程,也很难在行业的翻译流程整体建设和提升方面起到积极的作用。

翻译公司是市场上翻译活动的组织者和主体,翻译公司内部关于翻译流程的普遍设置情况,能够较为直观地反映出翻译市场总体的翻译流程现状。因此,我们针对国内的翻译公司开展了一项在线调查。

我们首先在两大搜索引擎谷歌和百度,使用"翻译公司""翻译服务"等关键字进行搜索,在搜索结果中随机选取了161家翻译公司,在其各自的官方网站中获取有关翻译流程方面的介绍和信息。必要时,我们对个别翻译公司还进行了在线访谈,或者以潜在客户的身份进行了咨询。在这个过程中,我们收集并汇总了各网站明确提及的翻译流程框架及具体环节。经过对这些流程环节的合并归纳,最终发现有18道环节最为常见,涵盖译前(包括译者甄选、文本分类与评估、项目计划、项目准备分析、术语准备、项目团队环节)、译中(包括翻译、中途质控、审校[①]、专业审校、语言审校、校对环节)、译后(包括质检、质量评估或报告、质量跟踪反馈、排版、项目总结、语言或知识整理环节)等三个阶段。随后详细记录每一家公司对这18道翻译流程环节的设置情况。

详细调查结果如下:

表1 受调查翻译公司翻译流程设置情况

翻译流程设置情况	数量	占比
设立翻译流程	121	75.2%
未设立翻译流程	40	24.8%

表2 受调查翻译公司地域分布情况及不同地区翻译公司翻译流程设置情况对比

地区	不同地区公司数量及占比			该地区设立翻译流程的公司数量及占比	
	数量	占比		数量	占比
北京	61	37.9%		42	68.9%
广东	19	11.8%	62.7%	16	84.2%
上海	21	13.0%		13	61.9%
其他	60	37.3%		50	83.3%

---

① 行业人士有时也将审校称为审核。

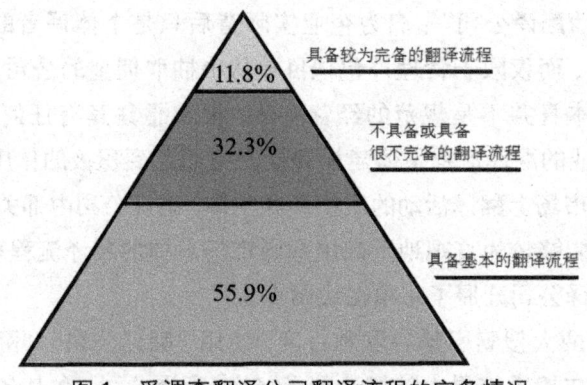

图1 受调查翻译公司翻译流程的完备情况

表3 受调查翻译公司翻译流程各环节设置情况

翻译阶段	翻译流程环节	设立相关流程的公司数量（共161家）	占比	平均占比
译前	译者甄选	66	41.0%	45.0%
	文本分类与评估	86	53.4%	
	项目计划	70	43.5%	
	项目准备分析	73	45.3%	
	术语准备	86	53.4%	
	项目团队	54	33.5%	
译中	翻译	119	73.9%	42.0%
	中途质控	48	29.8%	
	审校	69	42.9%	
	专业审校	66	41.0%	
	语言审校	53	32.9%	
	校对	51	31.7%	
译后	质检	42	26.1%	30.4%
	质量评估或报告	22	13.7%	
	质量跟踪反馈	88	54.7%	
	排版	78	48.4%	
	项目总结	48	29.8%	
	语言或知识整理	16	9.9%	

从表1可以看出，在受调查的161家翻译公司中，可以查阅到121家公司（约占75.2%）在翻译流程设立方面的具体信息，而另40家（约占24.8%）对此竟没有只言片语的描述。四家翻译公司中就有一家未设立翻译流程，这个比例是相当惊人的。

表2是受调查翻译公司的地域分布。随机抽样的结果显示国内翻译公司大部分分布在北京、上海和广东（以下简称"北上广"），其合计占比62.7%。这一数据和《中国语言服务业发展报告2012》中北上广翻译公司数量占比的数据64.7%（中国翻译协会中国翻译行业发展战略研究院，2012：21—22）基本一致，说明本调查具有一定的客观性和准确性。同时，对比各个地区设立翻译流程的翻译公司的数量占比可以发现，虽然北京、上海的翻译公司数量居多，但却只有约三分之二的公司设立翻译流程，这一数据比其他地区要低20%左右。这和北京、上海的市场中心地位并不匹配。

为了进一步查看翻译流程中各环节配置情况，我们将翻译公司划分为三类。从图1可以看出，这三类公司呈一个三角形的形态分布。（1）图上三角形的最下方代表了拥有基本翻译流程的翻译公司，设立了6—12道翻译流程环节。这部分公司的数量最为庞大，为90家，占比为55.9%。此类公司大多数只建立起"译+审+校"的基本模式，对流程的其他环节考虑较少或只是零星涉及。（2）三角形的中间部分代表的是完全未建立翻译流程，或者连基本翻译流程都不健全的翻译公司，一般设立的环节不超过5道。这部分公司数量为52家，占比为32.3%。此类公司要么完全未建立翻译流程，要么只是象征性地摆设三两环节，很多时候翻译流程只是流于形式，无法真正遵循和执行到位。例如在调查后的在线访谈中，某翻译公司的项目经理坦言："时间一急，哪管什么翻译流程，译员做完我们看都没看就直接交给客户了。"（3）三角形的上方尖端代表了极少数建立起较为复杂翻译流程的翻译公司，一般其设立的环节数为12道以上。这部分公司数量为19家，占比为11.8%。此类公司的流程基本涵盖了译前、译中、译后三个阶段，在结构上除了"译+审+校"的基本模式，还详细地对一些分支环节（例如译员管理或术语管理）进行了设计。此外，也较为重视各环节之前的互动，例如增加了译文质量的中途跟进与反馈。

表3汇总了受调查翻译公司翻译流程各环节设置的具体数据，分析如下：（1）从表中可以看出，虽然每一道环节都为翻译公司所设立，但各环节的比重却很不一样。文本分类与评估、术语准备、翻译及质量跟踪反馈四个环节有超过50.0%的翻译公司设立。翻译作为翻译活动的核心，73.9%的翻译公司设有流

程专门把控，这一比例高于其他任一环节，高出的百分比至少为19.2%。但令人吃惊的是，高达26.1%的翻译公司并未对这一核心环节加以任何的设置或说明。据笔者推测，原因有二：一是可能认为翻译这一环节是默认设置，因此不需要特别强调；二则可能是部分公司并无从事翻译业务的资质，例如一些承接翻译项目的秘书公司或留学中介机构，完全没有设立相关流程对这一基本环节进行管理和控制。甚至有些公司可能就是皮包公司或纯粹的中间商之类，从事的只不过是翻译项目的转包并从中牟利，本身并不关注翻译流程及其相关的翻译质量。（2）占比最低的三道环节依次为语言或知识整理（9.9%）、质量评估或报告（13.7%）和质检（26.1%）。值得注意的是，这三道环节都集中在译后阶段，说明总体市场对译后的追踪管控力度偏弱。（3）从三个翻译阶段的平均占比的情况来看，45.0%的翻译公司设立了译前环节，42.0%设立了译中环节，而只有30.4%的公司关注到译后环节，高低之间的比例差高达近15.0%。

3. 国内翻译市场翻译流程现状解析

结合以上调查数据分析，我们可以看出当前翻译市场上的翻译流程现状有以下特征：

3.1 大多数翻译公司未设立完备的翻译流程

流程是公司管理政策与制度在操作层面上的细化，同时也是具体的行为导引。翻译流程的不健全、不完备，在一定程度上能够反映出翻译公司在项目管理中的政策缺失、制度不完善，对项目经理及译者的行为无法起到明确的指引作用，从而可能暴露出企业治理及项目管理中的种种漏洞和问题，甚至引发严重的质量事故。

当然，这里所谓的流程健全或完备与否，仅仅是以调查中发现和总结的18道流程的规模来进行判断，实际上翻译流程的完备程度并不仅仅如此（Gouadec, Daniel, 2011: 129—152）。Daniel Gouadec从职业翻译的角度出发，总结了译者提供一次完整翻译服务所经历的各项环节，共分九个步骤，包括翻译项目的寻找、翻译项目的获取、翻译计划与分工、译前准备、语言转换、质量监控、结稿、后续工作、实时跟踪等，共计153道环节。译者自身的翻译流程尚且如此细致，作为具有更大组织力量与更强经济实力的翻译公司，怎么能够反倒不如呢？

图1显示仅有11.8%的受调查翻译公司设立了较为完备的翻译流程。表1则显示约25.0%的翻译公司并未设立翻译流程，如果按此比例类推，则全国可能有近万家翻译公司没有明确设立翻译流程。一般而言，越是正规的翻译公司，其翻译

流程越完备。因此，调查中得来的数据正好反推出当前国内翻译市场环境并不理想，还存在大量非正规的翻译公司，也显示正规的翻译公司中也存在诸多流程不完善、运营不规范的问题。如果众多公司内部翻译流程都是混乱和缺失的，则不难想象，最终必会带来部分甚至整个市场的混乱和失控。

3.2 翻译公司的规模与翻译流程完备程度成正比

翻译公司规模越大，翻译流程完备程度越高；规模越小，翻译流程则可能越不完备。

流程的建立需要成本，不仅包括管理成本，也包括人力资源成本、沟通成本、行政成本等。一家小公司出于成本的制约，未必能够像大公司那样设立试图涵盖各种细节、面面俱到的流程。因此，在一定程度上，我们也可以从翻译流程的完备情况，反向判断公司的规模。例如，数据显示仅有11.8%的受调查翻译公司具备较为完备的翻译流程，那么从这个数据出发，我们可推测国内规模较大的翻译公司数量也差不多是这个比例。根据《中国语言服务业发展报告2012》，我国注册资金在100万以上的公司约占9.9%（其中100—500万元为7.6%、500—1000万元为1.9%、5000万—1亿元为0.2%、1亿元以上为0.2%）（报告，2012：17），和上述具备完备流程的翻译数量占比是比较接近的。当然，这种比例关系并不必然成立，但翻译流程的完备程度却确实是和公司的规模紧密联系的，在一定程度上可以成为折射翻译公司规模的"魔镜"。

诚然，大公司一般有实力铺陈多个流程环节，但这并不意味着小公司在流程设置上就无可作为了。因为，一个流程环节的自身组成是可简可繁的，可以根据公司规模实际调整。但如果只是出于成本的考虑，完全忽视或撤销某个关键或必要的流程，则必然导致管理或质量上的苦果。这也是国内大多数中小翻译公司需要特别警惕的地方。

3.3 翻译流程中对"译"和"审"的重视程度不匹配

翻译、审校和校对是传统翻译流程中最为重要的三个环节，其重要程度相当于本地化公司中规范化的TEP（Translation, Editing, Proofreading, 即翻译、编辑、校对）流程。据笔者观察，很多翻译公司现在也都还遵循着诸如"一译二审三校"或"译—审—校—改"这样的三步或四步流程法。

一般而言，这三个环节中翻译最为重要。尽管有时审校和校对译文的质量起到至关重要的作用，但从本质而言，审校或校对应该是"改错勘误"或"锦上添花"，而不是"回炉再铸"的"重译"。从实际效果来看，译文的最终质量最主要取决于译稿的翻译水平，而不是审校水平。在实践中我们也发现，A级的译者加上A级的审校者，给出的将可能是A+级别的译文；而C级的译者加上哪怕A+级的审校者，给出的译文却可能勉强达到B级。表3中显示，翻译是整个翻译流程中最受重视的环节，占比达到73.9%，这正说明翻译是最为重要的环节。但同时我们也发现，和翻译重要程度相当的审校环节，占比却仅有42.9%。也就是说，一半以上的翻译公司是没有设立或并不重视审校这个环节的。审校对于译文质量的重要作用，这里不再赘述。基于这个数据，结合笔者在行业中的观察，可以得出这样一个推论：近六成的翻译公司出于成本或其他种种原因考虑，并没有对译者返回的译稿做充分的审校就直接交付给委托人或客户。而且，即便是有审校或校对的环节，也是由译者本人，或者非专业人士（如项目经理、排版人员）兼任。一直以来公众对翻译公司粗劣译文质量诟病不断，其症结在此可见一斑。

不过，在现实中还存在着另一种极端，即极为重视审校在翻译流程或质量保证流程中的作用，但对翻译环节却重视程度不够，甚至缺乏必要的控制。例如，某家参与过制定国家标准《翻译服务规范》（GB/T 19363.1—2003）的翻译公司，其翻译流程中将审校列为关键步骤，却未将翻译作为关键步骤，颇有些本末倒置。此外，根据笔者在行业中的观察，一些翻译公司往往以较低的价格将翻译项目外派给水平有限或实际并不合格的译者，却又将收回的译稿发给水平较好的审校者审校。如此一来，改过译文的质量尚可为客户接受，而成本却节省了很多（业内审校的费用普遍比翻译低，有时低至翻译费用的三分之一至二分之一）。这种以节省成本为目的，牺牲译文质量的做法也许很无奈，却并不可取。

3.4 翻译流程各环节缺乏互动

翻译环节仍然是流程的重心，各阶段环节未有效覆盖，各环节缺乏互动和反馈。

一直以来，"译+审"都被认为是主流的翻译环节。从调查数据来看，尽管审校环节的比重有所不足，翻译环节的占比仍然占据着所有流程的首位。不过，随着客户对翻译产品的要求越来越高，以及传统的翻译行业被赋予越来越多的崭新模块和要素，越来越多的公司和个人都认识到，仅仅依靠翻译和审校，或者再加上校对环节，很多时候已经无法真正保证翻译项目顺利进行，也无法真正保证译文的质量水平。人们开始认识到，除了"译+审+校"的译中阶段，译前和译后阶段的流程控制也是同样重要的。从表3可以看出，译前阶段的平均占比甚至超过了译中阶段，而译前阶段中也有文本分类与评估和术语准备两个环节，占比超过了50.0%。这是市场上全流程翻译项目管理意识增强的体现。

尽管如此，从调查数据来看，大部分译前、译后环节占比都未能超过

50.0%，亦即意味着有一半以上的翻译公司并没有认识到译前、译后环节的重要性。从具体单个环节的占比来看，译后的流程环节如质检、质量评估或报告、项目总结、语言或知识整理等方面的缺失特别严重，说明翻译公司从译者和审校者手上收回译稿后，缺乏必要的验收步骤，也很少进行后续的质量跟踪。如此做法，不仅公司无法了解项目真实的质量情况，译者也没有得到反馈和质量报告，无法进一步改正错误和提升水平。

此外，虽然翻译流程按不同的阶段，每个环节有先后的关系，但这并不意味着各个环节只能是孤立而无关联，不可同步进行也无法互动的。例如，术语准备环节主要发生在译前阶段，但在译中阶段，也会基于译者的最新翻译进展，做进一步修订，并实时更新术语库，最后在译后阶段还需要对术语进行汇总和归档。再如质检一般发生在译文定稿甚至排版完成之后，但根据项目的需要，往往也会采用中途质检的方式，进行译中阶段的质量控制，从而提前发现问题，规避风险。从本次调查收集的资料来看，大部分的翻译公司在执行翻译流程时，仍然只是僵化、单线、孤立地操作，而不明白翻译流程之所以可以形成一个体系，正是因为其内部密切的关联性和时刻可以发生相互操作、产生相互作用的互动性。笔者在行业内的观察发现，很多时候翻译项目从译者开始翻译，一直到稿件提交给审校者，除了任务交接之外没有其他任何的沟通和互动。这个过程看似一切顺利，毫无破绽，但直到项目临近交付，各种问题才一次性全部暴露出来，而那时已然晚矣！

3.5 多数翻译公司语言资产意识薄弱

语言或知识整理其实是对企业语言资产的整理与再利用。所谓语言资产，是指企业经营管理中以语言形式存在和表现的无形资产。就语言翻译服务企业而言，语言资产包括多语翻译记忆库、术语库和双语文档等。一般而言，一家翻译公司的客户基数越大、老客户越多、翻译总量越大、项目的领域和专业越集中，其可积累和利用的语言资产就越多。因此，从不足10.0%的翻译公司设立语言或知识整理这一道流程环节的数据，我们可以看出，国内大多数翻译公司都面临着这样的经营困扰：客户基数小、老客户少或客户黏着度不高、翻译总量小、项目领域分散或缺乏专业优势、语料重用率低、利润率不高且上升空间有限等。

4. 对策

针对当前国内翻译市场翻译流程的混乱现状和诸多弊病，笔者认为应该多方合作，重新梳理翻译流程，制定行业标准和规范，提高企业和从业人员的自觉性，方能解决这个问题。

第一，重新梳理翻译流程，细分步骤，建立完备翻译流程的指导性框架。在笔者看来，完备的翻译流程应能充分涵盖译前、译中、译后各阶段和各参与角色，包括前期在译者、稿件、项目、团队上的各项准备和处理，并充分同客户进行沟通，了解客户的要求和需要；能够制约和追踪翻译过程中译者的行为和进度，同时涵盖中途的质量控制和技术支持等；并增强"翻译—审校—校对—质检—项目经理"之间的互动，以及译文完成后的各项验收、反馈和归档等工作。此外，完备的翻译流程还应体现质量保证管理工具和电子工具的作用，并配备应急方案，为翻译事故或应急事件提供及时的解决方案。

第二，制定翻译流程相关的标准和规范。目前国际、国家或行业的标准和规范罕有对翻译流程作出特别的规定，这一空白亟须填补。国家标准《翻译服务规范 第1部分：笔译》（GB/T 19363.1—2003）从第4.4.2条开始，对翻译、审校、质量保证、资料存档、顾客反馈和质量跟踪等内容都进行了梳理，涵盖了翻译人员和审校人员的资质、译前准备、审校的细分等。但可惜的是，该标准并未将其形成一套流程体系，且包含的环节并不完善。而欧洲的DIN EN—15038标准，以及在DIN EN—15038基础上建立和完善起来的ISO/DIS 17100标准，虽然也从生产前（pre-production）、生产中（production）和生产后（post-production）三个阶段详细地规划了相关的步骤，但仍未按一个行业流程体系对其进行规定和描述。将梳理清楚的完备翻译流程上升到标准或规范的层面，将进一步规范翻译活动各主体和从业人员的行为，保证翻译市场有标准可依、有章法可循。企业自身也可制定相关的业务规定或项目指南，在制度层面予以保证。

第三，从操作层面而言，翻译流程起到规范企业或个人翻译行为，防范译文质量风险的作用。因此，完备的翻译流程必须包括多个控制环节，每个上下游环节紧紧相扣，都必须有各自的"准入"门槛和"放行"标准。一旦某个步骤或环节出了问题，"瑕疵品"就严禁进入下一环节。这样不仅降低了某些环节遗漏可能带来的质量风险，更增加了从前端到后端之间联系的紧密度，使翻译项目能够顺利进行，更能从全局控制译文的质量。

5. 结语

从本次调查的结果来看，市场上各翻译公司目前的翻译流程多数不完备，呈现出较为混乱的局面。这一点也可以从我国翻译公司通过ISO 9001管理体系认证的情况得到另一侧面的印证。资料显示，截至2013年11月，我国ISO 9001认证证书已超过31万张，占全球总数近30.0%，数量居世界第一。（陈炜伟，2013：6）然而，通过ISO 9001质量管理体系认证的翻译公司却寥寥无几，而声称通过该体系的公司信息也多有不实。在谷歌中以"通过ISO 9001质量管理体系认证"和"翻译公司"为关键字进行搜索，在前5页共50个结果中，一共有25家翻译公司宣称通过了ISO 9001质量管理体系认证。然而，笔者从中国国家认证认可监督管理委员会的统一查询系统平台①进行验证，发现这25家公司中，证书无效或查无结果的共15家，暂停的1家，撤销的2家，有效的仅仅有7家，约占查询到的所有公司总数的28.0%。而上文中的调查显示设立了较为完备翻译流程的翻译公司仅有11.8%。这两个数据也较为接近。可见，具备完备的翻译流程也是对国际标准和质量管理体系的一种接轨。笔者希望借本书唤起行业人士对翻译流程的重视，并建议相关机构、组织能够通力合作，借鉴本书提出的对策，尽快就此方面推出相关的标准、规范或指南，以便进一步规范翻译公司和译者个人的翻译流程，加强翻译质量的保证，让翻译市场更加有序。

---

① 中国国家认证认可监督管理委员会的统一查询系统平台网址为：http://tycx.cnca.cn/rjw。

第十章

出版翻译中的项目管理
——CAT在复杂版面书籍翻译中的应用案例[①]

随着国内高等院校翻译硕士（MTI）专业建设的不断深化和拓展，新兴的计算机辅助翻译（CAT）课程受到越来越多翻译教学和研究工作者的关注。山东师大是国内较早在本科及研究生阶段开展CAT教学实践的院校。2005年开始即在本科"翻译理论与实践"课程中加入了CAT的基本介绍与使用技巧等内容；从2007年开始分别在本科和研究生阶段开设了"计算机辅助翻译"课程。为了更好地深化教学改革成果，作为翻译课程负责人，笔者积极为翻译方向的研究生等争取翻译项目。这里笔者就以2009年12月—2010年3月所做的"目击者"系列旅游手册（中国和欧洲）的翻译项目为例，介绍CAT在复杂版面书籍翻译中的应用情况。

第一节 项目介绍

2009年底，笔者承接了中国旅游出版社的目击者系列中的中国和欧洲两部旅游手册的翻译任务。这两部书都是详尽的旅游指南，每部书的页码都在700左右。

1. 项目特点

这两部书内文图文并茂，文字部分除了景点介绍以外，还有许多零碎的景点信息、交通信息、图片说明等，而且这些信息里往往还夹杂交通和景点的图标示

[①] 本文的压缩版《出版翻译中的项目管理》，发表在《中国翻译》2012（1）。本案例基于笔者2009年12月—2010年3月所做的中国旅游出版社的"目击者"系列旅游手册（中国和欧洲）的翻译项目写作。2014年以来，笔者又指导研究生做过"孤独星球"系列旅游书籍的翻译，所使用的翻译流程相似，只是具体的工具软件有所调整。其实，目前几乎所有主流的CAT软件，包括多款免费的CAT软件，都能胜任类似的项目。

意图。所有这些元素合在一起,导致书籍的版面异常复杂。

2. 翻译策略

使用传统的翻译流程,译者面对这种复杂版面的书籍,往往面临许多困难,因为其内容不像普通的书那样是连续的文字流,而是夹杂了很多破碎的文字块。根据经验和调查,传统上,译者翻译这种书籍时采取的策略是:

①复印原书→②给每页的文字块编号→③在Word中翻译并为每段文字添加页码和编号→④交稿→⑤出版社根据页码和编号重新将中文复制剪贴进排版文件中→⑥出清样校对→⑦付印

在这样的流程中,步骤②、③、⑤都会占用大量的时间。尤其是步骤⑤,占用的时间往往等同于甚至超过实际的翻译所用的时间。许多出版社在处理这样的书籍翻译项目的时候,往往采用过度压缩翻译周期的方法来缩短项目整体占用的时间。但这样一来,势必影响翻译的质量。进入数字化时代以来,对于这样的项目,一些译者也开始试验采用PDF文件进行翻译,其步骤大致如下:

①转换PDF为Word文件→②在Word文件中翻译,替换原文→③出版社根据Word文件版式将中文复制剪贴进排版文件中→④出清样校对→⑤付印

在这样的流程中,步骤①和②由于都是电子化的,效率可以大大提高。但是,排版过程仍然会占用大量的时间,整体效率提高有限。即使使用计算机辅助翻译(CAT)工具,优化步骤②,其他步骤仍然费时费力。尤其是PDF转换生成的Word文件,需要大量使用文字框等排版,版面复杂,手工换行符以及连字符较多,导入常见的翻译工具中,一些句子会因为隐含的换行符而在中间断开,另外还会产生过多的控制码,影响译员的正常思路。

笔者在接到项目之初,仔细分析了项目特点,结合所使用的CAT软件Déjà Vu X(以后缩写为DVX)的功能,设计了改良的翻译流程。通过联系英国的DK出版公司,证实该系列丛书是使用Adobe公司的InDesign排版软件排的,这样就可以直接利用InDesign将书版文件导出,成为CAT翻译工具接受的文件格式,创建项目文件进行翻译。

①从InDesign文件导出DVX可以接受的文本格式→②在DVX中翻译及校对→③从DVX导出翻译结果→④将翻译结果导入InDesign文件⑤出清样校对→⑥付印

在这个流程中,步骤④导入译文后,每个译文的文字块会自动对应,填充到原文版面中,所有图形无须重新植入,只需对字体等作适当的调整,就可以直接完成译文的排版。这样一来,排版步骤所占用的大量时间被最大限度压缩,译者的时间相对宽裕,为保证翻译质量提供了条件。

3. 翻译工具

采用上述优化的翻译流程,需要使用以下三种工具:

InDesign:Adobe公司的排版软件,其文件格式一般不能直接被任何计算机辅助软件读取,翻译时需要将其中的文字部分转换为某种中间格式(导出),翻译处理后再导入替换源语文字。一般翻译人员不会购置这样的专业排版软件,需要的时候可以请专业人员或公司帮助导出。

Déjà Vu X:Artril公司出品的CAT软件。之所以选择这款CAT软件,是因为与其他同类软件相比,它部署较容易,翻译记忆库和术语库管理概念清晰,且支持较高级的项目管理功能(www.atril.com)。相比之下,Trados的学习曲线较陡;雅信的翻译记忆和术语库存放于软件安装文件夹,不利于多个用户间频繁更新词库。

Adobe Acrobat Reader:用于阅读、打印InDesign排版后生成的PDF文件,供译员翻译时参考。

第二节 翻译流程及实施

由以上对翻译流程的介绍和分析可以看出,翻译版面复杂的出版物,翻译流程的设计非常重要。对于这种项目,单纯的翻译工作只是其中的一个环节,而非全部。信息时代的译员,需要掌握相关知识和技术,才能使每一个环节最优化。

1. 项目文件和子文件管理

在DVX中建立总的翻译项目(Translation Project),把所有需要翻译的页面加入后,做完必要的预处理后,可以拆分为子项目文件(Satellite Project)。子项目文件的语句拆分功能被锁定,译员无法重新调整。这样做会给翻译带来一定的不便,但其目的,是为了保证子项目的翻译结果能准确无误地导回总项目文件,以便项目负责人进行质检和调整。

按照译员组成,给每个译员合理分工。分工时要注意搭配好译员翻译水平。

在实际的工作中，笔者要求项目组的译员都两两结对，每个子项目翻译完成后，二人需要首先交换进行初校，再提交给翻译项目负责人进行校对。

2. 预处理

在DVX中建立好总的翻译项目之后，在拆分及分配子项目之前，需要先进行必要的预处理，这主要包括：

检索生成项目词表。使用DVX可以对项目文件的全文进行检索，生成词表（Wordlist），并统计出词频。

确定高频词汇和短语的译文。根据词频统计，项目管理员可以找到高频术语进行处理，确定译文，并形成项目术语库（Terminology Database）。

统计预估工作量。统计项目中每个待译文件的详细文字量，作为子项目分配的依据。

使用Google机器翻译预处理。Déjà Vu X不具备导入谷歌或必应等机器翻译结果的功能。笔者请山东交通学院的李庆庆老师利用Google翻译的API，结合DVX项目文件的数据库结构特点，设计了一款Déjà Vu Pal 小程序，用来读取DVX项目文件中的所有待翻译单位，交给Google自动翻译进行预翻译处理，并将结果写入DVX项目的目标语编辑区。

3. 文件流转

"目击者"系列旅游丛书翻译任务制订之初，出版社对笔者所采用的翻译技术并不了解，不相信排版流程可以节省出80%—90%的时间，因此留给翻译阶段的时限仍然较紧。为此，笔者为每一册书配备了10个译员，以求保质保量完成任务。但人员一多，项目管理员和10个译者之间如何及时更新文档，就成了亟须解决的大问题。经过考察，笔者确定使用Dropbox这款网络云存储软件实现译员和项目管理员之间文件的自动流转。

个人电脑上安装Dropbox之后，会在电脑上创建Dropbox文件夹。凡是存储在这里的文档，都会经由Dropbox自动同步到网络上的免费存储空间。项目管理员借助它，将翻译项目文件和所需的数据文件存储在Dropbox文件夹，并指定与项目组的译员共享。译员安装了Dropbox之后，接受共享邀请，相应的文件就会自动经由网络服务器同步到自己的电脑上。译员直接编辑自己的子项目文档，Dropbox也会随时将改动同步到服务器，并进而与所有共享了该项目文件夹的用户同步。

为了最大限度保障文件流转顺利，避免出现版本混淆的问题，笔者还特地规定了文件的标注规范。译员翻译过程中,项目文件末尾一律标注"[name translating]",完成后进入组成员间审阅,添加"[name proofing]",全部完成之后,添加标注"[finished]"。这样一来,每个子项目的进度以及完成情况,项目管理员通过Dropbox的同步,都会看得一清二楚,并及时获得更新后的文档,无须另外确认或发送。

这样一来,项目组成员之间无须频繁相互发送邮件以提交翻译的子项目文档和术语库等数据文档,节省了大量时间,提高了效率,也最大限度避免了版本混淆带来的问题。

4. 术语更新

在翻译预处理阶段所生成的术语表,必然与实际翻译中碰到的实际情况存在差距,许多术语,由于出现频率较低,无法在预处理阶段被有效识别。对于这些术语,项目管理员要制定严格的制度,才能高效准确地更新术语,避免多名译员重复核对术语,造成时间浪费。

结合DVX的功能特点,我们规定,在项目运行过程中,译员遇到新的人名、地名、旅游景点名称、组织机构名称等术语,都要精心检查核对,确认后的术语要加入自己使用的个人术语库。每天完成当天的翻译,要将更新后的术语表导出为纯文本数据文件,存放到Dropbox共享文件夹。项目管理员负责合并这些导出术语,并加入项目术语库。第二天译员开始翻译时,就可以看到已经更新到本地电脑上的新的项目术语库。这样循环更新术语,可以最大限度保证全体译员使用同一套术语进行翻译,将项目完成后统一术语的工作压力减到最小。对于术语工作来说,其价值最突出的体现,是当整部书的正文翻译完成后,最后的索引部分,经过使用最后更新的术语库和翻译记忆进行自动翻译,90%以上的词条都获得了令人满意的处理结果。

应当指出的是,虽然借助Dropbox的网络同步功能可以最大限度改善文件的流转,但频繁导入与导出术语库,仍然是不小的工作量。最理想的状况,应该是使用支持广域网的网络数据库,做到数据的实时更新和查阅。这种技术已经产生,我们希望在未来的多人协作项目中试验运用。

5. 质量控制

翻译质量控制的重要性,怎么强调都不为过。由于采用了Dropbox实时更新项目涉及的所有文档,项目管理员可以随时抽检子项目文档,这样非常有利于控制整个项目的翻译质量。当然，如果碰巧管理员和译员同时打开某个子项目，会造成文件保存冲突。因此，在项目的实际操作中，还可规定质量抽检的时段，在规定时段内，相关译员暂时不要进行子项目文档的操作。这样就能避免文件冲突。

翻译中，我们还注意项目组内译员的强弱配合，让翻译能力略强与略弱的组合，这样相互校对的过程中，弱的可以不断学习提高，强的可帮助弱的，修正相当一部分翻译问题。这样也减轻了项目管理员最后校对的压力。

此外，由于对术语更新作了详尽的规定，译员翻译过程中将所有核对无误的地名、人名、旅游景点、组织机构等专有名词的译名加入术语库，这样校对者在校阅过程中，遇到此类专名，都可以通过检查术语库中是否有记录而判断该名词的翻译是否确切，不必重复查询核对。这也大大减轻了组内校对和项目管理员校对的工作量。

在翻译本项目之前，项目成员均选修过笔者所讲授的"计算机辅助翻译"课程，熟悉DVX操作。他们在翻译和校对过程中能有效使用DVX提供的各种标注和批注功能，标记翻译中遇到的问题及存在的疑问。项目管理员也充分利用批注功能，把校对过程中发现的典型问题标注出来。这样，项目完成之后，管理员可以把这些问题集中导出，供翻译教学和研究使用。这样，整个翻译流程就进入了由实践到研究再到教学的良性循环。

6. 项目总体运行情况

由于我们在翻译流程设计、翻译技术应用，以及相关的制度方面作了严密的设计，两本书的翻译进展十分顺利，均在两个月内按时完成了正文文字的翻译任务。而且，由于采用了翻译记忆技术、组内译员互校和完善的术语更新机制，使得校对流程大大改善，整体翻译质量较为一致，没有出现大起大落，或术语翻译五花八门、难以统一的状况。

项目完成后，我们直接提供给了出版社目标语文件。出版社直接将这种文件导入InDesign的排版文件中，稍加调整便可得到对应的汉语排版文件。通过出版社的反馈我们发现，以往要花费8个多月的排版工作，如今只需要两个月就基本完成了。应该说，信息技术的综合应用以及合理的流程设计，是这两个翻译项目效率得以大幅提升的主要原因。

InDesign 导入翻译结果对照图

第三节　翻译问题总结

1. 初期阶段问题及措施

译员成品思想不足。传统的翻译教学，以课堂讲解加课下练习的形式为主，学生将所有的翻译任务当成练习，没有成品意识，总以为自己解决不了的问题还会有人（教师）为自己把关。但是对于翻译实践，尤其是面向出版的高标准的翻译实践而言，这种意识会造成大面积的质量问题。针对这种问题，我们进行了两轮试译，重点培养译员的成品意识。

不清楚出版规范。试译环节发现的另一个问题，是许多译员文字规范掌握不好，不了解出版社对于常见的计量单位、标点符号等的使用规定。这个问题一经发现，解决起来其实很简单。通过与出版社沟通，我们为项目翻译制定了详尽的指南。比如，许多译者不了解出版中数字的使用规范，汉字数字和阿拉伯数字的使用比较混乱。针对此问题，我们为译员下发了详尽的出版用字规定。例如，规定涉及"世纪"，前面要用阿拉伯数字，如"14世纪"，不作"十四世纪"。还要求译员注意使用标准的国际单位，比如重量单位不用"公斤"，而用"千克"，长度单位不用"公里"，而用"千米"。不过后来出版社要求长度单位改用约定俗成的"公里"，笔者虽然持保留意见，但依据出版社规定作了修改。在DVX中可以像Word中一样对词汇作批量的查找替换，所以修改起来并不困难。

名词审核不严。个别译者，尤其是此前没有翻译出版物经验的译者，对于出版的严肃性认识不足，遇到专有名词不认真核对通用译名，也不熟悉专有名词音译的相关规则，而是自行其是，自作主张，随便音译。针对这一问题，笔者首先通过Dropbox共享了相关的人名、地名等的译名词典，要求译员统一查阅指定的参考书，保证译名最大限度统一。此外指导他们正确使用Google等搜索引擎，帮助确定译名。比如，在翻译中遇到"Nanzhao Kingdom"，一定要好好阅读上下文，辅助Google后确认为"南诏王国"。又如Baisui Gong（Jiuhua Shan），查询后确认是九华山的百岁宫。所有地名不可自行音译。此外还要求遇到原英文书中第一次出现的人名、地名在译音后，要在其后面括号内保留原英文名称等。

经过培训，全体译员认识到了专有名词译音的规律和规范，也认识到了恰当处理专有名词译音的重要性，配合完善的术语库更新规范，翻译过程中术语的处理达到了令人满意的效果。

2. 项目译中和译后的问题及解决方案

由于流程设计合理，在项目进行过程中，项目管理员可以分批次获得译员初译及一校完成的子项目，因此有充足的时间对中国和欧洲部分的译文进行细致的校对。校对过程中发现了一些有关中国和欧洲内容的难点，现略述如下：

音译。本项目中，"欧洲"一书涉及大量专有名词的音译处理。只要掌握好专有名词的音译规则，细心查阅，虽然过程很烦琐，但解决起来不是很困难。比如：

> *Lisbon Treaty*：《里斯本条约》
> *Liechtenstein*：列支敦士登
> *Kylemore Lough*：凯尔莫尔湖
> *Kylemore Abbey*：凯尔莫尔修道院
> *Mattel*：美泰公司
> *ONMT*：摩洛哥国家旅游局（Marocain du Tourisme，简称ONMT）

回译[①]。有关中国文化的词语，处理起来不像处理外语名词那么单纯，大多数情况下必须"回译"，而不能据字面意思自行翻译。如果上下文完整，对术语也较熟悉，回译并不太难。比如the Red Turbans（红巾军）、the White Lotus（白莲教）、Blue and white porcelain（青花瓷）、Yin Zhen（胤禛）等，稍加查询便可正确回译。

也有一些术语，看上去很简单，但不小心却会翻译错误。比如：

> *Japanese pirates*：倭寇，不译作"日本海盗"

---

① 回译：https://baike.baidu.com/item/%E5%9B%9E%E8%AF%91/3288113?fr=aladdin，2018年1月1日下载。

behind the curtain：垂帘听政，不译作"窗帘后"
Natural bridges of Sanjiang：广西三江风雨桥，不译作"三江自然桥"
dragon-back rice terraces：龙胜龙脊梯田，不译作"龙背稻田块"
The First Emperor of the Han Dynasty Entering Guandong：《汉高祖入关图》，不能望字生义译作《汉朝第一个皇帝进入关东》（这里汉高祖入关，是指进入函谷关，不是通常所说的"闯关东"之"关东"。）
Chao Pochu：赵伯驹（《汉高祖入关图》的作者，需仔细查询相关资料，不可擅自音译。而且，由于这里中国人名没有按规范的汉语拼音转写，为回译额外增加了难度。）
archer：（西安兵马俑的）跪射俑，不译作"射箭的人"
the 1911 Revolution：辛亥革命，不译作"1911年革命"
Peasant Movement Institute：农民运动讲习所

然而，有时候，由于缺乏足够的上下文，在某个段落的局部，也许无法立即确定某个名词指的到底是什么。比如，在某个页面上，看到"Dong architecture"，如缺乏上下文，无法确定是否是"侗族建筑"，则需存疑——在DVX软件中，要作相应的标记（Ctrl+Shift+P）；我们同时规定，所有存疑的词条不可加入术语库。等项目进入审校阶段，由经验更丰富的译审确定这些名词的音译并批量进行处理。

最难回译的，是中国的"准名人"。一般而言，外语中涉及的中国人名，如果是名人，比较容易搜索到。不过，有些著名的海外华人，转写英文名字时没有使用标准的汉语拼音，对于这样的名字要仔细查阅。比如Tan Kah Kee，是"陈嘉庚"，就需要译者加以注意。如果是"非名人"，则可以依据中国人起名用字的规律音译并注明是音译。最难的就是"准名人"——这样的人比较出名，虽然译者可能不知道，但鉴于其有一定的知名度，直接音译显然不妥。面对此种现象，必须反复核对，想尽各种办法试图还原。比如，云南部分有这么一段介绍：

Baisha is home to <u>the Daoist physician Dr Ho</u>, made famous by travel writer Bruce Chatwin.

这里（白沙）有位著名纳西族神医和士秀老医生，因查特文（Bruce Chatwin）的游记中曾提到他而在西方名声大噪。

这里的the Daoist physician Dr Ho就很难查阅，尤其是原书没有给出任何其他线索,连全名都没有。经广泛查询阅读有关的旅游资料,才查到相关信息,证实其名字是"和士秀"。

纠正原文的错误。有时,对于中国人名、地名,DK公司出版的中国旅游手册的原文有一些拼写错误,有可能误导译者。比如下面这段:

> Near the tomb of <u>He Jingyu</u> (1895—1928), one of the first women leaders in Communist China, lies that of a semi-mythical hero from a much earlier era – Lu Su, a Wu general from the Three Kingdoms period.
>
> 在这里,有中国共产党最早的女领导人之一向警予(1895—1928)的墓。离此不远处,长眠着一位更早的历史人物——鲁肃。他是三国时期吴国人,一生颇具传奇色彩。

其实原文中He Jingyu这个名字拼错了,经仔细核对,应该是"向警予"。除了中国人名、地名汉语拼音转写错误之外,中国旅游手册中也存在一些信息错误。比如下面这一段:

> First built in 1302 during the Yuan dynasty, the temple was expanded in 1906 in the reign of Emperor Guangxu. It is a tranquil place that offers respite from the city's bustle. Around 200 ancient stelae stand in the silent courtyard <u>in front of the main hall (Dacheng Dian)</u>, inscribed with the names of those who successfully passed the imperial civil service exams.
>
> 北京孔庙始建于元大德六年(1302年),后于光绪三十二年(1906)修葺扩建。庙里青砖铺地,古树参天,安静平和,可以使人们暂离城市的喧嚣。大成门外陈列着进士提名碑,约有200座,碑上刻有通过科举考试的进士姓名、次第和籍贯。

负责这一部分的译者根据旅游资料,发现进士题名碑是在大成门外,不是大成殿外。译者不仅在网站上查阅了北京孔庙的平面图,而且还专门打电话核实过。

新疆部分有一页介绍Hetian Cultural Museum,原书小标题所配的汉字是"和田文化博物馆"。经查,具体名称应该是"和田地区博物馆",位于北京西路上;那里没有"文化博物馆"。译者为此专门打电话核实过,同时在电话中还确认了该博物馆中一些藏品的名称。由此可以看出,借助现代化的通讯工具和信息查询手段，如电话、email、网络搜索等，当代译者在多数情况下无须再像前辈那样，为了某个字词旬月踟蹰，冥思译名。现代化信息工具的应用更有利于译名的传播与规范化。又如，介绍高昌故城的时候，原书说by the 4th century, it had become the capital of the western Han empire, 这与史实不符。西汉是从公元前202年到公元25年，而不是4世纪。

少数民族语言的转写与回译。另外一种更复杂的情况，是涉及中国少数民族语言的各种名词。其中有名的比较容易搜索得到，不够有名的查找起来就非常困难（这些名词在汉译英的时候遇到则更加难以处理）。例如：

Barkhor   八廓街
Zharu Temple   扎如寺
Tsongkhapa   宗喀巴

港澳地名的翻译。港澳两地的地名，有许多约定俗成但不规范的音译，翻译时也需要格外小心查阅。比如：

Largo do Pagode da Barra   妈阁庙前地
Lee Tung St   利东街
largo do Senado   议事亭前地
Legend Wharf   励骏码头

读者意识。本项目所翻译的两部旅游手册，原书是面对英语国家读者，许多内容也是以此为出发点安排和设计的。翻译的时候，要注意考虑中文版的目标读者是中国人，需要作相应调整。比如，翻译中要注意调整英制和公制单位顺序，汉语译文中，应调整为公制在外，英制注在括号里。

如下例：

The 164-ft (50-m) high pavilion is a handsome Qing-style building.
这座50米（164英尺）高的建筑保留了完美的清代风格。

此处公制单位米应放入汉语译文正文，英制单位英尺放入括号。其实，英制单位也可以删除，不过作具体决策时，译者应与出版社充分沟通，达成共识。

An interesting film telling the story of Beijing is screened every 30 minutes. English captions on the exhibits are limited, so it is worth hiring an audio guide.

馆内循环播放一部有趣的电影,讲述的是北京的故事,每30分钟播放一次。馆内展品上的英文说明有限,所以汉语不好的游客最好还是找个解说员。

在此处做了补译处理,增加了"汉语不好的游客"几个字,因为原文是写给外国人看的,语气也是针对外国读者的;但中文译本是给中国人看的,译者需要据此作出适当处理。

中国文化知识。近年来,教学界开始强调并加强对外语专业学生的中国传统文化的教育。中国传统文化不仅对外语专业学生很重要,它其实应该成为现代中国人民族认知的一个有机构成。

比如,下面一段文字:

The beauty of calligraphy may seem hard to appreciate for most visitors who do not read Chinese. Freestyle calligraphy, however, which transforms ordinary characters almost into figurative and abstract paintings, can easily be appreciated for its artistry.[...] As they are limited to the same eight strokes, the artists' individual styles – the variations in stroke weight, angle, and vigor – are easily appreciated.

翻译初稿是这样的:

大多数不懂汉语的游客似乎很难鉴赏书法之美。然而,自由式书法几乎是将普通字符转化成了具象和抽象的绘画,这样它的艺术性就可以很容易赞赏和理解。[……]由于书法限于同样的八种笔画,艺术家的个人风格——笔画粗细的变化、角度和活力——就很容易欣赏。

抛开这段翻译中存在的行文问题不说,只看加着重号的部分的处理,就知道译者缺乏对中国书法的基本认知,因而翻译的是"字",而非"意"。如果熟悉中国文化,就知道freestyle calligraphy指的应该是"草书",而eight strokes,显然跟书法中所说的"永字八法"有关。了解了这一点,翻译的时候,可以结合目标语读者的文化认知,对译文进行相应的处理:

大多数不懂中文的游客似乎很难鉴赏书法之美。然而,由于草书将普通字符基本上都转化成了比喻性的抽象绘画,因此其中蕴含的艺术性就易于欣赏。[……]由于中国书法有"永字八法"之说,即书写汉字笔画的时候,所使用的不过是八种运笔方法,因此,艺术家的个人风格,包括笔画粗细、角度和气势等，就比较容易欣赏了。

英语原书中提到中国文化的背景知识时，这种语焉不详的情况非常多见，译者可以发挥自己文化认知上的优势，对这些知识进行有效的补充。

比如下面一段：

> *Founded in the ninth century, Qingyang is Chengdu's main Daoist temple. Its name, meaning Green Goat, refers to the obscure final words of Daoism's mythical founder, Laozi, that those who understood his teachings could find him at the Green Goat market.*

> 青羊观建于9世纪，是成都主要道观。观名由来，是道家创始人老子曾语"子行道千日后，于成都青羊肆寻吾"。

总之，在遇到一些有代表性的中国文化概念的时候，译员都需要认真查阅相关资料，反复核对。中国旅游手册翻译中其他类似的例子：

the Tomb of the Marquis of Yi	曾侯乙墓
The Tower of the Fragrance of the Buddha	佛香阁
Hall of Distance Fragrance	远香堂
Hall of Mental Cultivation	养心殿
Hall of Supreme Harmony	太和殿

百科知识。翻译旅游手册这样的书籍，要求译者具有丰富的百科知识。比如以下这一段，译员批注说"不明白double locks是什么意思"。其实稍微了解河流、船闸的有关知识，几乎无须仔细查询lock在这里的特殊含义，就能推断出指的是两级船闸。

> *This map shows the route of the 1,112-mile (1,900-km) canal from Beijing to Hangzhou. Crossing the traditional battlefields between north and south, the canal supplied food throughout the empire. The hilly terrain led to the first recorded use of <u>double locks</u> in AD 984.*

又如下例：

> *<u>Reign marks</u> show the reign name of the emperor when the piece was made. However, the ease with which they can be faked renders accurate*

dating the task of experts.

款识表明了瓷器制作时的皇帝年号……

一稿译者不知该如何翻译reign marks。查阅瓷器收藏知识，可以知道指的是瓷器底部的款识。在同一页上，附有一张插图，画面上是"大明弘治年制"的款识。然而实际翻译中，由于译者更多是面对只有文本的翻译记忆软件的界面，没有去查阅原书，而仅根据英文的解释性的图片说明"Characters for Emperor Hongzhi"作了翻译，未能成功还原款识上的"大明弘治年制"几个字，反而是将简单的问题复杂化了。

又如介绍马王堆汉墓的一段：

According to the customs at the time, the tombs were filled with foods and furnishings to comfort that part of the soul that remains on earth, and a <u>silk banner</u> that mapped the Han belief system.

根据当时的习俗，坟墓里放满食物和装饰，以告慰仍在尘世的部分灵魂，还有一面映射汉族信仰体系的<u>锦旗</u>。

一稿译者对于把silk banner翻译为"锦旗"，也心存疑虑，在DVX中批注为"待查……"。其实这个问题不难解决。这一出土文物非常有名，许多历史书甚至艺术书都有收录。阅读马王堆汉墓的相关资料，就可以知道这是一幅"帛画"。不过这里可以特别提一句，很多CAT软件提供了批注的功能，译员灵活应用，把存疑的地方标注出来，可以大大增加审校者审校译稿时的针对性，避免遗漏。上述文字可修改如下：

根据当时的习俗，坟墓里放满食物和装饰，以告慰灵魂仍在尘世的部分。此外还出土了一幅帛画，展示了汉初人们观念中的宇宙图景和信仰体系。

理解能力。有经验的翻译都强调，翻译是翻译意思。思果先生也曾说，翻译就是"去字梏"，对于生词，要放在上下文中去理解，绝不能孤立求解。比如下例：

Asia's fastest developing sport climbing area combines a wide range of climbs with beautiful views, winding rivers and great accommodations. A few intrepid spelunkers have been exploring the extensive karst cave network of Guangxi. A small industry of <u>caving</u> tours has developed, *although, for the most part, the itineraries are geared to the experienced spelunker.*

> 这里是亚洲发展最快的运动攀岩区，这里有大范围的岩石可攀，还有美丽的景色供您欣赏，这里有蜿蜒的河流和舒适的食宿。一些勇敢的探索者一直在此探索广西广阔的石灰岩洞。

对于这段文字中的caving，某位译者没有紧密结合上下文推断其含义，而是生硬地理解成了"开采工业"，使得初稿中这句话翻译成了："一些小型的开采工业已经发展，但是，绝大部分的开采工业还是要交给有经验的开采者完成。"这是脱离上下文而导致出错的典型案例。

从事翻译实践的都知道，译者的总体素质，尤其是源语和目标语的文化认知和百科知识认知水平等，对翻译能否成功有着重大的影响，许多翻译研究者和教育者都论述过此问题，且对其认识具有高度的一致性。然而通过总结分析这两个翻译项目的完整翻译流程，我们还进一步看出，除了传统所认为的基本的翻译素质之外，对于复杂的出版类翻译项目，项目分析、文档处理技术、信息技术、翻译工具、术语工作、网络工具、出版用字以及其他相关规范等要素，对于项目的顺利实施具有极高的重要性。可以说，在当今的翻译市场上，若想确立优势，除了译者的语言文化基本功之外，技术越来越成为一种重要的制约因素。西谚有云：He who commands the word commands the world，似可译为"修辞者平天下"。恰好最流行的文字处理软件之一，微软的产品就叫做Word，因此这句现在可以说是有双关之妙：当好翻译，不仅需要command the word（修辞），也需要command Word（掌握文字信息化的技术）。当然，翻译工作者仅仅掌握Word所代表的文字信息化技术也还是不够的，当代的翻译工作者还应掌握翻译记忆软件应用、术语工作原则和技能、各种排版软件的基本应用及格式转换等更为广泛的计算机信息技术应用技能。只有能将这些基本的文字信息技术融会贯通，才能为复杂的翻译项目设计出最优化的流程，最大限度减少不必要的时间和精力损耗，让译者全身心关注"译"。

下篇* 研究

---

* 本篇基于作者的硕士论文：张晓伟. 论翻译项目管理作为MTI教学的组成部分. 福建师范大学，2016.

随着信息化与全球化进程的不断加快，全球语言服务产业迎来了迅猛发展。据美国语言服务咨询公司（Common Sense Advisory, CSA）调查报告显示，2015年全球外包的语言服务市场达381.6亿美元，而2011年，发布的数据是298.85亿美元，2013年是347.8亿美元。由此可见，语言服务产业呈快速扩张趋势。社会对翻译行业的需求逐渐发生着转变。掌握翻译项目管理能力的翻译项目经理已然成为市场紧缺人才。虽然国内外高校针对翻译硕士的课程做出了一定程度的改革，但是翻译行业需求与MTI教学仍然存在着不完全匹配的状态。应届翻译硕士生无法很好地满足翻译行业的要求，所以增设翻译项目管理课程对于培养一名良好的译员至关重要。

本篇从翻译行业当前的发展现状以及未来可能发展的趋势、人才需求等方面出发，结合国内外部分高校MTI的教学情况及培养方案，了解福建省内翻译公司对于翻译人才的需求，充分调查翻译行业的需求，去发掘MTI教学的不足。2001年12月，中国加入世界贸易组织（WTO）之后，与世界各国的联系日益频繁。在全球化背景下，翻译服务也从之前的小作坊模式逐步形成产业链模式。与之相矛盾的是，高校培养出来的学生在处理简短翻译内容时可能得心应手，但是如果涉及庞大且任务时间较短的大型团队翻译项目时，可能就会显得不知所措。究其原因，一方面是由于高校的MTI教学还停留在教科书层面，其所教授的理论知识不能很好地与翻译行业的实际运作相接轨；另一方面，学生的团队翻译经验还有所欠缺。所以，在MTI教学中增设翻译项目管理课程及调整高校传统的授课模式显得尤为重要，同时转变学生的实习模式，积累更多的实战翻译经验及模拟团队翻译经验。让学生深入翻译行业当中，参与翻译公司的大型翻译项目，设身处地地了解翻译行业的真正需求与运作模式及翻译公司各个职位所扮演的角色。针对上述MTI教学与市场现状结合不足的问题，笔者将从翻译行业的整体发展趋势及需求出发，对各维度的结果进行分析，结合翻译项目管理的基本知识及MTI硕士培养方案，笔者将提出在MTI教学中增设翻译项目管理课程、调整高校授课模式和实习机制作为补充观点以缓解翻译项目管理和MTI教学的供需关系，从而更好地培养优秀译员。

第十一章

文案的考察

第一节 研究背景

在远古时期,翻译活动就已经是不同文化之间的交流活动。随着历史的推移,翻译对于各个民族而言显得愈发重要。公元前两千多年,就已经有翻译活动的迹象,埃及埃利潘蒂尼岛古王国王子的石墓铭文便是有力的证据。自第二次世界大战之后,翻译活动发生了转型,逐渐成为一项新兴职业,实用型文献的翻译渐渐超越一直以来占据主导地位的文学翻译。在全球化不断发展的当今社会,翻译又焕发出崭新的生命力,我国与他国之间的政治、经济和文化等领域的交流和联系愈发密切,彼此之间相互借鉴和吸收他国优秀的文化,而各国间的文化输入和文化输出都离不开翻译这一重要的中介。在新时代背景下,翻译行业已经涵盖语言、翻译技术和文化产业的行业,形成翻译及本地化服务、语言技术开发、人才培养、研究与服务等结合于一体的服务产业。根据美国语言服务咨询公司(Common Sense Advisory, CSA)近年的调查数据,不难发现语言服务行业是一个急速发展壮大的产业。

在全球化的大背景下,就国内语言服务市场而言,自2001年中国加入世界贸易组织之后,语言服务市场就进入了快速稳定的成长阶段。2008年北京奥运会期间,语言服务费用高达6000多万人民币。在全球化的推动下,我国文化走出去的战略以及信息技术的进步,语言服务市场将越发强劲。

在翻译产业规模化发展的时代背景下,传统的小作坊的翻译模式已经无法适应当今瞬息万变的市场,现代翻译服务必须依赖商业化运营的企业,以专业化、流程化、团队化和项目化的方式完成翻译任务,以加强项目管理,优化资源配置,实现质量、成本和进度的最佳平衡。(王华伟、王华树,2012: viii)

《项目管理知识体系指南》将"项目"一词定义为"为创造独特的产品、服务或成果而进行的临时性工作"。而翻译项目管理,指的是项目管理在翻译行业中的具体运用与实施。(王华伟、王华树，2012：5)语言服务行业已经有其明显的产业链，各个产业链之间互相关联、互相依赖，每个环节在保持其独立性的同时，还与整个产业息息相关。成立翻译项目管理团队已显得尤为重要，在保持整体的进度稳步进行的同时，还要保证各个环节在可控范围内。在整个翻译行业中，同时具备高级翻译水平和准确的项目控制能力的项目经理数量少之又少，在毕业生中该数量则更加不容乐观。

根据《翻译硕士专业学位研究生指导性培养方案》，翻译硕士的培养目标是"培养德、智、体全面发展，能适应全球经济一体化及提高国家国际竞争力的需要，适应国家经济、文化、社会建设需要的高层次、应用型、专业性口笔译人才"。(中国研究生招生信息网，2009)自2007年我国开始设立翻译专业硕士（MTI）以来，第一批经过学位委员会批准的翻译硕士试点高校有15所，现在共计有159所高校开设MTI专业，不可否认这些高校为翻译行业输送了大批人才，但随着翻译行业的扩张，全国高校的MTI专业教育也显露了短板，高校更多侧重学生的理论教学，在实践和项目操作方面顾及不全，需求急剧增长的翻译项目管理方面的人才与高校人才培养的矛盾逐渐显露出来。虽然国内部分高校例如北京大学等少数高校已经意识到项目管理人才的紧缺，2013年，北京大学MTI教育中心已经开始招收并培养"语言服务管理方向"的MTI，但是国内绝大部分高校仍然没有相关课程，或只是将其作为一门选修课。

中国翻译协会公布的《翻译服务规范 第1部分：笔译》是我国历史上第一次对翻译行业制定的国家标准，是服务行业的推荐性国标。其目的"在于规范行业行为，提高翻译服务质量，更好地为顾客服务"。(中国翻译协会，2015)由此可见，翻译已经是一项服务行业，如何更好地服务该行业，高校的培养模式需有所转型。本文将分析翻译市场的现状，以及项目经理在翻译市场中扮演的角色，结合各高校的教学培养模式，对翻译硕士如何更好地适应社会提出具体意见。

本章首先从高校的教学模式出发，分析国内部分高校的培养模式、授课课程、实习机制等，从传统的教学模式和新时代需求之下的教学模式来分析其中的可持续发展的措施以及有待改善的部分。通过亲身经历及调查，了解当今社会翻译行业的现状及用人需求，翻译行业需要什么样的专业人才。通过翻译公司的授课计划及实习计划，了解MTI学生需要掌握哪些技能。对于翻译项目经理这一角色，通过翻译行业及相关文献了解其发挥的作用及其必备素养，调查在高校的培养模式下是否可以直接培养翻译项目经理人才，高校的人才产出与翻译行业的需求是否直接相符，对于企业的翻译部门而言，又有怎样的需求。通过了解分析，高校与翻译行业在供需方面存在矛盾关系，高校的人才产出往往不能直接胜任行业需求，针对这一矛盾，在分析双方利弊之后就如何缓解这一矛盾提出观点。

第二节　状况与观点

1. 国外情况

美国语言服务咨询公司（Common Sense Advisory, CSA）2015年发布"2015语言服务市场"调查报告，报告指出，2015年全球外包的语言服务市场是381.60亿美元，年增长率为6.46%。面对发展迅速的语言市场，国外的高校也积极投入语言服务市场的人才培养中。通过与国外培养单位的比较，笔者发现很多国外高校已经设有项目管理相关的课程，甚至开设项目管理专业学位，英国萨里大学（University of Surrey）、巴斯大学（University of Bath）、普利茅斯大学（University of Plymouth）等翻译相关专业设有项目管理课程模块。美国蒙特雷国际研究学院（Monterey Institute of International Studies, MIS）设立了专门的翻译和本地化管理硕士学位项目（Master of Arts in Translation and Localization Management, MATLM）（刘婷，2015: 5）。以蒙特雷学院为例，该学院已经开设了相当系统的翻译项目管理课程，课程主要围绕以XTRF翻译项目管理软件为依托的实战教学、与翻译项目管理密切相关的多种应用程序实战教学、翻译公司运营和翻译项目管理能力方面的实战教学三个方面展开。（张莹，2015: 61）

2. 国内状况

2.1 翻译项目管理

项目管理，是指对项目的整体生命周期中各个阶段实施科学的管理活动，以确保达成项目目标（崔启亮，2016: 16）。翻译项目管理则是指项目管理在翻译行业中的具体运用与实施。（王华伟、王华树，2012: 5）

翻译服务需求一直存在于人类社会中，而在全球化的浪潮推动下，翻译的需求量呈现爆发性增长，翻译活动逐渐演变成产业链模式，也催生了翻译项目管理的需求。将翻译服务作为项目，并对其进行科学有效的管理维护，不但有助于提升服务质量，更是对相关行业进行规范化、标准化的重要途径。翻译项目具有唯一性、短暂性和渐进明细性。崔启亮（2016）在《翻译项目管理》一书中将项目管理的生命周期分为五个阶段：启动、规划、执行、监控和收尾阶段，而这五个阶段在项目管理整个流程中是重复执行的。在项目的启动阶段要准备的工作有：制定项目章程，识别干系人；为了有效规划翻译项目，要为每一项目和产品设定定义范围，还要做好估算活动持续时间、制订预算、识别风险和规划风险应对等工作。翻译项目在执行时，需保证翻译质量及妥善管理项目团队等。翻译项目的监控过程，要对整体变更、项目进度及成本方面进行良好的把控，才能完成翻译项目并提交。

2.2 MTI高校培养模式

翻译市场已经呈现产业化发展模式，而国内的MTI教学绝大部分仍然停留在书面层次上。自2007年1月起，国家开始设立翻译专业硕士（MTI），前两批培养单位一共40所，但第三批猛增至118所，至今已有超过158所高校获得MTI培养资格，但是如此迅猛的扩招是否真的能符合翻译行业的实际需要还需关注。就国内大多数高校来说，翻译硕士教学所教授的知识无法与当代翻译行业的需要相对接，所学课程基本就是全国翻译专业学位研究生教育指导委员会规定中的必修课程。许多学生甚至不了解何为翻译项目管理、本地化项目管理等相关知识概念。近些年来，许多翻译公司拔地而起，全国工商注册的翻译公司有一万多家，而高校培养的翻译硕士则对于"MTI+CAT"的模式、本地化项目管理及翻译项目管理等知识知之甚少，国内仅少数高校开设了项目管理相关课程。

第十二章

国内外 MTI 高校教学模式

第一节　国内外高校翻译硕士培养方案对比

1. 专业硕士学位开设时间

以中美两国为例，中国开设专业学位的时间远远晚于美国。早在19世纪末期，美国专业学位就已经开始萌芽，1921年开设了第一个专业学位，目的是培养社会需要的、特定职业领域内的高级技术和管理人才（宴云，2013：14），这更加强调了学生的社会实践能力。我国的专业硕士在20世纪90年代才开始萌芽，1990年开设了第一个专业学位，目的是通过高水平的专业训练，使学生具有从事某种专门职业的工作能力，并掌握扎实的专业理论知识。（秦惠民，1994：13—14）

对于翻译专业硕士而言，纵观欧美各国，1949年，乔治敦大学首先设立了专门的口译与笔译方向的课程，1968年，蒙特雷国际研究学院开始开展翻译专业的硕士学位教育，1997年，欧盟发起了"欧洲会议口译硕士"，其目的都是为了培养应用型人才。2007年1月23日，国务院学位委员会第23次会议正式设立翻译硕士专业（MTI），首批批准的MTI试点教学单位共计15所，包括北京大学、北京外国语大学、广东外语外贸大学、厦门大学等。2009年，又有北京航空航天大学、北京师范大学、福建师范大学等25所高校成为新增MTI试点教学单位，迄今已有159所高校成为翻译硕士专业学位授权点。MTI的教学培养单位在短短几年时间数量急剧增加，MTI的学生数量也随之增加，在社会各界及高校单位的重视下，MTI教学取得了丰硕的成果，在政治、经济、文化等各个领域发挥了巨大作用。MTI旨在为高速发展的语言服务产业培养高水平的口笔译人才。（徐志萍，2014：6）但是，一项新事物的诞生，必然带来机遇和挑战，MTI在受到社会重视的同时，由于自身的不足，难以完全满足社会需求。本章将对国内外高校翻译硕士培养方案做一详细对比。

2. 国内翻译专业硕士培养模式现状

根据全国翻译专业学位研究生教育指导委员会设定的《翻译硕士专业学位研究生教育指导性培养方案》，翻译专业硕士意在培养德、智、体全面发展，能适应全球经济一体化及提高国家国际竞争力的需要，适应国家社会、经济、文化建设需要的高层次、应用型、专业性口笔译人才。招生对象为已获得学士学位的考生，采取择优录取的考试方式，学习年限为2—3年。培养方式为学分制，学生在读期间需修满38学分，课程分为必修课和选修课，在读期间还要有不少于一学期的实习。而学位论文一般分为：翻译实习报告、翻译实践报告、翻译实验报告和翻译研究论文等形式。该培养方案中所罗列的专业必修课多以理论课为主，例如：中国语言文化、翻译概论、翻译批评与赏析、计算机辅助翻译等。而"翻译项目管理"课程并未出现在2011年8月修订的《翻译硕士专业学位研究生教育指导性培养方案》中，致使很多翻译专业的学生在学期间很少接触到翻译项目管理的知识，在实际操作中，MTI的课程设置与行业需求存在矛盾关系。翻译行业需要的翻译人才有其明确的专业方向，而如今部分高校的MTI则不区分研究专业方向，且所授课程没有明确的特色专业，教学系统较为分散，恐难培养出高水平的应用型、专业型、管理型的翻译人才，以理论为主的教学模式不能完全和以实践为主的翻译市场接轨。这就导致学生的翻译实践能力有所欠缺，归根结底，除了学生在对翻译教学中的具体行业（如科技、合同、文学等）翻译训练强度不够以外，另一个原因就在于绝大部分高校不重视现代翻译技术，即对翻译技术课程的重视程度不够，导致MTI毕业生对在翻译现代化的新环境中开展翻译、审校、质量管理、项目管理、本地化服务等的流程了解不够，认识不清，不会借助信息技术提高翻译效率。（孟涛，2013：140）MTI现存有课程设置不合理、专业领域师资力量匮乏及教学方法等问题。（李秀井，2014：16—18）中国翻译协会本地化服务委员会与南开大学翻译硕士专业学位教育中心联合实施的"2011年全国及天津滨海新区企业语言服务人才需求"调研结果表明，翻译项目经理成为翻译市场需求第二的紧缺人才（第一是高级译审）。（崔启亮，2006：3）

3. 国外翻译专业硕士培养模式现状

由于没有全国统一的官方机构进行终审认定，美国各培养机构自行确定应用型翻译人才的培养方向，培养方向显现出较大的自主性和灵活性。（王志伟，2012：55）

欧洲国家和民族众多，语言种类多，国际机构数量大，所以开设的翻译院校较多。本节以欧盟委员会翻译总司的欧洲翻译硕士（European Master's in Translation, EMT）培养模式为例。EMT的培养目的是："To improve the quality of translator training and to get highly skilled people to work as translators in the EU."（为欧盟成员国培养高质量译员，以更好的满足欧盟的翻译市场。）（EMT explained, 2016）能够加入EMT联盟的高校，都是对其所培养的翻译硕士的一种认可。以英国为例，报考翻译硕士的考生无须参加统一的择优录取的考试，而是以申请的模式招生，各个学校根据自身的定位，罗列符合其要求的招生条件，在学历要求方面，一般要求第一学历为翻译或语言专业的学士学位。学制一般为12个月（全日制）。在时间高度压缩的学制下，英国的翻译硕士的学习时间非常紧凑，没有寒暑假的休息时间。培养方式同样为学分制，学生在读期间需修满180个学分，课程也分为必修课和选修课。与中国的学分制有所不同的地方在于，国内翻译硕士学生只要按期上完规定的课程并通过考试就可以获得学分，而英国的学分除了修满规定的课程外，还需有自主学习的时间，1学分需要10个小时的自主学习时间。学位论文有课程论文、翻译实践报告、项目（模拟）管理流程报告等形式。英国EMT联盟高校规定的课程有翻译理论、翻译技术、翻译行业、跨文化项目管理及本地化等课程。在课程目录上，EMT联盟高校规定的课程则更显得专业化，更加与翻译实践息息相关。

第二节　国内外高校翻译硕士课程对比

本节将选取部分国内外高校授课课程，从必修课、选修课及实践课程方面进行分析，研究对象均为全日制学生。

1. 必修课程对比

必修课程（含实习）学分比重

院校	必修课学分	总学分	比重
北大外院 MTI[①]	18	40	45.00%
广外 MTI[②]	24	38	63.16%

[①] 北京大学外国语学院MTI教育中心的数据源于北大外院MTI教育中心官网《2015级全日制翻译硕士专业学位英语笔译方向培养方案》，2017年1月5日下载。

[②] 广东外语外贸大学MTI中心的数据源于广外MTI中心官网《2011年专业学位培养方案》，2017年1月5日下载。

续表

院校	必修课学分	总学分	比重
Monterey Institute of International Studies（美）①	48	60	80.00%
Aston University（英）②	140	180	77.78%

  北大外院MTI中规定的专业必修课为：文献查找与论文写作、英汉文本编译、近代翻译史与翻译理论、人力资源管理和语言服务项目管理。广外MTI规定的必修课为：中国语言文化、翻译概论、基础口译、基础笔译、文学翻译和非文学翻译。蒙特雷高级翻译学院又将翻译分为：笔译硕士项目、笔译与口译硕士项目以及翻译与本地化管理硕士，此处以笔译硕士项目为例，其规定的必修课为：Introduction to Translation, Advanced Computer-Assisted Translation, Research on TILM, Translation Practicum等课程。而在Research on TILM这门课中，涵盖了企业管理的关键领域，如项目管理、多语言营销、管理经济学、产品开发和国际化经营战略。阿斯顿大学规定的必须课程为：The EU: A Web of Institutions, Theoretical Concepts of Translation Studies, Text Analysis for Translation, Research Methods, The Translation Profession (workshop)等。阿斯顿大学是EMT联盟高校之一，这个翻译硕士学位的特色在于对欧洲市场和欧盟各机构对译员的需求的准确把握并将其融入课程设置之中。（朱晓敏，2015：26）阿斯顿大学的另一个教学特色在于其规定学生必须有不少于186个小时的自主学习时间。

  从上表中可以看出，国外高校相对国内高校更加看重必修课课程。而且从所开必修课课程可以看出，国内高校大部分采用《翻译硕士专业学位研究生教育指导性培养方案》中所罗列的专业课程，而国外高校则根据翻译市场和需求来设置相关课程。美国蒙特雷高级翻译学院则是根据整个翻译市场大环境和市场走向设置自己的课程，阿斯顿大学则是根据EMT的培养目的来设置必修课程，所列举的这两所高校设置的必修课是细分专业方向的必修课。国内有诸如北京大学已经开始根据翻译市场的需求设置课程，如果其他高校能在参照培养方案设定的诸如文学翻译、非文学翻译、笔译基础等课程的基础上，依据市场或区域定制课程，就更能符合市场需求。对于"翻译项目管理"这一课程，国外部分大学已经

---

① 美国蒙特雷高级翻译学院的数据源于蒙特雷高翻学院官网"Curriculum Overview (Master's in Translation)"，2017年1月5日下载。
② 英国阿斯顿大学翻译学院的数据源于阿斯顿大学翻译学院"MA in Translation in a European Context"，2017年1月5日下载。

将其作为必修课课程，例如，昆士兰大学作为澳大利亚代表性的口译教学院校，其"英汉口笔译硕士"（MA in Chinese Translation and Interpreting）的课程设置从笔译技巧与实践着手，过渡到职业口笔译，再到同传，辅之以语言强化课和口笔译实务课，如理论及职业研究、口笔译实践等。（王斌华、穆雷，2012：30）其已经将项目管理课程列入研二的必修课程。虽然北大在2013年率先开始招收"语言服务管理方向"的翻译专业硕士，但是国内大部分院校还未开始"翻译项目管理"的课程设置，或者只是将其作为默默无闻的选修课，若能将该课程纳入课程设置中，那么其教学将更加顺应翻译行业潮流。

2. 翻译实践活动对比

MTI为专业硕士，所以实践活动显得尤为重要。《翻译硕士专业学位研究生教育指导性培养方案》中给出笔译实践量的参考为："……要求学生在学期间至少有15万字以上的笔译实践……"[①]对于专业实习方面的要求则是："时间应不少于一学期。"[②]

从翻译实践课程这个层面来看，国内外绝大部分MTI院校都大幅度缩减理论课程，取而代之的是实践课程，这为学生的实践活动奠定了一定的基础。其次，再从实践活动层面来看，国内外各个高校都开设了符合学校特色的实践活动。

首先讨论国内高校，以北京大学MTI教育中心为例，北大的培养方案规定："学生在第一学年每个月（不含假期月份）独立完成4000字（以汉字计算）自选英译汉翻译作业；在第二学年参加教育中心或教育中心翻译实习基地的专业实习活动（综合实践），并获得中心相关项目负责人或中心实习基地指导教师的合格评价。"[③]而且北京大学MTI教育中心从社会需要入手，MTI学生将在学校的安排下去实践基地参与实践活动，在第二学期开始定点、定内容、定时间、定工作量参加实习，还与北京大学软件与微电子学院语言技术工程系强强联合，初步建成了MTI+CAT翻译产业专门人才联合培养模式。[④]

[①] 详见全国翻译专业学位研究生教育指导委员会颁布的《翻译硕士专业学位研究生教育指导性培养方案》（2011年8月修订），2017年1月6日下载。
[②] 详见全国翻译专业学位研究生教育指导委员会颁布的《翻译硕士专业学位研究生教育指导性培养方案》（2011年8月修订），2017年1月6日下载。
[③] 详见北京大学外国语学院《2010级全日制翻译硕士（MTI）专业学位培养方案》，2017年1月6日下载。
[④] 详见北京大学外国语学院MTI教育中心官方网站，2017年1月6日下载。

其次，以广东某大学翻译硕士（英汉笔译）为例，在授课类型中还有部分理论课程，培养方案规定的实践活动则是直接引用《翻译硕士专业学位研究生教育指导性培养方案》的方式——"要求学生至少有15万字以上的笔译实践"，如果规定详细的实践方式就更好了。

就加入EMT联盟的高校而言，其要求学生修满180个学分方可毕业。英国高校有这样不成文的规定：1个学分＝自主学习10小时，也就是说要获得1个学分，学生需要付出10个小时的自主学习时间，那么翻译硕士毕业需要1800小时的自主学习时间。（朱晓敏，2015：26）这就在很大程度上要求学生参加自主实践活动。英国阿斯顿大学规定的上课总时长为20个小时，而自主学习时间则长达180个小时。自主学习的类型涵盖网络学习、问题研讨、实践活动等。[①]国内高校也可以借鉴这种打卡模式的学习，或将其转换为以字数为单位的打卡模式。蒙特雷国际研究学院的笔译硕士项目规定的实践方式为：学生在学期间，可以在国际性机构实习，如联合国、美洲国家组织、美国国务院、美国国家安全局等机构实习。而且学生在暑假期间，可以前往软件公司、制药厂商、律师事务所、翻译公司等地加强实习。而针对翻译与本地化管理硕士而言，实践活动则更加与社会需求接轨，进入行业专业领域实习，毕业后能够顺利进入Adobe, Cisco Systems, Inc., FBI Language Opportunities等私企、政府与非政府组织，担任正式员工或自由顾问。[②]

虽然国内外高校都注意翻译实践活动，且国内部分高校已经开启全新的实践模式，但是相对于国外高校的翻译实践活动，国内的实践活动偏向理论化，如果能加强翻译行业的实践活动就更完美了。

[①] 详见阿斯顿大学官网 "MA in Translation Studies"，2017年1月5日下载。
[②] 详见蒙特雷国际研究学院 "Translation and Localization Management Program" 及 "MA in Translation"，2017年1月5日下载。

第十三章
翻译项目管理知识及翻译行业需求

第一节　翻译行业调查

1. 翻译市场概况

在全球化浪潮的影响下，翻译市场也随之迅速发展。CSA指出，2015年全球外包的语言服务市场为381.6亿美元，年增长率为6.46%。（崔启亮，2016：2）翻译市场呈现产业链发展模式，自20世纪90年代语言服务企业萌芽伊始就处于快速发展的阶段。跨国企业数量逐年增加。涉及范围不断扩大。翻译市场的快速发展有其外因和内因，外因是由于全球化的发展趋势，促进各国间的交流与合作，这之间少不了翻译这个重要媒介，因此也越来越体现翻译的重要性。内因是由于我国的快速发展，不论是文化还是经济，"走出去"战略始终离不开翻译的桥梁。翻译之所以不再是纸笔的小作坊发展模式，是因为科学技术快速发展，各种翻译辅助技术层出不穷，推动翻译产业化发展态势。

翻译市场不再停留于早期纸笔翻译的小作坊模式，而是逐渐形成一条完整的产业链模式。翻译产业已经形成由客户、译者、技术、管理、教育、咨询等多因素的产业链模式，各个环节相互联系、相互依赖。客户经过咨询之后，将翻译材料提交给翻译公司，项目经理经过评估报价，与客户取得一致意见之后将译稿分配给译者，译者借助翻译辅助工具开始翻译，项目经理需要全程监控翻译的整个过程，而译者则来源于高校培养的人才。因此，翻译市场已经是一个相对完善的产业链发展模式。

纵观整个翻译市场，人才专业化的缺口较大，翻译项目经理成为翻译市场的紧缺型人才，高级翻译项目经理更是少之又少。在翻译市场越来越正规化的社会，翻译岗位将越来越明细化，翻译项目经理将逐渐成为翻译公司掌控翻译项目的重要角色。

2. 翻译行业标准

根据中国翻译协会发布的《翻译服务国家标准（简介）》中的《翻译服务规范 第1部分：笔译》，其目的在于规范行业行为，提高翻译服务质量，更好地为顾客服务，首次以国标的形式对翻译服务方的业务接洽、业务标识、业务流程、保质期限、资料保存、顾客意见反馈、质量跟踪等方面，提出明确的规范性标准。[①]同时还对翻译字数统计及质量监控提出相关要求。从翻译项目管理的角度出发，语言服务行业从其他角度来定义翻译质量，其将翻译视为一项产品，将翻译过程视为作业流水线模式。（段朝思，2013：6）

要成为一名合格的译员，就要了解相关的行业要求和行业的动向。根据翻译行业标准，提升自身的翻译素养。提高翻译服务质量不仅要不断提高自身的翻译水平，还要掌握相关的翻译技术，包括计算机辅助翻译、翻译项目管理、技术写作、本地化技术等，就翻译项目管理而言，计算机辅助翻译及项目管理技术是必备技能。借助计算机辅助翻译，可以在很大程度上提升自己的翻译效率。在翻译项目管理过程中，如何权衡好各项管理技能也是一种艺术。在翻译与本地化项目实施过程中，通常会涉及客户管理、团队管理、供应商管理、进度管理、文档管理等多种管理工作。（崔启亮，2016：10）这也是为了更好地为客户提供服务。

3. 翻译行业未来

在21世纪，随着翻译产业化发展，人力分工的合作翻译及翻译产业链发展趋势已经广泛应用于商务翻译、技术翻译、政治翻译、文宣翻译等领域。（程文焱，2013：26）随着全球化的进一步发展，以及我国"走出去"战略的进一步实施，翻译行业会成为越来越重要的桥梁，将进一步促进国际间的经济、文化、科技的交流，翻译的市场地位将会逐渐上升，或将成为支柱性产业。我国的跨国企业越来越多，这对于我们的企业走出去和引进来都具有非常重要的作用，翻译将融入社会的各行各业中。在当今社会，人工智能可谓风生水起，人工智能渗透到各行各业，翻译行业也不例外，2016年9月28日，Google宣布Google神经机器翻译系统（GNMT：Google Neural Machine Translation），该系统使用了当前最先进的训练及技术，使得机器翻译的质量得到大幅度提升，使得部分译文能达到人工翻译

[①] 详见中国翻译协会官方网站http://www.tac-online.org.cn，《翻译服务国家标准（简介）》，2017年1月12日下载。

的水平,同年12月21日百度机器翻译技术开放,百度自然语言处理部技术负责人吴华博士说道,百度早在一年多以前就率先发布了互联网神经网络翻译系统,这是基于人工智能、神经网络以及自然语言处理技术研发的翻译系统。相比于传统的局部翻译方法,百度神经网络翻译在理解整句话语的意思之后,借助大量的语料库和数据进行符合语意的中英互译。另一方面,随着智能语音识别引擎的进一步发展,早在2013年,在三星Note 3智能手机上,已经出现S Translate的软件,支持语音英汉即时互译,对于简单的日常对话,该软件翻译的准确性还是让人欣慰的。而在2016年,科大讯飞旗下讯飞输入法的语音输入的准确性已经有了质的提升,其号称1分钟可以输出400字,支持多种语音的语音识别,支持随声译,说中文出英文。随着人工智能的进一步发展,对翻译技术的要求则愈发严格。翻译技术的进一步发展也将促进翻译市场的发展,社会的发展必将加大翻译的工作量,翻译技术的发展则可以有效地促进翻译效率的提升。翻译市场将越来越规范,产业链模式将越来越明晰,翻译公司也将成为不可或缺的角色,如何监管好翻译流程的运转,翻译项目经理将发挥越来越重要的作用。而在翻译市场高速发展的同时,市场需求也对高校的人才培养模式提出了越来越严苛的要求。翻译服务领域的变革,呼唤新型的翻译人才,培养适合市场发展需求、职业化、多元化的人才迫在眉睫。(王华树,2014:54)

第二节 翻译项目管理知识概要

1. 翻译项目管理基本概念

翻译项目管理源于项目管理,所谓项目,PMI[①]《项目管理知识体系指南》(*A Guide to the Project Management Body of Knowledge, PMBOK*)的定义是"为创造独特的产品、服务或成果而进行的临时性工作"(PMI,1996:4)。PMI定义的项目管理体系可以归纳成五个阶段:启动、计划、执行、监控及收尾阶段。

翻译活动在发展强大之后,形成了社会化及市场化的特点,翻译市场逐渐形成服务产业,包含多个产业链,涉及面较广,而这种现象就需要对整个翻译项目进行有序的规划和管理,确保翻译活动有章可循,有序进行,进而为客户更好地提供翻译服务。翻译市场已经形成了团队化发展模式,管理工作就显得特别重要,翻译项目管理人员也就成为不可替代的角色。

---

① 美国项目管理协会(Project Management Institute),简称PMI,成立于1969年。

翻译项目有三个特点：独特性、临时性和渐进明细性。（崔启亮，2016：15）每个翻译项目都有其不同之处，客户不同、文本不同、译者不同、费用不同、翻译效果不同，因此就有其独特性；每个翻译项目的起止时间和项目持续周期不同，但不论持续时间长短，其终究是一项有终止时间的活动，具有临时性；随着翻译活动的进行，整个翻译流程处于一直不断的调整状态之中，各项工作包括最终的项目盈利及风险评估都将逐渐明晰，因此其具有渐进明细性。

2. 翻译项目管理流程

《翻译项目管理实务》中，王华伟、王华树（2013）将翻译项目管理流程划分为四个阶段：翻译项目启动阶段、翻译项目规划阶段、翻译项目实施阶段、翻译项目收尾阶段。崔启亮（2016）在《翻译项目管理》一书中，将翻译项目管理流程划分为五个阶段：启动、规划、执行、监控和收尾。而监控阶段则贯穿整个翻译项目的始终。具体到翻译项目，项目管理的三大核心内容分别是质量管理、时间控制和成本管理，这是因为项目管理是否成功归根结底取决于翻译产品的质量、交付及时性、预算合理性、顾客的满意度等因素（王传英、闫栗丽、张颖丽，2011：56）。翻译的整个项目都是在一个团队协作之下完成的。对这个项目而言，充分的译前准备及合理的资源整合可以有效提高整个翻译项目的效率（Han Jie，2013：18）。

翻译项目启动阶段。项目经理接手客户稿件之后，需要对翻译项目进行评估分析，了解文件的基本信息、客户的基本要求、翻译活动持续时间、有无参考材料、预估风险、制订预算、分配译员。除此之外，还可以借助CAT工具进行项目预处理，检索生成项目词表、确定高频词汇和短语的译文及统计工作量等（徐彬、郭红梅，2012：72）。

翻译项目规划阶段。该阶段应该着眼于"大画面"的事务，例如项目的生命周期、工作分解结构的制订、管理流程变动的实施等。（赵忠会，2013：98）在整个翻译过程中要对各个环节进行有效规划，其中重点规划的是翻译的过程阶段，需要进一步明确范围、时间和成本因素，细化翻译启动阶段的流程。项目经理首先明确分析和管理项目基本信息，随后制订进度控制流程，确保项目有序实施，并制订风险防范规划。翻译项目经理在对项目进行前期规划时可以根据WBS（工作分解结构）模式将一个项目按便于管理的模式进行拆解，分解成活动，再分配给每一个译员（Burke，1999：24）。

翻译项目实施阶段。在译员团队有序进行翻译活动的同时，项目经理在这个阶段要发挥统筹和监管作用，不仅要管理好翻译团队，还要做好对翻译质量、进度、预算的监控和对风险的把控。

翻译项目收尾阶段。项目经理在这个阶段要做好翻译项目审核、回馈客户、项目总结等工作。审核阶段要进一步做好翻译项目的校对事宜，将成品反馈给客户并做好收尾事宜，在整个翻译项目结束之后要对该项目做一个项目总结。如果一个翻译项目能够按照原定进度、不超过预算且达到质量要求而顺利交付，即可认为项目管理取得了成功。（Esselink, 2000: 429）

翻译项目的管理流程需经合理的设计，方能在术语与语料管理、译员管理、译文质量等方面形成特色，从而为流程的界定与优化提供依据。（管新潮、熊秋平，2012: 101）

3. 翻译项目经理及译员的角色

在项目管理中，人力资源管理、团队选择、质量评估、团队发展、学习、培训等一系列事情对于整个项目的生存和发展都是至关重要的。（Dunne, 2011: 7）翻译项目管理意味着"根据客户的需求，翻译项目经理需要在规定的时间内完成翻译处理、审校、排版及其他工作，并实现盈利"（Hudian Su, 2016: 217）。可见一名合格的翻译项目经理不仅要掌握项目经理的知识领域，还要掌握翻译行业的专业知识。作为一名项目经理，需要具备项目整合管理、时间管理、成本管理、风险管理等诸多管理技能。翻译项目经理还需灵活运用CAT工具、项目管理软件、本地化工程等专业知识。除此之外，翻译项目经理的个人魅力也不容小觑，除了良好的统筹规划能力之外，沟通能力也尤为重要。

要做好翻译项目管理，翻译项目经理要做好质量管理、成本管理、沟通管理、语言资产管理及风险管理等。对于翻译行业而言，质量管理的重要性不言而喻，质量是翻译公司的生命线，要做好质量管理，项目经理就要做好监管、译审、流程等工作，还要综合运用CAT工具。项目经理在整个翻译流程中要保证翻译过程有序进行，时时监管，防范风险，保证译文在规定时间内有高质量的产出。在第一版完整译文产出后，翻译项目经理需对整个译文进行初步的审校、润色以及统一全文语言风格。（陈意，2015: 233）经过审校之后运用CAT工具进一步优化译文的格式及排版细节。盈利是公司的目的之一，控制成本也是项目经理的必备技能，成本又分为时间成本和人力成本。项目经理要控制好各项成本，实现公司的最大化收益。就翻译行业来说，如果一个项目的毛利预期低于40%，则很难视为一个合格的项目。（王华伟、王华树，2013: 24）对于团队作业而言，沟通有助于提高效率，要更好地完成翻译项目，除了做好团队内的工作，项目经理还要做好与客户之间的沟通。语言资产，是指过去的交易、事项形成并由企业拥有或控制的语言资源，该资源预期会给企业带来经济利益。（王华伟、王华树，2013：118）项目经理要做好翻译的后续工作，包括术语库管理、记忆库管理等工作，将其集中到一个中央存储库，实现公司内部的共享，达到提高翻译质量和效率的目的。风险指的是一些不确定的事件和情况，风险一旦发生就会影响到项目的目标。他们可能造成进度或成本超出规划，或者影响到项目的质量及按客户要求交付的能力。（崔启亮，2016：66）因此，通过项目经理作的规划的整体流程框架可以直观地看出该翻译项目经理合格与否。（范梦栩，2015：5）风险类别多种多样，项目经理要做好风险防范规划，做好风险评估，出台相关风险管理策略。

对于译员来说，一名合格的译员应该具有如下素质：（1）团队合作精神。（2）拓宽知识面。（3）熟悉各种翻译软件和语料库的运用。（4）加强语言基础训练，熟悉翻译理论。（肖凤华，2014：127）上述译员素质，一些诸如翻译软件使用技能及翻译能力的提升，是可以靠学习获得的，但是属于个人魅力的素质则是后天慢慢养成，很难在短时间内得到提升。一个具有凝聚力的译员团队应当具有团队意识，对于不同的问题要互相交流讨论，发表自己的看法，还要对整个团队的和谐发展进行反思和评估。

第三节 缺乏翻译项目管理课程知识所带来的后果

1. 缺乏CAT工具及网络资源使用技能所带来的后果

对于大部分毕业生来说，其翻译的效率和质量往往不能尽如人意，究其原因，不在于其翻译知识和技能，而是另外一个更为重要的原因，就是不能熟练掌握CAT工具。（Dong Chunzhi, 2014: 496）CAT工具可以使翻译工作变得简单省时，而且还能在更短的时间内完成更多的翻译量（王海翱，2014：31）。

翻译项目经理除了具备专业译员的素质外，CAT工具的使用也是其必备技能。以译前处理为第一阶段，项目经理在接到项目的时候就需要对客户的文件进行报价。以笔译为例，一般是以字数为依据进行报价，但是很多情况下，客户的文件并非学生课堂上常见的Word文件，其中还包括HTML, PPT, PDF等格式多样的文件，还有许多手写的稿件。如何利用CAT软件进行报价也是翻译项目经理必须了解的，一般来说，统计字数是以中文为主，而许多稿件是英译中稿件，在统计字数时，又该如何预估其中文字数？这也是项目经理要解决的问题。

字数分析是翻译工作的基础，只有在了解工作量的前提下才能够报价和制订预算。（王华伟、王华树，2012：189）如果译员不知道如何对格式多样的文件进行合理的预估和报价，整个翻译项目也就难以进行，MTI学生在学习中，如果不掌握字数统计和报价的方法，就无法快速与翻译行业接轨。对于字数分析，我们可以使用AnyCount进行字数分析。而后还需借助Trados等软件对较大文件进行转换和切割。如果学生不具备这些基础的CAT使用能力，就无法很好地进行字数统计、文件切割及报价等基本活动。

在笔译工作中，网络搜索与翻译能力也是一项非常重要的技能。译者可能需要通过信息搜索理解生僻单词的词义，确定专业术语以及专有名称（人名、地名、组织机构等）译法，了解所需相关背景知识，搜集待译文本的已有语料等。（王华树，2015：40）作为翻译项目经理，在接到项目并分析项目之时，往往要了解项目的基本信息或可能的语料库，如何利用网络资源也是其一项必备专业技能。在百度、必应、谷歌等各大搜索引擎中，可以利用逻辑搜索、截词搜索及谷歌的精确搜索等。一名译员如果缺乏基本的资源搜索能力，优秀的译文就无从谈起。

2. 缺乏管理术语库能力所带来的后果

在翻译产生过程中，许多客户往往不会提供术语库，而对于一个团队而言，同一个术语难免会出现不同的译法，这样就无法保证译文的统一性。CAT技术的关键在于记忆库和术语库。记忆库的作用在于反复利用以往的翻译资源，使翻译风格实现统一。（管新潮、熊秋平，2015：140）因此，翻译项目经理在分配稿件时，可以先匹配自己公司的记忆库，再由各个译员提取自己负责稿件中的术语进行预翻译，然后返回给项目经理。项目经理在汇总和审核之后制作成统一的术语表发给各个译员，译员在翻译的时候就可以将术语表导入Trados或MemoQ等软件开始翻译。

许多MTI学生在做翻译的时候，从拿到稿件就开始着手翻译，在翻译过程中，重复翻译的概率很高，这就无形中增加了译员的无用功工作量，同时也降低了译员的工作效率。学会人工提取术语库或者使用诸如SDL MultiTerm Extract等软件提取术语也是翻译项目管理的一项必修课。如果学生缺乏基本的术语库管理能力，就会造成译文术语的混乱或徒增重复翻译工作量。

3. 缺乏必要的项目管理知识所带来的后果

对于翻译项目经理而言，要有相对系统的项目管理的知识。特别是在处理大型文件的时候，如果没有合理的项目管理流程，可能会造成项目的混乱。对于MTI部分学生而言，在其独立接到一个相对大型的翻译项目时，如果不具备相关的翻译项目管理知识的话，有可能导致无法按时交稿或者翻译质量较差等情况。作为一名MTI学生，至少要了解项目流程等基本知识，确保翻译的每一个过程都井然有序。管理项目范围，主要在于两方面：一方面是定义，定义哪些应该做，哪些不应该做；另一方面是控制，控制不少做，也不多做。如果少做，就会影响项目目标的实现；如果多做，又会导致资源浪费。（崔启亮，2016：37）

在翻译项目的启动阶段，客户已经表现出了明确的购买意愿，但双方尚未就项目的具体实施达成一致。（王华伟、王华树，2012：15）如果没有处理好后续的铺垫工作，则可能导致整个翻译项目的流失。

在翻译项目的实施阶段，基本任务就是要保证计划阶段的事宜正常进行。项目经理要始终在成本、质量和进度之间寻求平衡，这也就是项目管理所有阶段的中心点（王华伟、王华树，2012：44）。在实施阶段没有处理好各个环节的工作，则容易导致整个翻译项目进程中矛盾频发。

在翻译项目的收尾阶段，根据美国项目管理协会的界定，项目收尾阶段的工作主要包括合同收尾以及管理收尾。（王华伟、王华树，2012：57）翻译项目要有始有终，收尾阶段是为了满足客户的目的及自己的收益。如果没有处理好两者的关系，则容易出现不必要的纷争。

对于一名译员，尤其是上升到管理层的译员来讲，如果不具备把控整个翻译流程的能力，则必然造成整个翻译流程的混乱。

除了这些必备的专业知识以外，翻译项目经理和译员的行业素养也是决定翻译项目成功与否的关键。如果译员存在不自律、低效及无故拖延翻译任务等现象，整个翻译项目流程势必受到影响。（曾昕，2015：31）所以译员在学习相关专业知识的同时还需提高自身的行业素养。

第十四章

调整 MTI 教学与翻译行业供需关系的方案

第一节 翻译项目管理课程与 MTI 翻译实践教学

1. 开设相关的翻译项目管理课程

理论与实践相辅相成,只有具备了必要的理论素养,才能更好地完成实践活动。王华树(2014)针对翻译项目管理提出了一套相关的课程构建,课程目标为让学生了解语言服务市场概况,熟悉翻译和本地化项目管理的基础知识、翻译和本地化项目五大阶段和十大知识领域,熟练掌握翻译项目常用的管理工具,重点掌握翻译项目的进度管理、质量管理、资源管理、成本管理、风险管理和沟通管理等内容。(王华树,2014:55)课程课时可设定为34课时,课程内容涉及语言服务产业状况(2课时)、语言服务企业运营与管理(2课时)、翻译项目管理基础(4课时)、翻译项目招标(2课时)、计划与方案管理(2课时)、翻译项目进度管理(2课时)、翻译项目成本管理(2课时)、服务方翻译质量管理(2课时)、客户方翻译质量管理(2课时)、翻译项目资源管理(2课时)、翻译项目沟通管理(2课时)、翻译项目风险管理(2课时)、翻译项目管理系统概论(2课时)以及语言服务企业考察与实习(6课时)。[①]教学模式可以设定为翻译工作室的团队学习方式。考核办法可以分为:(1)平时成绩,包括课堂讨论、小组讨论的成绩,占比30%。(2)项目管理作业,主要依靠小组的分工协作,演示与说明,占比30%。(3)期末论文,论文字数不少于6000字,需提交与项目管理相关的论文,包括小组活动中项目管理的管理模式及创新点,占比40%。

在翻译项目管理课程的师资方面,高校最好聘请翻译项目管理经验丰富的项目经理来负责整个课程的运作。王华树(2014)提出:"建议采取高校老师和业界专家合作的方式,且MTI教育单位最好培养自己的教师,使翻译项目管理课

---

① 具体课程细节详见王华树(2014)MTI"翻译项目管理"课程构建。

程常态化。"同时还可以通过网络课堂的平台,聘请多家翻译公司的项目经理通过讲座的形式来补充相关知识,逐渐培养学生的职业译员观念。

2. 翻译项目管理模式下的教学实践

MTI高校教师除了做好常规的教学工作外,还可以通过成立校内翻译工作坊的模式来模拟翻译项目实践活动。翻译工作坊可发展成带有一定营业性质的单位,与外界的翻译需求客户进行接触和联系,承接各种各样真实的翻译工作项目,并获取一定的商业报酬,是集多元化功能于一体的新型教学模式(何雯婷,2010: 32)。该翻译工作坊可以由老师、学生群体共同构成。学生群体又可以分为研究生高、低年级群体及本科生高年级群体。在这个翻译工作坊内,高校教师应当充当翻译项目经理和高级审校的角色,通过校企合作的方式在学生群体中可以通过推荐或者自荐选举一名翻译项目经理助理的角色,其他学生群体担任译员及审校(主要由研究生高年级群体构成)的角色,通过这种成本相对较低的教学模式,可以获得相对质量较高的翻译成品。以广外高翻为例,其对课程设置也开始进行相应的调整,使课程教学专业化。广外MTI教学采用研讨式、口译现场模拟式教学,重视实践环节,开设口、笔译工作坊,将项目翻译引入课堂教学实践。(赵军峰、穆雷,2013: 81)以项目为核心、以学生为中心、以市场为导向的项目管理模式,是第一课堂的有效补充,充分发挥学生的能动性,承接翻译项目,检验翻译实践能力,加强管理能力。(李晓东,2015: 34)

在整个翻译项目过程中,教师充当第一角色的项目经理角色,带领由学生担任第二角色的项目经理对整个翻译项目进行启动、规划、执行、监控和收尾等运作,并逐渐让学生学会如何独立处理好整个翻译项目流程。项目经理(教师/学生)对翻译任务进行分析、分配之后交付给各个译员(学生),并提供术语表。译员在完成翻译任务之后相互交换稿件做好审校工作,在所有相互审校工作结束之后交付给排版/整稿人员(学生)。整稿之后发回项目经理(教师),完成最后的译审并提供翻译成品。这种相对简易的翻译项目管理可以运用在平时的翻译作业或教学课题之中。除此之外,还可以通过校企合作的方式,聘请翻译公司的翻译项目经理及高级审校,并引入资金流,使之成为真实的翻译项目流程。

3. 翻译项目管理与翻译行业

翻译服务活动完全具备"项目"所有的特点。翻译项目管理指项目经理按照客户的要求,在既定的时间内利用各种技术、工具和现代管理方法,理顺翻译、审校、排版等工作环节，保质保量地完成翻译任务，并将成本控制在预算范围内。（刘丽红，2012：12）翻译产业从传统的模式转变成服务产业，对于翻译行业来说，融入项目管理概念是尤为重要的，这可以使业务流程趋于规范，管理手段更加丰富，并提高团队翻译质量。

　　对于翻译公司而言，每一个项目都要经过启动、计划、执行及收尾阶段。每个项目的最终目标都是达到使客户满意的同时又实现盈利的目的。在项目开始之初，无论项目大小，项目经理的首要任务就是要建立一个翻译团队，在一个专业的团队之中还有翻译主管、工程主管、排版主管及测试主管。项目经理除了指派每个部分的负责人外，还要分配好翻译团队，专人专职，每个队员负责好自己的部分，明确自己的项目范围。项目团队作为翻译项目中的主要干系人，决定了项目的成败。明晰的职能分配和项目会议是决定团队效率高低的重要因素。（蒲欣玥、高军，2014：37）项目经理在分配好团队之后要简要分析接手的项目，寻找本公司现有的术语库、记忆库等参考材料。项目经理还需制订项目进度表，在项目的开始至结束期间，项目经理需要做好团队内及客户之间的联系。

　　以福州译国译民翻译公司为例，翻译项目流程基本都是基于CAT。翻译项目开始时，要分析客户需求、文件难度、CAT分析、排版需求、译员情况及质控安排等因素，以便更好地提供生产计划，保证项目及时交付。翻译项目经理对原文进行分析识别，将其导入CAT软件，一般是Trados或MemoQ，新建CAT项目，对文件重复的部分进行预处理，同时准备术语库。前期准备工作就绪后安排翻译项目，在译员翻译的同时，翻译项目经理要做好术语维护、过程抽检、记忆库维护、QA工具质检等工作。对于已经翻译好的稿件做好质检工作以及二次/三次审校（该过程由专业审校或高级语言审校完成），定稿并生成译文，交付排版人员完成排版及整稿工作。所有的流程都需在规定时间内完成，翻译项目经理同时还要规划风险方案以备不时之需。

第二节　MTI高校与企业的合作教学

1. MTI高校与企业的合作教学

　　对于企业而言，尤其是大企业的翻译部门，其翻译项目经理都是从部门内优秀的译员中层层选拔出来的，他们不仅具备专业的翻译技能，而且还手握丰厚的客户资源。以华为技术有限公司为例，其翻译部门对于人才设置有着明显的结构分层，上到翻译项目经理，下到排版技术人员，每个职位都有其清晰的功能定位,这样的人才结构分层更加便于整个翻译项目质量的管理(Zhang Shoujing, 2015:8)。对于内部译员的分工、职位定位及晋升等,可以按以下标准进行:(1)按照入职年份来筛选:对于刚入职的译员(六个月内)来讲,不参与公司的实战翻译,主要以见习为主,在见习期间,需在翻译项目管理的各个阶段见习、学习,了解不同译员在不同阶段所做的活动,而后可以晋升为初级译员。(2)根据CATTI考试等级评选初级译员(CATTI三级)及中级译员(CATTI二级)。(3)在每个翻译项目结束的时候进行翻译绩效考核,根据翻译绩效来提拔译员。同时也需要计算译员的错误率,错误率=(错误数量×系数)/被审字数。

就MTI而言,所谓校企合作就是企业与学校之间通过人才、技术、资源的整合共享,培养适合于市场经济发展的应用型人才(蔡辉,张智成,2013:51)。校企合作不仅可以获取人才,同时可以参与人才培养的始终。MTI高校培养的学生绝大部分不具备专业领域的翻译职业技能,高校侧重理论,而企业侧重实践,高校的企业可以联合培养,分工合作,学校负责培养学生的基础翻译理论知识,企业则从行业需求方面来培养学生的翻译实践素养。

从就业的层面而言,校企之间可以通过"订单培养"的方式定向培养人才,虽然这种模式多存在于高职院校中且存在着一定的风险,但是成功的案例也不在少数,如北外奥运翻译班等。这种模式也是校企合作的一种方式。

就课程设置而言,企业可以依据自己的企业需求或者行业需求,为高校学生教授定制性课程,课程设置涵盖基于CAT工具的翻译技术教学、技术写作等。授课方式可以选用Workshop的方式,组织学生提问、思考、讨论,激发学生的热情(岳峰,2016:16)。

就项目合作而言,不论是高校和企业,还是高校和翻译公司,建立合作项目也是合作教学的一种重要方式,从企业或者翻译公司的经济利益出发,一般不会让学生直接参与项目,而多以见习的方式参与。高校还可以通过访问参观,了解不同企业的翻译需求,为发掘潜在的实习基地奠定基础。

2. MTI高校的实习机制

MTI学生作为专业硕士,其学习重点应当放在实践上,而实习活动则是最直接的实践活动。以福州译国译民翻译公司和福建师范大学外国语学院为例,这两者是建立了相互合作关系的,福州译国译民翻译公司也是福建师范大学外国语学院的实践基地。以译国译民的在线实习为例,笔者参与过2016年译国译民暑期第一期在线实习,实习模式为基础课程+翻译实战,课程设置更加侧重实用性,如报告类、文宣类、证件类练习与讲解，机辅翻译入门、快捷键学习、查词技能、翻译流程与规范、整稿练习等初级译员必须掌握的实用翻译技能。在实习过程中，译国译民除了指派不同专业方向的老师授课外，翻译项目经理还经常分配实战任务，这些翻译项目是直接面对客户的。通过这种实战训练，MTI学员能够更加清楚翻译行业的大概模式，客户需要什么，团队如何运作，自己的翻译质量与规范要达到怎样的一个程度。以这种实习方式为鉴，MTI高校在教学时可以引入该模式，除了上述讨论过的模拟项目流程，高校可以逐渐将这种模拟方式转变成实战方式。

MTI培养方案中明确指出专业实习时间应不少于一学期。长达六个月的实习时间其实是专业硕士的优势，如何利用好这六个月时间则显得尤为重要。MTI学生除了进入翻译公司实习外，企业也不失为一个好的选择，不仅可以学习翻译和本地化，还会学到企业管理理念、方法、流程，学习如何思考、做事、做人等等。以华为公司为例，华为招聘的实习生进入公司时基本不懂技术，后期通过六个月在岗培训能熟悉工作环境，开始在导师指导下动手实践了。经过三年的培养，真正掌握技术和产品；5至6年后成为子领域产品专家（岳峰，2016：21）。

第三节　MTI教学调整设计方案

王华树认为，实现传统翻译能力与翻译技术能力培养的生态整合，才是破解中国翻译教育困局的正确道路。（王华树，2015：27）

1. 高校师资资源的调整

在翻译项目管课程的师资方面，高校最好聘请翻译项目管理经验丰富的项目经理来负责整个课程的运作。王华树（2014）提出："建议采取高校老师和业界专家合作的方式，且MTI教育单位最好培养自己的教师，使翻译项目管理课程常态化。"同时还可以通过网络课堂的平台，聘请多家翻译公司的项目经理通过讲座的形式来补充相关知识，逐渐培养学生的职业译员观念。王华树提出，翻译职业化时代呼唤新的翻译研究主体。他提倡翻译行业中具有一线经验的翻译职业人士（翻译企业管理层、项目经理、高级翻译和审校、跨行业专家等）参与和加盟翻译研究与教学队伍，拓展翻译研究的视角，让翻译界更深入地了解语言服务业态构成和发展动态，最终推动中国高校翻译专业教育和语言服务产业的健康成长和发展。（王华树，2014：95）

在师资调整方面,校企之间可以通过师资合作的方式为学生授课,高校教学可以侧重夯实学生传统的翻译技能,企业导师则重点为学生教授翻译技术层面的专业知识。当前MTI专业要改变传统的师资结构,必须增加翻译技术老师,而不是让搞翻译研究和教学的老师学翻译技术,这样容易弄成四不像,两头都搞不好。(岳峰,2016:21)高校可以从企业聘请经验丰富的翻译行业专家为学生授课,落实双导师制度,校外导师可以在学生长达六个月的实习期内指导学生的实践活动,与校内导师共同承担学生的培养工作。

2. 高校的课程设置调整
2.1 高校授课课程调整
高校除了完成《翻译硕士专业学位研究生教育指导性培养方案》规定的课程外,还要根据行业需要制定特色课程如翻译项目管理等,如北京大学MTI教育中心从2013年开始就根据行业需求开始招收"语言服务管理"方向的翻译专业硕士。国内高校还可以有选择地借鉴国外高校的项目管理等课程结构。就翻译项目经理这一角色而言,建议培养单位考虑设立翻译项目管理人才方向特训班,为其开设项目管理课程,请有丰富项目管理经验的项目经理和项目管理理论水平较高的高校教师为学生教授翻译项目管理的相关知识。(刘婷,2015:31)

除了传统的课堂授课方式外,对于翻译项目管理,还可以推行模拟工作坊的方式进行项目流程的模拟,使学生在一个相对真实的环境中体会项目流程,若模拟的翻译工作坊逐渐成熟,则可以将其推向市场,成立一个真正意义上的翻译工作室,引入资金流,同时也利于更加方便真实地学习翻译项目管理等课程。

2.2 跨学科课程设置
《翻译硕士专业学位研究生教育指导性培养方案》关于招生对象及入学考试的规定中明确写道:"鼓励具有不同学科和专业背景的生源报考。"翻译的跨学科特色已经越来越明显,强大的英语知识是翻译的基础,各行各业的行业知识也是做好翻译的一项基本要求。翻译公司中招聘的人员有一部分并非英语专业出身,而是来自不同的专业背景的译员。有MTI专业的院校可以多招收理学士学生,他们对于科技方面的理解和见解要优于英语专业的学生。(徐岩,2013:283)这也说明英语专业的学生需要多了解跨学科知识,这更加有利于自己的翻译事业。对于非英语专业的学生,若对翻译感兴趣,可以学习基本的翻译技能。这样有利于满足翻译公司或企业的精准需求。对于英语专业的学生,在选修课程设置上,可以采用跨学科选课修学分的方式,了解其他专业背景的基本知识。

而对翻译项目经理而言，除了具备强大的翻译技能外，还需熟悉项目管理相关知识，同样可以采用跨学科的方式来培养，将有翻译专业背景的学生安排到有项目管理相关课程的院系上课，可以将其作为跨院系的选修/必修课。在入学招生时，也可以重点培养本科是项目管理相关专业背景的学生，在强化其项目管理背景的同时也培养其翻译基本素养。通过MTI教学调整，培养公司及行业需要的翻译项目管理人才是大势所趋。

第四节　结语

翻译活动从一项古老的交流活动演变到如今产业链发展模式，翻译活动的转型同样带动社会供需的转变。从翻译行业的整体发展趋势来看，翻译行业产业链发展模式势在必行，传统的翻译模式势必逐渐消亡，翻译行业的变革对翻译人才的培养提出了更严格的要求。翻译行业涵盖了翻译服务、人才培养、研究与服务等融于一体的产业。在翻译产业化模式下，必然要有一个专业的团队按照一定的流程将翻译当成一个项目来完成，翻译项目管理顺势而生。翻译项目管理就是为了创造独特的翻译产品、服务或成果而进行的临时性工作，掌管翻译项目整个流程的翻译项目经理的作用就变得极其重要。但是纵观国内有MTI专业的院校的教学模式，培养出来的翻译项目经理少之又少，成为翻译行业第二大紧缺人才。

虽然国内开设MTI的院校数量在逐渐增多，但是培养出来的毕业生往往不具备翻译行业所需要的翻译项目管理技能。国内院校大多按照《翻译硕士专业学位研究生指导性培养方案》中设定的课程授课，导致培养的学生大多停留在理论层面，无法深入实践层面。相比而言，国外高校没有统一的教育标准，而是根据社会及机构需要自主培养适合社会的翻译人才。虽然国内部分顶尖高校已经逐渐开始重视翻译项目管理课程的授课，但是比重依然较低。

在全球化浪潮的推动下，翻译市场也随之迅速发展，翻译市场已经是一个较为完整的产业链发展模式，翻译项目经理将逐渐成为翻译公司掌控翻译项目的重要角色。翻译项目经理的培养涉及方方面面，从学校的课程、师资力量、授课方式及实习方式都需要做出相应的调整。一名合格的翻译项目经理需要具备扎实的翻译技能，同时还要有相关的管理知识。关于翻译技能，传统的纸笔翻译已经逐渐淡出人们的视线，其需要掌握的知识包括CAT工具的使用、翻译项目管理系统的使用、本地化工程等，同时还要做好项目流程中的质量管理、成本管理、沟通管理、语言资产管理及风险管理等。

要更好地培养真正适合翻译行业的人才，首先从高校的课程设置入手，高校可以增设翻译项目管理相关课程。其次，从高校的师资配备入手，高校最好聘请翻译项目管理经验丰富的项目经理来负责整个课程的运作。这方面可以采用校企合作的方式来共同培养人才。对于翻译项目管理课程的授课，高校的授课方式可以做出适当的调整，不再拘泥于传统的授课方式，可以通过组建模拟翻译工作坊的方式来模拟整个翻译项目，由不同群体构成不同角色协作来完成。对于MTI学生的实习方式，同样可以通过和翻译公司及企业的翻译部门合作的方式，一方面，接受翻译公司及企业的培训，了解整个翻译项目的运作流程；另一方面，可以在校外导师的指导下动手做翻译。从学生层面来说，在招生方面，可以招收不同专业的学生进一步学习翻译，在学习过程中，也可以通过跨学院选课的方式增加对其他专业的基本知识的了解。

本章通过对国内外翻译硕士培养模式的分析，结合翻译行业现状发展的分析及对翻译项目经理的定位，为高校翻译硕士教学模式的改善提出相应建议，为今后翻译硕士人才的培养补充了意见。

参考文献

一、英文论文

陈意. Discussion on the Management of Collaborative Translation Project [J]. 校园英语, 2015（1）.

Dong Chunzhi. Computer-Aided Translation in Student's Practical Translation Competence [A]. International Informatization and Engineering Associations, Atlantis Press. Proceedings of 2014 3rd International Conference on Science and Social Research [C]. International Informatization and Engineering Associations, Atlantis Press, 2014.

段朝思. A Quality Management Model for Translation Projects [D]. 西安外国语大学, 2013.

Han Jie. Approach to Translation Project Management [D]. 西安外国语大学, 2013.

House, J. Translation Quality Assessment: Linguistic Description Versus Social Evaluation [J]. *Translators' Journal*, 2001, 46 (2).

Hudian Su. Management of Translation of ADB Loan Project and Text Translation [A]. Information Engineering Research Institute, USA. Proceedings of 2013 3rd International Conference on Social Sciences and Society (ICSSS 2013) Volume 37 [C]. Information Engineering Research Institute, USA, 2013.

李秀井. A Study on MTI Education Model from the Perspective of Needs Analysis [D]. 西安外国语大学, 2014.

Pérez, C. R. Translation and Project Management [J]. *Translation Journal*, 2002, 6 (4).

Project Management Institute (PMI). A Guide to the Project Management Body of Knowledge [R]. 1996, 2008.

王海翱. Survey of Computer-aided Translation Teaching in the MTI Program [D]. 西安外国语大学, 2014.

徐岩. Suggestions on Training MTI Translators and Interpreters [J]. 神州, 2013 (13).

徐志萍. A Study on the Assessment Model of MTI Theses Based on the Practice Translation Competence Model [D]. 西安外国语大学, 2014.

曾昕. A Report on Coordination in Diplomatic News Translation Practice Based on the Theory of Project Management [D]. 西安外国语大学, 2015.

张首婧. Huawei Translation Model Explained: An Eco-Translatology Perspective [D]. 西安外国语大学, 2015.

二、英文著作

Burke, R. *Project Management: Planning and Control Techniques.* [M]. Chichester and New York: John Wiley and Sons LTD, 1999 (24).

Dunne, Keiran J. and Dunne, Elena S. *Translation and Localization Project Management: the Art of the Possible* [M]. Philadelphia: John Benjamins Publishing Company, 2011.

Esselink, B. *A Practical Guide to Localization* [M]. Philadelphia: John Benjamins Publishing Company, 2000.

House, J. *A Model for Translation Quality Assessment* [M]. Tubingen: Gunter Narr, 1977.

House, J. *Translation Quality Assessment: a Model Revisited* [M], Tubingen: Gunter Narr, 1997.

Nida, Eugene A. *Language and Culture: Contexts in Translating* [M]. Shanghai: Shanghai Foreign Language Education Press, 2001.

Nida, Eugene A. *Toward a Science of Translating* [M]. Shanghai: Shanghai Foreign Language Education Press, 2004.

Nord, Christiane. *Translating as a Purposeful Activity: Functionalist Approaches Explained* [M]. Shanghai: Shanghai Foreign Language Education Press, 2001.

三、中文论文

蔡恒, 骆电. 检验期、保修期、质保期的关系及其适用——兼评合同法第一百五十八条的规定[J]. 人民司法, 2013（11）.

蔡辉, 张成智. 论翻译专业硕士培养中的校企合作[J]. 中国翻译, 2013（1）.

曹海东. 文档控制在国际项目管理中的职能及实施[J]. 项目管理技术, 2013（12）.

陈铭. 项目经理在项目管理中的作用[J]. 有色金属设计, 2005（1）.

陈炜伟. 我国ISO9001认证证书数量居世界首位[N]. 经济日报, 2013-11-12.

程文焱. 翻译管理中应用翻译技术的意义[D]. 山东师范大学硕士论文, 2013.

崔启亮. 企业语言资产内容研究与平台建设[J]. 中国翻译, 2012（6）.

崔启亮, 罗慧芳. 翻译项目管理[C]. 北京: 外文出版社, 2016.

范梦栩. 《牙买加》翻译项目中的质量管理[D]. 山东师范大学硕士论文, 2015.

范守义. 模糊数学与译文评价[J]. 中国翻译, 1987（4）.

付强. 谈格式化在翻译及本地化中的重要意义[J]. 山东电力高等专科学校学报, 2012（5）.

管新潮, 熊秋平. 翻译管理流程的界定与优化[J]. 工业工程与管理, 2012（2）.

管新潮, 熊秋平. 翻译管理——应对语言服务行业的策略与技术[J]. 工业工程与管理, 2015（2）.

韩子满. 翻译商业化与译者的生存[J]. 上海科技翻译, 2003（3）.

何大义, 孔锐. 顾客满意度调查中因子权重的排序估计法[J]. 工业工程与管理, 2006（4）.

何三宁. 翻译质量评估在我国译学中的定位[J]. 湖北大学学报（哲学社会科学版）, 2008（6）.

何雯婷. 翻译硕士专业学位（MTI）笔译教学初探与设想[D]. 上海外国语大学硕士论文, 2010.

黄杨勋. 翻译项目质量保证体系的构建[D]. 福州: 福州大学, 2013.

金雅玲. 我国大型体育赛事口译项目过程管理研究[D]. 体育文化导刊, 2013（5）.

连彩云. 2000版ISO9000标准与翻译质量体系的建立、实施和认证[J]. 上海科技翻译, 2003（3）.

李晓东. 翻译项目管理模式下的翻译硕士实践教学探讨[J]. 散文百家（新语文活页）, 2015（8）.

刘丽红. 翻译项目管理浅谈[J]. 科技与企业, 2012（24）.

刘婷. 翻译项目管理与高校翻译硕士教学[D]. 北京外国语大学硕士论文, 2015.

吕兆旭. 论我国《合同法》中的质量保证期[D]. 大连海事大学硕士论文, 2015.

马骅. 国际工程项目管理（五）——国际工程的信息文档管理[J]. 石油工程建设, 2005（4）.

孟涛. 我国MTI翻译技术课程的现状与思考[J]. 考试周刊, 2013（65）.

孟珊, 杨一秋. 司显柱翻译质量评估模式评析及改进建议[J]. 牡丹江教育学院学报, 2012（1）.

穆雷. 用模糊数学评价译文的进一步探讨[J]. 外国语, 1991（2）.

蒲欣玥, 高军. 翻译项目管理流程介绍[J]. 上海翻译, 2014（2）.

司显柱. 功能语言学视角的翻译质量评估模式——兼评《孔乙己》英译本的翻译质量[J]. 解放军外国语学院学报, 2005（5）.

涂荣庭, 赵占波. 顾客满意度测量探讨：量表设计、信度和效度[J]. 管理学报, 2008（1）.

屠国元, 王飞虹. 跨文化交际与翻译评估——J. House《翻译质量评估（修正）模式》述介[J]. 中国翻译, 2003（1）.

王斌华, 穆雷. 国外专业口译教学的调研报告——兼谈对我国翻译专业办学的启示[J]. 外语界, 2012（5）.

王传英, 闫栗丽, 张颖丽. 翻译项目管理与职业译员训练[J]. 中国翻译, 2011（1）.

王华树. MTI"翻译项目管理"课程构建[J]. 中国翻译, 2014（4）.

王华树. 浅议翻译实践中的术语管理[J]. 中国科技术语, 2013（1）.

王华树. 直面翻译职业化——《翻译项目管理》介评[J]. 民族翻译, 2014（4）.

王伟, 高建中. 项目进度、质量和成本最优决策理论探讨[J]. 当代经济, 2010（9）.

王志伟, 美国应用型翻译人才培养及其对我国MTI教育的启示[J]. 外语界, 2012（4）.

吴淑招, 关于日语翻译质量管理标准的研究——基于日语翻译行业现状的分析[D]. 福建师范大学硕士论文, 2016.

吴新祥, 李宏安. 等值翻译初探[J]. 外语教学与研究, 1984（3）.

武光军. 当代中西翻译质量评估模式的进展、元评估及发展方向[J]. 外语研究, 2007（4）.

武光军.《翻译质量评估论辩理论模式》评介[J]. 外语研究, 2006（4）.

肖凤华. 翻译项目管理在翻译教学中的探索与研究[J]. 科技创业月刊, 2014（8）.

辛玉兴. 关于实际交货与象征性交货的比较[J]. 国际贸易问题, 1996（6）.

徐彬, 郭红梅. 出版翻译中的项目管理[J]. 中国翻译, 2012（1）.

徐艳艳. 翻译项目的组织和管理[J]. 上海科技翻译, 2002（1）.

晏云. 美国专业学位硕士研究生培养模式研究[D]. 华中师范大学硕士论文, 2013.

银恭喜. 科技翻译服务流程的质量预控与管理[J]. 山西科技, 2001（6）.

尹承东. 翻译行业经营论集[C]. 北京：中央编译出版社, 2007.

岳峰. 企业对话高校：MTI教育的改革与发展[J]. 当代外语研究, 2016（4）.

岳峰. 职业笔译教材的编写理念与实践[J]. 上海翻译, 2017（6）.

岳峰, 黄杨勋. 目前国内翻译市场中翻译流程探究：问题及对策[J]. 外国语文研究, 2016（1）.

岳峰, 林世宋. 在线实习：福建师范大学翻译教育校企合作特色[J]. 外国语, 2017（5）.

岳峰, 曾水波. 翻译硕士生实习解析[J]. 译苑新谭, 2016（8）.

张景丰. 从中国历史上四次翻译高潮谈翻译理论的发展[J]. 语言与翻译, 2002（3）.

张文静. 项目导向型企业绩效考核体系研究[D]. 青岛科技大学硕士论文, 2013.

张晓伟. 论翻译项目管理作为MTI教学的组成部分[D]. 福建师范大学硕士论文, 2017.

张莹. 论翻译项目管理课程教学中实战意识的培养——以蒙特雷国际研究学院相关课程为例[J]. 中国翻译, 2015（5）.

章炎. 浅谈词语的感情色彩[J]. 辽宁大学学报（哲学社会科学版）, 1983（5）.

赵军峰, 穆雷. MTI教学的创新与实践：以广外高翻学院为例[J]. 外文研究, 2013（2）.

赵君萍. 文档管理系统关键技术研究[D]. 武汉理工大学硕士论文, 2010.

赵忠会. 技术为翻译产业插上腾飞的翅膀——参加2013年"翻译与本地化技术、项目管理"培训有感[J]. 中国翻译, 2013（4）.

志伟. 项目文档的科学化管理[J]. 经营与管理, 2014（3）.

中国翻译协会中国翻译行业发展战略研究院. 中国语言服务业发展报告[R]. 2012.

仲伟合. 霍斯论翻译质量之评估[J]. 语言与翻译, 2001（3）.

仲伟合. 我国翻译专业教育的问题与对策[J]. 中国翻译, 2014（4）.

朱晓敏. 英国EMT联盟高校翻译硕士学位研究[J]. 北京第二外国语学院学报, 2015（12）.

四、中文著作

柴邦衡. ISO 9000质量管理体系[M]. 北京：机械工业出版社，2008.

陈原. 语言和人[M]. 北京：商务印书馆，2003.

Crosby, Philip B. 削减质量成本——经理人缺陷预防工作手册[M]. 杨钢，林海译. 北京：中国人民大学出版社，2006.

崔启亮，罗慧芳. 翻译项目管理[M]. 北京：外文出版社，2016.

方梦之主编. 中国译学大辞典[M]. 上海：上海外语教育出版社，2011.

Gouadec, Daniel. 职业翻译与翻译职业[M]. 刘和平，文韫译. 北京：外语教学与研究出版社，2011.

桂乾元. 翻译学导论[M]. 上海：上海外语教育出版社，2004.

吕和发，任林静. 全球化商务翻译[M]. 北京：外文出版社，2011.

吕乐，闫栗丽. 翻译项目管理[M]. 北京：国防工业出版社，2014.

吕奇，杨元钢. 计算机辅助翻译入门[M]. 武汉：武汉大学出版社，2015.

马祖毅. 中国翻译简史[M]. 北京：中国对外翻译出版公司，2004.

秦惠民. 学位与研究生教育大辞典[M]. 北京：北京理工大学出版社，1994.

王华树. 计算机辅助翻译实践[M]. 北京：国防工业出版社，2015.

王华伟，王华树. 翻译项目管理实务[M]. 北京：中国对外翻译出版公司，2013.

［美］项目管理协会. 项目管理知识体系指南[M]. 王勇，张斌译. 北京：电子工业出版社，2009.

谢天振. 中西翻译简史[M]. 北京：外语教学与研究出版社，2009.

许钧. 翻译概论[M]. 北京：外语教学与研究出版社，2009.

译国译民翻译服务有限公司. 简体中文本地化文风指南[Z]. 2014.

岳峰. 职场笔译进阶[M]. 福州：福建科学技术出版社，2012.

岳峰. 职场笔译：理论与实践[M]. 厦门：厦门大学出版社，2015.

岳峰. 职业翻译岗前培训教程[M]. 厦门：厦门大学出版社，2017.

岳峰，刘茵. 商务英语笔译[M]. 厦门：厦门大学出版社，2014.

岳峰，王绍祥. 商务英语口译[M]. 厦门：厦门大学出版社，2015.

张伟平. 图解翻译学[M]. 北京：世界图书出版公司，2010.

朱宪超，韩子满. 译员基础教程——如何组建翻译公司[M]. 北京：中国对外翻译出版公司，2006.

五、其他参考文献

北京航天智通科技有限公司项目考核管理办法[DB/OL]，2016年3月23日下载于 http://doc.mbalib.com/view/9def8b551cbe7725178717a14c317936.html。

European Commission. *European Master's in Translation (EMT) Explained* [DB/OL]. 2016年5月6日下载于https://ec.europa.eu/info/education/european-masters-translation-emt/european-masters-translation-emt-explained_en。

ISO. *Translation Projects-General Guidance* [S]. ISO/TS 11669—2012.

马同华. 绩效考核的定性与定量指标（DB/OL）. 2016年3月23日下载于http://www.hrloo.com/rz/13790296.html。

Microsoft. *Simplified Chinese Style Guide* [DB/OL]. 2016年4月20日下载于 https://www.microsoft.com/Language/en-US/StyleGuides.aspx。

Microsoft. *Windows Phone Style Guide for Simplified Chinese* [DB/OL]. 2016年4月20日下载于https://www.microsoft.com/Language/en-US/StyleGuides.aspx。

企业项目文档管理问题多 万不可小觑[DB/OL]. 2016年3月28日下载于http://www.agile-china.com/news/strategy/1355.html。

SAE. *Translation Quality Metric* [S]. SAE J2450—200508.

王逸男，吴婵. 首届翻译技术与语言资产管理交流大会在南京隆重召开[DB/OL]. 2015年4月18日下载于http://news.jschina.com.cn/system/2015/10/17/026657566.shtml。

项目绩效考核的作用（DB/OL）. 2016年3月28日下载于http://wenku.baidu.com/view/29e394116c175f0e7cd1376b.html?from=search。

项目经理满意度调查表（DB/OL）. 2016年3月25日下载于http://www.wenjuan.com/lib_detail_full/52aa80ccf7405b2e5a834e13。

张希君. 项目团队考核：企业绩效考核的难点（DB/OL）. 2016年3月25日下载于http://www.mypm.net/articles/show_article_content.asp?articleID=13232&pageNO=1。

中国标准化协会. CAS 181—2009. 中国标准化协会标准——翻译服务企业等级 [S]. 2009.

中国翻译协会. 翻译服务国家标准（简介）[S]. 2015.

中国翻译协会. ZYF 001—2011. 中国语言服务行业规范——本地化业务基本术语[S]. 2011.

中国研究生招生信息网. 翻译硕士专业学位研究生指导性培养方案[DB/OL]. 2017年5月14日下载于http://yz.chsi.com.cn/kyzx/zyss/200905/20090520/94575879.html。

中华人民共和国国家质量监督检验检疫总局, 中国国家标准化管理委员会. 中华人民共和国国家标准GB/T 19000—2008 /ISO 9000: 2005. 质量管理体系基础和术语[S]. 北京: 中国标准出版社, 2009.

中华人民共和国国家质量监督检验检疫总局, 中国国家标准化管理委员会. 中华人民共和国国家标准GB/T 19001—2008 /ISO 9001: 2008. 质量管理体系要求[S]. 北京: 中国标准出版社, 2008.

中华人民共和国国家质量监督检验检疫总局, 中国国家标准化管理委员会. 中华人民共和国国家标准GB/T 19363.1—2008. 翻译服务规范 第1部分: 笔译[S]. 北京: 中国标准出版社, 2008.

中华人民共和国国家质量监督检验检疫总局, 中国国家标准化管理委员会. 中华人民共和国国家标准GB/T 19682—2005. 翻译服务译文质量要求[S]. 北京: 中国标准出版社, 2005.